毛泽东遗物故事

《湖南红色基因文库》编纂出版委员会 / 中共湖南省委党史研究院 ◎ 编著

湖南人民出版社 ◇ 中共党史出版社

图书在版编目（CIP）数据

毛泽东遗物故事／《湖南红色基因文库》编纂出版委员会，中共湖南省委党史研究院编著. —北京：中共党史出版社；长沙：湖南人民出版社，2023.12

（湖南红色基因文库）

ISBN 978-7-5098-6486-9

I.①毛… II.①湖… ②中… III.①毛泽东（1893—1976）—革命文物—介绍 IV.①K871.7

中国国家版本馆CIP数据核字（2023）第245464号

MAO ZEDONG YIWU GUSHI

毛泽东遗物故事

出版发行　中共党史出版社　湖南人民出版社

策划编辑　谭　乐

责任编辑　赵　雨

社　　址　北京市海淀区芙蓉里南街6号院1号楼

邮　　编　100080

网　　址　www.dscbs.com

经　　销　新华书店

印　　刷　长沙鸿发印务实业有限公司

开　　本　787 mm × 1092 mm　1/16

字　　数　299千字

印　　张　16.75

版　　次　2023年12月第1版

印　　次　2023年12月第1次印刷

书　　号　ISBN 978-7-5098-6486-9

定　　价　98.00 元

营销电话：0731-82221529　（如发现印装质量问题请与出版社调换）

《毛泽东遗物故事》编委会

编委会成员：阳国利　龙剑宇　沈立冬　熊红利

主　　　　编：夏佑新

执 行 主 编：刘　伟

统　　　稿：刘　伟

编纂组成员：冯　瑛　刘　伟　李　丽　陈新征
　　　　　　张　蓉

审　　　稿：夏远生　肖绮晖

总　序

习近平总书记反复强调，要把红色资源利用好、把红色传统发扬好、把红色基因传承好。红色基因记录着中国共产党筚路蓝缕、奠基立业的光辉历程，蕴含着共产党人初心如磐、使命如山的坚定信仰，承载着党带领全国各族人民不懈奋斗、实现中华民族伟大复兴的使命担当，是党带领人民战胜一个又一个艰难险阻、不断从胜利走向胜利的精神密码和重要法宝。

湖南是伟人故里、红色圣地、革命摇篮，拥有得天独厚的党史资源和革命胜迹，以毛泽东、刘少奇、任弼时、彭德怀、贺龙、罗荣桓等为代表的一大批革命家、军事家及英雄模范人物群体在这里孕育诞生。百年来，湖南以其砥柱之坚、开创之功、牺牲之众、贡献之大，奠定了在百年党史特别是中国革命史上的重要地位，成为当之无愧的红色基因宝库。

习近平总书记高度赞誉湖南"十步之内，必有芳草""寸土千滴红军血，一步一尊英雄躯"，多次嘱托湖南"要教育引导广大党员、干部发扬革命传统，传承红色基因，牢记初心使命，走好新时代长征路"。为深入贯彻习近平总书记系列重要讲话指示精神，推动全省红色资源保护利用，中共湖南省委部署启动《湖南红色基因文库》这一大型党史系列丛书编纂出版项目。

编纂出版《湖南红色基因文库》是一项重要的政治工程、历史工程、文化工程。省委对此高度重视，先后担任省委书记的杜家毫、许达哲、张庆伟多次作出指示批示，省委几任秘书长谢建辉、张剑飞、谢卫江多次协调调度并作出批示，省委办公厅、省委组织部、省委宣传部、省教育厅、省财政厅、省社科联、省新闻出版局等部门单位密切配合，省委党史研究院精心组织、周密安排，各市州及相关县市区委高位统筹、协同协作，确保丛书征编、组稿、审核、出版等各项工作稳步推进、有序展开。

《湖南红色基因文库》以中国共产党在湖南百年历史中的重大事件、重要人物为经纬，共编纂百余种图书，包含湖南地方党史基本著作、以新中国成立后国家批准认定的湖南一类革命老区县为基础编纂的地方革命斗争史、以湖南发生的重大党史事件及重要历史经验为内容的专题史书、以湖南重要党史人物及先锋模范人物为内容的史料著作，以及重要红色遗址遗迹、纪念场馆、红色文献资料图书，从史料的时间跨度、覆盖的广度、挖掘的深度上可谓"百科全书"式的党史著作。

丛书编纂出版始终坚持以习近平新时代中国特色社会主义思想为指导，以党的三个历史决议为遵循，坚持辩证唯物主义和历史唯物主义，坚持正确党史观，牢牢把握党的历史发展的主题主线、主流本质，按照突出重点、区分层次、优化设计的要求，以收集整理历史文献资料为主，适当兼顾党史故事叙述宣传，力求融政治性、思想性、资料性、可读性于一体，做到观点正确、史实准确、主题鲜明、图文并茂。

丛书编纂出版从一个侧面显现中国共产党的百年苦难辉煌历程，集中反映百年党史中湖南的重大事件、重要人物及其重要思想，着力阐释宣传中国共产党团结带领全省人民在为实现民族独立、人民解放和国家富强、人民幸福而不懈奋斗中取得的重要成就、成功经验及所锻造形成的伟大精神，为党员干部、社会群众尤其是青少年提供最好的"教科书""营养剂""清醒剂"。

迢迢复兴路，悠悠中国梦。一切向前走，都不能忘记走过的路，走得再远、走到再光辉的未来，也不能忘记走过的过去，不能忘记为什么出发。让我们永远传承弘扬中国共产党的伟大建党精神，紧密团结在以习近平同志为核心的党中央周围，砥砺初心、高举旗帜，不断把红色基因滋养转化为加快建设现代化新湖南、实现中华民族伟大复兴中国梦的强大精神力量。

是为序。

《湖南红色基因文库》编纂出版委员会

前言

马克思说："历史承认那些为共同目标劳动因而自己变得高尚的人是伟大人物；经验赞美那些为大多数人带来幸福的人是最幸福的人。"毫无疑问，毛泽东是这样的人。

毛泽东遗物，是毛泽东生前一直使用或收藏、保存的物品、手稿和相关资料等。毛泽东于1949年9月入住北京中南海，1966年7月前在丰泽园菊香书屋居住，1966年7月18日后搬至游泳池居住。1976年9月9日毛泽东逝世后，其遗物全部保存在北京中南海。1990年11月，中共中央办公厅将6000余件毛泽东遗物移交韶山毛泽东同志纪念馆珍藏。这些遗物涵盖了毛泽东治国理政及生活日常等方方面面，是他人生的真实再现，更承载着他的思想情操和精神风范，讲述着伟人背后的故事，是一笔无比珍贵的革命历史文化遗产。这些遗物是毛泽东带领党和人民在革命和建设中奠基立业的见证，也是研究他生平、思想的珍贵史料，展现着中国共产党人的初心和使命。

韶山毛泽东同志纪念馆从馆藏毛泽东遗物及相关文物、文献资料中挑选出部分精品，编写了这本书。本书以遗物为依托，通过深入挖掘遗物背后的故事，诠释遗物的文化内涵、价值和现实意义。本书从"勤政为民，鞠躬尽瘁""艰苦朴素，清廉如水""博学多思，孜孜不倦""重情执理，公私分明""雅情逸趣，坦荡情怀""戏曲音乐鉴赏"等六个方面真实展现一代伟人丰富多彩的人生画卷，追忆一代伟人追求救国兴国的心路历程，展示一代伟人艰苦朴素、无私奉献、与人民共忧乐的崇高品质。我们希望通过这本书，增进广大读者对一代伟人毛泽东的了解，使他们能够从文物这个独特的视角进一步寻觅伟人的足迹，感受伟人的精神，领略伟人的风范。

水滴映射光芒，平凡隐藏伟大，遗物守望历史，文化传承未来。

目　录

第一章

勤政为民　鞠躬尽瘁

★

　　毛泽东把毕生精力献给了国家和人民。为了国家的独立和繁荣富强，他勤勉工作，废寝忘食，日理万机；为了中华民族的伟大复兴，他不辞辛劳，调查研究，勇于探索；为了人民的幸福，他殚精竭虑，无私奉献，奋斗到生命的最后一息。

第一节
★
日理万机

新中国一穷二白，百废待兴，毛泽东的工作量一点也不比战争年代少，他夜以继日伏案办公，他办公室的灯光经常昼夜通明。

★菊香书屋里的办公桌

○ 菊香书屋里的办公桌

北京中南海丰泽园是毛泽东生活、工作的地方，是一个四合院式的建筑。丰泽园内有颐年堂、澄怀堂和菊香书屋。菊香书屋是毛泽东1949年至1966年7月的居所。

菊香书屋里设有毛泽东的办公室、书房和卧室。办公桌是新中国成立初期添置的。183厘米长、124厘米宽、83厘米高的宽大办公桌上总是堆满了文件。桌上一盏淡绿色的台灯经常通宵达旦地亮着。这盏台灯照亮了开国领袖毛泽东为国事辛勤操劳的身影。当年，为毛泽东站岗的卫士们心中常唱着一首歌："毛主席窗前一盏灯，春夏秋冬夜长明，伟大的领袖灯前坐，铺开祖国锦绣前程……"

晚上办公，既是因为国事繁重，也是毛泽东在长期的战争生活中形成的习惯。白天要行军打仗，只有晚上才有时间工作、读书或进行理论创作。

解放战争时期，毛泽东工作十分繁忙，每天总有无数份从各个战区拍来的电报等待着他审阅、批示，有无数的事情需要他决断。因为战事紧张，毛泽东经常一天十几个小时，甚至二十几个小时坚守在地图、电话机旁边。如沙家店战役，战役打响后，毛泽东一直与周恩来、任弼时等一起查看地图，研究下一步作战方针，时而接电话、作指示，时而看电报、回电文⋯⋯在这次战役中，常常电话铃一响，他就立即拿起了话筒。战役进行到第三天，窑洞里的电话中传来了捷报：国民党 36 师一个旅被我军全歼，敌军旅长刘子奇被活捉！旗开得胜，实现了毛泽东首战必胜的初步设想。其后捷报接连传来。战斗持续三天两夜，毛泽东亲自指挥，未合一眼，最终沙家店战役以我军胜利宣告结束，敌军每一步居然是规规矩矩地按照毛泽东为他们摆下的章法走的。①

指挥三大战役期间，毛泽东又是好几次连续两三天没有上床睡觉，好不容易可以躺下来，因为惦记着战事，睡不着，睡不稳，躺下不过三四个小时，便又坐起来办公。以至于其他首长见了毛泽东的卫士，第一句话总是关切地问："主席睡觉了没有？""主席睡了几个钟头？""主席还是没睡吗？"

带领人民走进新中国的毛泽东，延续着夜晚办公的习惯。毛泽东笑说自己是"按月亮的规律办事"。他曾努力想改掉这一习惯。在 1950 年 12 月 29 日给同学周世钊的信中，毛泽东说："晏睡的毛病正在改，实行了半个月，按照太阳办事，不按月亮办事了。但近日又翻过来，新年后当再改正。"② 按毛泽东的习惯，他一般是下午 3 点开始工作，直到第二天上午 10 点左右才休息。但其实休息时间并不能保证。稍遇大事，毛泽东不仅是夜晚办公，白天也没有多少休息时间。保健医生徐涛说："他每日超负荷工作，有时每日仅有 4 小时左右睡眠，每日工作至少 20 多个小时。"③ 毛泽东身边的一个卫士计算过他一周内的工作和睡眠时间，结果在这一周的 168 个小时中，毛泽东的睡眠时间还不足 27 个小时，其余的时间几乎全在工作和读书。毛泽东身边的工作人员从来不统计他每天睡觉的时长，只计算他一星期睡了多少小时。通常，毛泽东一星期睡眠不超过 30 个小时，有一个星期睡了 35 个小时，工作人员还为此高兴得喝了酒。

① 参见邱延生：《历史的真言——李银桥在毛泽东身边工作纪实》，新华出版社 2000 年版，第 67 页。
② 《毛泽东书信选集》，中央文献出版社 2003 年版，第 366 页。
③ 中共中央文献研究室《缅怀毛泽东》编辑组：《缅怀毛泽东》下，中央文献出版社 1993 年版，第 597 页。

伴随毛泽东晚上办公的除了台灯，还有一台红色电话机。进入中南海后，毛泽东、周恩来、朱德等中共中央和国家领导人的办公室里都安装上了红、黑两种颜色的电话机，黑色机是外线电话，红色机是中央内部电话，安装红色机需经中共中央办公厅主任签字。因为领导们都知道毛泽东有晚上办公的习惯，所以白天除非发生重大事情，一般都不直接往毛泽东的红色电话机上打，尤其是周恩来总理，他每次打电话，都要先问接听电话的秘书："主席休息没有？"

由于高强度的工作和长期熬夜，毛泽东养成了吸烟、喝浓茶的习惯。办公桌上的茶杯和烟灰缸成了他每日必需的物品。毛泽东喜欢喝浓茶提神，喝完茶水后还喜欢拈起茶叶放口里嚼碎吞掉。

吸烟是毛泽东的嗜好。据说沙家店战役中，毛泽东吸了五盒半香烟。定国安邦的日日夜夜里，毛泽东依旧与烟为伴。卫士封耀松回忆，有一次毛泽东在书房办公，两堆文件足足有一尺多高。他左手夹烟，右手抓笔。过了一会儿，封耀松走到办公桌旁，捧走烟灰缸。数数这烟头够几名卫士抽一天的。① 为了使毛泽东尽量少吸烟，卫士们将烟一分为二，半支半支地插入烟嘴。

1958 年 6 月 30 日，毛泽东像往常一样拿起了《人民日报》，一则新闻就这样映入他的眼帘：我国血吸虫病重点流行区域之一——江西省余江县消灭了血吸虫病。毛泽东心潮澎湃，他坐也不是，站也不是，"浮想联翩，夜不能寐。微风拂煦，旭日临窗。遥望南天，欣然命笔"②。7 月 1 日早上写下了著名的诗篇《七律二首·送瘟神》。

这里的"瘟神"特指血吸虫病，是一种严重危害身体健康和阻碍社会经济发展的传染病。新中国成立初期，血吸虫病流行地域之广、危害面积之大可谓历史罕见。据统计，当时的湖南、湖北、江苏等 12 个省市、自治区都发现有血吸虫病。一些血吸虫病患者因腹胀如鼓痛苦不堪，用剪刀刺破腹部放水而死，一些患者变成了侏儒。由于血吸虫严重破坏人体机能，人和动物一旦感染就会丧失基本劳动力，因此许多疾病流行区田地荒芜、村舍废弃。正如毛泽东在诗篇后记中写的："就血吸虫所毁灭我们的生命而言，远强于过去打过我们的任何一个或几个帝国主义。八国联军，抗日战争，就毁人一点来说，都不及血吸虫。"③

---

① 参见李家骥、杨庆旺：《毛泽东与他的卫士们》，中央文献出版社 1998 年版，第 686 页。
② 《毛泽东诗词集》，中央文献出版社 2003 年版，第 89 页。
③ 《毛泽东诗词集》，中央文献出版社 2003 年版，第 216—217 页。

人民的幸福安康始终牵挂在毛泽东心头。1956 年，根据毛泽东的提议，消灭血吸虫病被中央列入《全国农业发展纲要（草案）》。1956 年，毛泽东在最高国务会议上发出"全党动员，全民动员，消灭血吸虫病"的战斗号召。[①] 按照他的指示，血吸虫病流行省份在各级行政区都建立了血吸虫病领导小组和防治机构，轰轰烈烈的防治运动由此展开。

余江县以撼天动地的气魄率先在全国消灭了血吸虫病，这不能不令毛泽东高兴无比，信心百倍。于是有了深夜的吟唱：

绿水青山枉自多，华佗无奈小虫何！千村薜荔人遗矢，万户萧疏鬼唱歌。坐地日行八万里，巡天遥看一千河。牛郎欲问瘟神事，一样悲欢逐逝波。

春风杨柳万千条，六亿神州尽舜尧。红雨随心翻作浪，青山着意化为桥。天连五岭银锄落，地动三河铁臂摇。借问瘟君欲何往，纸船明烛照天烧。[②]

为了人民的幸福安康，毛泽东度过了一个又一个不眠之夜。竭尽心力的思考和无规律的作息使他得了严重的失眠症。为了能够得到短暂休息以保证继续工作的体力，他只能依赖安眠药。进驻北京后，中央指派专门的保健医生负责督促毛泽东按时睡眠，又不断组织专家对毛泽东失眠的问题进行研究，先后制订了多种治疗方案，然而收效甚微。因为新中国成立后毛泽东的工作强度有增无减，他又长期服用大剂量的安眠药，身体产生了抗药性，尽管保健医生试图减少毛泽东的用药量，又一度以中药治疗，但仍以失败而告终。

★ 理发箱

毛泽东从来都是抓紧点滴时间工作、学习。他的最后一任理发师周福明回忆说：主席平常很少有消闲的时间，他的消闲就是看书。理发也不例外……特别是会见外宾，主席要利用理发这点工夫看看有关这个国家的资料，了解这个国家的基本概况，进行分析研究，使自己做到心中有数……如果不会见外宾，主席就看书。主席看起书来非常专注，遇到有趣的情节，他老人家还情不自禁地咯咯笑，头也不住地前俯后仰。因此，周福明为毛泽东理发时，从来没有随意地指挥他，调动他，总是随着他坐着看书的姿势为主席理发、刮胡子。就像毛泽东对周福明说的那样："你办你

---

① 参见中共中央文献研究室《缅怀毛泽东》编辑组：《缅怀毛泽东》下，中央文献出版社 1993 年版，第 543 页。

② 《毛泽东诗词集》，中央文献出版社 2003 年版，第 89—90 页。

的公，我办我的公，我们互不干扰。"①

毛泽东遗物中有一个深棕色的理发工具箱，里面装着手推剪、剃刀各一把，梳子、剪子、刷子各两个，还有生发油瓶、发乳瓶各两只，以及剃刀布、粉盒、剃须膏、棉球等老式用品，丝毫见不到当时流行的吹风机、电动剃刀等新式理发工具的影子。

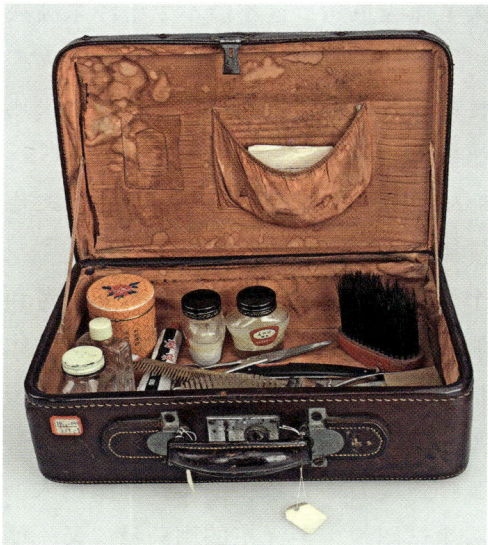

这个理发箱是 1958 年成都会议期间，毛泽东的理发师王惠买的，因为事先没有征求毛泽东的意见，他为此还挨了批评。这个理发箱直到 60 年代才开始启用，它见证了毛泽东抓紧点滴时间办公的精神。

毛泽东感到疲劳时，他总是坐到藤椅上，倚靠着椅背，微闭双目，让卫士给他慢慢地从前往后一遍一遍地箆头、梳头。片刻，他重新神采奕奕地回到办公桌前继续工作。通过箆头、梳头促进脑部血液循环、消除疲劳是毛泽东自战争年代养成的习惯。

○ 理发箱

在辽沈战役中，毛泽东为指挥锦州战役，两天三夜没上过床，靠着几包烟、几杯茶连续工作。那年，他已经 55 岁，却精力超人，工作起来 4 个 20 多岁的值班卫士都熬不过他一人。卫士们见毛泽东长期不分白天黑夜地工作，心里很着急，可一下子又想不出好办法让他睡觉或是把他从那间 20 平方米的房间里拉出来散心。于是卫士长李银桥想了个办法，在他批阅文件时，拿着箆子和梳子站在他身后为他箆头、梳头。果然这使毛泽东感到轻松了很多，他高兴地说："银桥，你为我解决了一个难题，箆头是一种很好的按摩，可以促进血液循环，消除疲劳。"以前，毛泽东身体很健康，满头乌发。可到了平津战役后期的一天，李银桥为他箆头时，发现了一根白头发。李银桥将拔下的白发拿到他面前，毛泽东说："白一根头发，胜了三大战役，值得。"②

① 亓莉：《毛泽东晚年生活纪事》，中央文献出版社 2004 年版，第 32 页。
② 李银桥：《在毛泽东身边十五年》，河北人民出版社 1991 年版，第 121 页。

毛泽东争分夺秒地工作，居家办公很少花时间注意仪表。他还有过一段"不修边幅"的时期，那是 1927 年到 1936 年，从创建井冈山革命根据地到带领红军长征、发展陕北根据地的十年。第一位采访毛泽东的外国记者埃德加·斯诺在陕北见到了毛泽东，形容他"是个面容瘦削、看上去很像林肯的人物，个子高出一般的中国人，背有些驼，一头浓密的黑发留得很长，双眼炯炯有神，鼻梁很高，颧骨凸出"①。

1972 年初，年近 80 岁的毛泽东出现休克。经抢救醒来后，身体极度虚弱。2 月 21 日，仍在病中的毛泽东清晰地记得美国总统尼克松就在这一天访问中国，躺在病床上的他不时地询问工作人员关于尼克松的行程安排。

尼克松早就得知毛泽东身体不好，然而到达中国三个小时后，他惊讶地收到了来自中南海的消息——病重未愈的毛泽东即将接见他。此时，中南海丰泽园里，久未刮胡子的毛泽东正叫人帮他理发、刮胡子。

原来，凡是参加外事活动，为了体现对客人的尊重，毛泽东要求仪表整洁。但他并不在这方面浪费时间，每次都是接见外宾前的十几分钟才匆忙放下手中的工作离开办公桌，让理发师给他理发、刮胡子，他要求理发越快越好，不吹风，也不抹头油。

★饼干盒、糖果盒

毛泽东日理万机，大多数时候一天吃两餐，有时候只有一餐。除非有客，他吃饭的时候都是手不释卷。他左手拿着书或报纸，两眼紧紧盯着，右手拿着筷子，在菜盘和嘴之间运动，筷子始终落在盘子的一个位置，很快菜盘的一边夹光，筷子夹不到菜了。值班卫士悄悄转动菜盘，让他的筷子落在有菜的位置，又及时将荤素两盘菜换个位置。毛泽东两餐间隔较长，工作强度大，他有时也会觉得肚子饿。有一次，他跟卫士张景芳说："你给我搞几块糖来吃。"② 张景芳和管理员说了以后，取来了一包糖果和一铁盒上海泰康食品厂产的饼干。毛泽东吃了几块，也舍不得多吃。饿了，仅用烤芋头、麦片或压缩饼干充饥在毛泽东这里是常有的事。

1957 年 2 月，毛泽东为赶写《如何处理人民内部的矛盾》的报告稿和筹备最高

---

① 埃德加·斯诺：《西行漫记》，东方出版社 2005 年版，第 70 页。
② 王震宇：《在毛泽东身边——106 位毛泽东亲属和身边工作人员的回忆》，人民出版社 2009 年版，第 181 页。

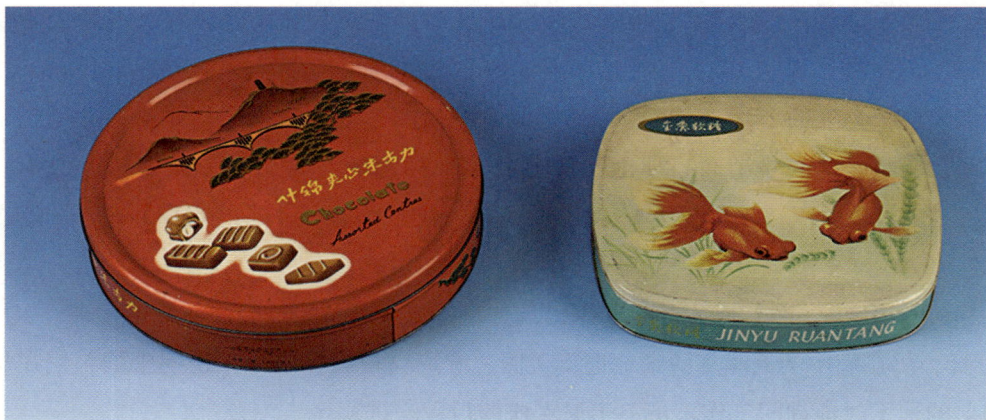

○ 饼干盒、糖果盒

国务会议，连续三天两夜伏案工作没有休息，只吃了一顿正经饭，喝过两茶缸麦片粥。工作人员非常着急，但又不能随便打扰他，更不能强迫他去吃饭、睡觉。又过了一天，夜深了，正为毛泽东健康担忧的值班卫士封耀松忽见毛泽东头往后仰，手在额头上不断揉着，同时做着深呼吸。他意识到可能是毛泽东感到疲倦了，赶紧抓住时机，几步小跑到写字台，小声问道："主席，您好久没吃饭了，给您搞点来吗？"

听到声音，毛泽东把手从额头上放下来，不解地问道："怎么又吃饭了？"废寝忘食的他根本就没有在意到底多长时间没进餐了。封耀松心疼地告诉他："您已经十几个小时没有吃过一点东西了。"谁知他还是摇摇头说："不要搞了，你给我烤几个芋头来就行。"封耀松不甘心地劝道："主席，你都一天没吃正经饭了，还是……"没等他说完，主席轻轻一挥手，又埋首文案中。

封耀松只得走进厨房动手烤芋头。这惊醒了睡梦中的厨师，他睡眼蒙眬地嚷道："你胡闹！主席一天没吃饭了，你怎么烤几个芋头？"封耀松只得苦笑着道出实情。厨师听明原委也无言以对了，赶忙帮着烤起了芋头。

不一会，封耀松用碟子端着几个烤芋头回到办公室，刚迈进门，就听到阵阵鼾声。一看，毛泽东左手拿着文件，右手抓着铅笔，就那么睡着了。他不忍喊醒毛泽东，轻手轻脚地把芋头放在暖气片上，退到门口等候。十多分钟后，封耀松听到毛泽东一声咳嗽，赶紧进去说："主席，芋头烧熟啦！"

这时，天已破晓。毛泽东放下笔和纸，双手搓搓脸，说："噢，想吃哒，拿来吧。"他拿起一个芋头，轻摇着身体，惬意地吟起了自己的旧作："东方欲晓，莫道君行早……"

封耀松悄悄地退到了门口，过了十多分钟，又听到鼾声再起。他走进屋去，见办公桌上的碟子里只剩了一个芋头，毛泽东头歪向右肩又睡着了。封耀松忽然感到鼾声不太对劲，像是被东西塞住了，他探头仔细一打量，鼻子一下就酸了：主席嘴里竟然含着半个芋头，另外半个还拿在手里。

封耀松的泪水抑制不住地淌了出来。他轻轻地、轻轻地去抠毛泽东嘴里的芋头。谁料毛泽东被惊醒，一双熬得通红的眼睛瞪住他，问："怎么回事？"封耀松请求道："这芋头是从你嘴里抠出来的。你必须睡觉，必须休息了。我求求你了……"①

看着泪眼婆娑的小封，毛泽东终于起身离开办公桌，准备上床睡觉。

★中国人民政治协商会议第一届全国委员会第三次会议出席证、1969年五一国际劳动节请柬、北京医院诊疗证

毛泽东每年都要参加各种类型的会议，作为党和国家主席，他出席会议本可以无须签到，但他一生反对特权，无论做任何事，都坚持和同志们一道，遵章守规。每次开会，他总是凭代表证或出席证提前到达会场，并主动从机要秘书那拿过签到证，认真地签上"毛泽东"三个字，交给负责签到的工作人员，往往他是第一个到场。若是在人民大会堂开会，他总是先到"118"厅（即北京厅）等候其他领导人，会场准备就绪后，便和他们一起走上主席台就座，他的座位编号一般是第一排第一号。

作为新中国建设的领导人，毛泽东始终把各行各业的发展、健全制度、改善人民生活放在心头，他主持并参加各项会议，并出席相关纪念活动。

凡重要会议，毛泽东都会参加，有时还亲自主持会议。如政治协商会议。早在解放战争后期，毛泽东已经开始筹划要在北平召集包含"一切民主党派、人民团体和无党派民主人士"在内的政治协商会议，成立联合政府。1948年4月30日，由他审定中共中央纪念五一劳动节口号，发出"迅速召开政治协商会议"，讨论"成立民主联合政府"的号召。② 1951年10月23日至11月1日，中国人民政治协商会

---

① 参见李家骥、杨庆旺：《毛泽东与他的卫士们》，中央文献出版社1998年版，第693—696页。

② 金冲及：《毛泽东传（1983—1949）》，中央文献出版社2004年版，第969页。

议第一届全国委员会第三次会议召开，毛泽东充满信心的开篇词鼓舞着中国人民："我们的敌人认为：新生的中华人民共和国面前摆着重重的困难，他们又用侵略战争来反对我们，我们没有可能克服自己的困难，没有可能反击侵略者。出于敌人的意料之外，我们居然能够克服自己的困难，居然能够反击侵略者，并获得伟大的胜利。我们的敌人眼光短浅，他们看不到我们这种国内国际伟大团结的力量，他们看不到由外国帝国主义欺负中国人民的时代，已由中华人民共和国的成立而永远宣告结束了。……总之一句话，今后的世界必须是人民的世界，世界各国必须由各国人民自己管理自己，而决不能再是帝国主义及其走狗横行霸道的世界了。"[①] 他指出会议的中心任务是继续加强抗美援朝的工作，增加生产，厉行节约，以支持中国人民志愿军。会议通过了《关于抗美援朝工作的决议草案》《关于支持五大国缔结和平公约的要求的决议》等。

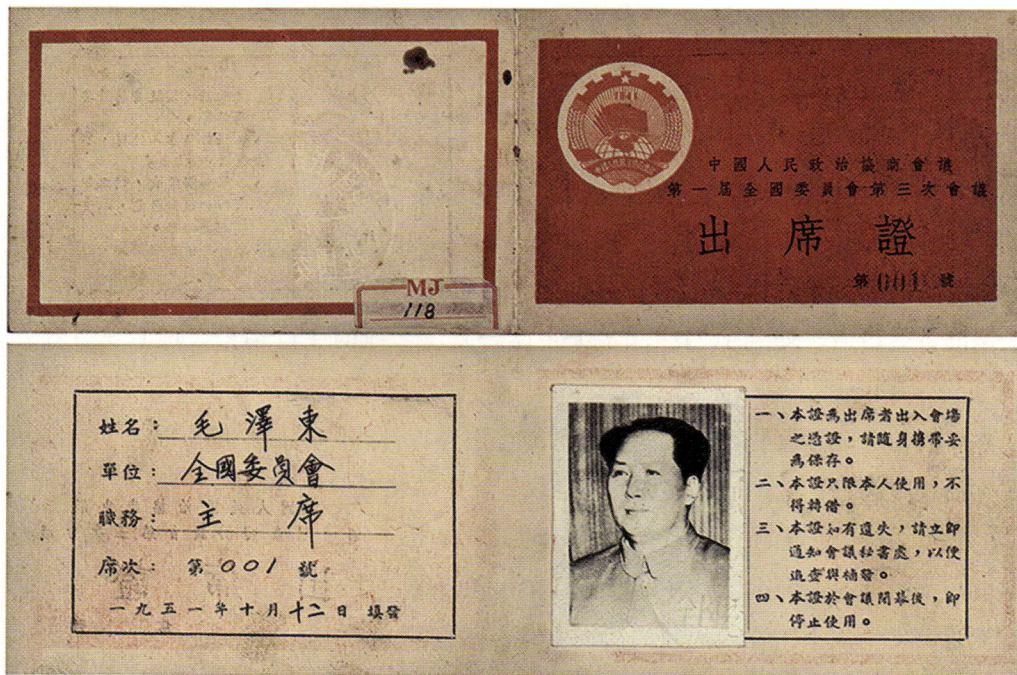

○ 中国人民政治协商会议第一届全国委员会第三次会议出席证

[①] 《毛泽东文集》第 6 卷，人民出版社 1999 年版，第 185—186 页。

重要的纪念活动，毛泽东也会挤时间参加。每逢在天安门广场举行重大活动，如"五一""十一"纪念活动，毛泽东和其他领导人一样都会收到邀请函，凭函件登上天安门城楼观看在天安门广场举行的庆典活动，他还时常兴高采烈地融入百姓中，与首

○ 1969年五一国际劳动节请柬

都群众一起看烟火。毛泽东关心劳动人民，喜欢和他们在一起，与他们话家常。每年特别是"五一"劳动节他都要接见大批的劳模，与他们握手，给他们敬酒。很多次他主动邀请劳模坐他身边的位置，详细地询问他们的生活，鼓励他们努力生产。

除了开会签到、出席活动凭邀请函外，毛泽东在个人私事上也完全按规章制度办，如他看病就有专门的诊疗证。毛泽东的北京医院诊疗证是新中国成立初期办理的，编号为"151号"。北京医院坐落在东交民巷，是德国人于1905年创办的，新中国成立后由人民政府接收。北京医院由卫生部直接管理，是中央领导的定点医院。

北京医院作为中南海的定点医院后，一般平民百姓

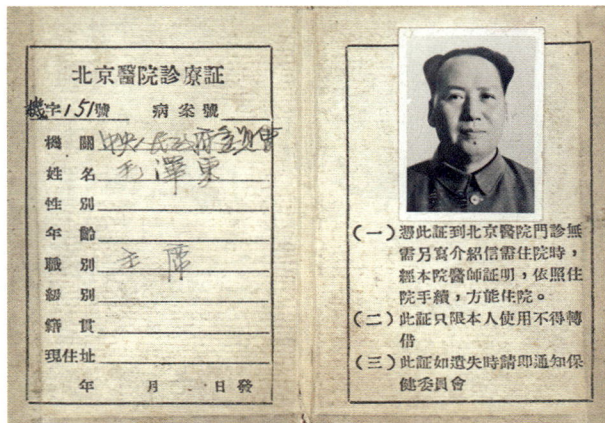

○ 毛泽东的北京医院诊疗证

到北京医院看病就很难了。老百姓对此有意见。毛泽东知道后也很气愤，批评北京医院是"老爷医院"。为此，北京医院决定推行诊疗证制度，规定无论职位高低、关系亲疏，一律凭"北京医院诊疗证"挂号、看病、住院、治疗。不久，中南海里无论首长还是工作人员都有了一本硬皮封面的诊疗证。当初办证时，人们并未想到也要为毛泽东办一个，因此，后来为毛泽东补办时，他的编号没有像其他证件一样是"001 号"，而是排到了"机字 151 号"。

★第一次访苏穿的黑呢中山装、毛皮大衣

刚刚诞生的中华人民共和国，面临着帝国主义封锁和可能的武装干涉，又面临着恢复国内经济的艰巨任务。在这种情形下，同强大的社会主义国家苏联建立友好合作关系，显得格外重要。所以，毛泽东在新中国成立后两个月即出访苏联，就两党两国之间所关心的问题交换意见，商谈和签订两国之间的有关条约、协定等，并商议与解决有关两国利益的若干具体问题。

1949 年 12 月 6 日，毛泽东登上北上的专列，前往莫斯科。这是他生平第一次出国访问。

○ 毛泽东 1949 年访问苏联时穿过的黑呢中山服

尽管毛泽东不讲究衣着，也不允许别人随意为他添置新衣服，但出访苏联时考虑到国家形象，他还是同意做出国的服装——黑色中山装，黑色显得庄重，合乎礼仪，中山装则体现了中国的特色。穿着新做的黑色中山装，毛泽东站在世界上第一个社会主义国家的土地上。

新中国成立后，中山装被定为"国服"，毛泽东及其他中央领导人在公开场合一般都穿中山装。毛泽东的中山装衣领低、领尖阔而长，这是专门为中央领导制作服装的红都服装店师傅根据他的身材、脸型、气质而设计的，毛泽东穿上后非常满意，后被称为毛氏服装[1]。毛泽东的中山装一律为 5 粒扣子。为毛泽东缝制过衣服的裁缝

---

① 《毛泽东主席的礼宾风格》，《人民日报（海外版）》，2011 年 2 月 26 日。

田阿桐回忆："毛主席平时对衣服要求并不高，有什么穿什么，从不挑剔。"①

12 月 16 日，毛泽东率代表团到达莫斯科，苏联接待规格很高，将毛泽东到达莫斯科北站的时间刻意安排在中午 12 点，这是他们接待外宾的最高规格。

为了抵御西伯利亚刺骨的寒风，毛泽东出国前汪东兴等人还提议为他做了一件蓝黑呢皮毛大衣和一件呢子斗篷。毛泽东正是穿着蓝黑呢皮毛大衣会见了斯大林。会见斯大林时，毛泽东高度评价了斯大林对国际共产主义运动的贡献，就中苏重要的政治与经济问题交换了意见。

1950 年 1 月 10 日，周恩来按照毛泽东的安排前往苏联，负责谈判工作。两国政府最终签订《中苏友好同盟互助条约》。同时，双方还签订《关于中国长春铁路、旅顺口及大连的协定》和《关于苏联贷款给中华人民共和国的协定》。②

中苏会谈的大事，毛泽东一直抓得很紧，周恩来每天向他详细汇报，条约的文稿也都经过他逐字逐句的审改推敲，凡是涉及国家主权和民族利益等重大问题，他总是立场坚定、寸步不让。最终毛泽东的思想指导和具体指示对树立独立自主的新中国形象起了重大而积极的作用。③

1950 年 2 月 14 日，《中苏友好同盟互助条约》正式签订，斯大林和毛泽东出席了签字仪式。

毛泽东对第一次访苏取得的成果是很满意的。这次访苏，维护了中国的民族尊严和国家主权，提高了中国的国际地位，用条约的形式将中苏友好合作的关系固定下来。这对于巩固新生的中华人民共和国政权，为新中国迅速恢复国民经济、迎接大规模经济建设的新时期创造了前所未有的良好外部条件。

○ 毛泽东 1949 年访问苏联穿过的蓝黑呢皮毛大衣

---

① 《田阿桐与"毛式中山装"》，《兵团建设》2009 年 2 月。

② 逄先知、金冲及：《毛泽东传（1949—1976）》上，中央文献出版社 2003 年版，第 51 页。

③ 参见中共中央文献研究室《缅怀毛泽东》编辑组：《缅怀毛泽东》下，中央文献出版社 1993 年版，第 71—72 页。

★第二次访苏时戴的礼帽、在孙中山纪念大会上穿的中山装

1957 年 11 月，毛泽东率中国党政代表团再次访苏。此次访苏，主要是参加十月革命 40 周年庆祝活动、出席在莫斯科召开的社会主义国家共产党和工人党代表会议。整个行程非常紧张。

11 月 3 日晚 7 时，赫鲁晓夫邀请毛泽东共进晚餐，两人进行了长达 4 个小时的会谈。

午夜 0 时，毛泽东返回住地后马上召开代表团会议，介绍了同赫鲁晓夫会谈的情况，到凌晨 1 时半才结束。

11 月 4 日上午，他又和中国代表团到苏共中央办公大楼再次拜会赫鲁晓夫，会晤持续 40 分钟。

○ 毛泽东 1957 年访问苏联时戴过的礼帽

11 月 5 日下午，毛泽东率中国代表团到红场拜谒列宁、斯大林墓。献上花圈后，毛泽东取下原本戴着的鹿牌呢帽，毕恭毕敬地三鞠躬。这顶礼帽由公私合营上海中国瑞记制帽厂生产，是纯粹的国货。

11 月 6 日上午，苏联在卢日尼基体育馆召开十月革命 40 周年庆祝大会，毛泽东率中国代表团全体成员参加。

11 月 6 日下午 4 时，十月革命 40 周年庆祝大会继续举行，各社会主义国家代表团团长致辞。第一个致辞的是毛泽东。他一出场，全体与会者起立致敬，讲话中掌声不断。讲话结束后全场再次起立，长时间地鼓掌致敬。

在讲话中，毛泽东热情地赞扬了苏联 40 年来所取得的成就，在如何对待苏联经验的问题上，他作了全面分析："在十月革命以后，各国无产阶级的革命家如果忽视或者不认真研究俄国革命的经验，不认真研究苏联无产阶级专政和社会主义建设的经验，并且按照本国的具体条件，有分析地、创造性地利用这些经验，那末，他就不能通晓作为马克思主义发展新阶段的列宁主义，就不能正确地解决本国的革命和建设问题。"他还满怀信心地预言，"社会主义制度终究要代替资本主义制度，这

是一个不以人们自己的意志为转移的客观规律。不管反动派怎样企图阻止历史车轮的前进，革命或迟或早总会发生，并且将必然取得胜利"①。

11月7日上午，为庆祝十月革命胜利40周年，苏联在红场举行了盛大的阅兵仪式和群众游行。毛泽东和中国代表团步行到红场观看了阅兵和群众游行。

访苏期间，毛泽东会见英、法、意等西方国家共产党领导人，广泛地了解这些国家的社会、政治、经济状况。

对于革命先行者孙中山，毛泽东十分的尊重。1956年11月11日，毛泽东身穿灰色中山装出席孙中山先生诞辰90周年纪念会议。

第二天，毛泽东在《人民日报》上发表《纪念孙中山先生》一文，对孙中山的一生作了概括总结："他全心全意地为了改造中国而耗费了毕生的精力，真是鞠躬尽瘁，死而后已。"② 毛泽东又自豪地写道："我们完成了孙先生没有完成的民主革命，并且把这个革命发展为社会主义革命。我们正在完成这个革命。"③

○ 毛泽东在孙中山纪念大会
上穿的中山装

---

① 《毛泽东文集》第7卷，人民出版社1996年版，第315页。
② 《毛泽东文集》第7卷，人民出版社1999年版，第157页。
③ 《毛泽东文集》第7卷，人民出版社1999年版，第156页。

第二节
★
注重调研

毛泽东一贯注重调查研究。新中国成立后，为了探索社会主义革命和建设的道路，为了了解实际情况，为了取得政策决策的第一手材料，毛泽东经常深入各地，有些年份有三分之一，甚至有三分之二的时间在京城以外度过，他的足迹遍及长城内外，大江南北。

★行李袋、外出视察日程表

自早年投身革命起，毛泽东就极为重视调研工作。大革命时期，他曾用 32 天时间走遍了湖南湘潭、湘乡、长沙等县，实地到农村考察，写出了著名的《湖南农民运动考察报告》，驳斥了国民党关于农民运动是"痞子"运动的谬论，指出了农民运动的重要性。20 世纪 30 年代在江西苏区，他亲自到兴国、长冈和才溪乡调查，针对党内一些不顾国情、照搬书本和外国经验的教条主义做法，提出"没有调查，没有发言权"的著名论断，深刻指出"实际政策的决定，一定要根据具体情况，坐在房子里面想象的东西，和看到的粗枝大叶的书面报告上写着的东西，决不是具体的情况。倘若根据'想当然'或不合实际的报告来决定决策，那是危险的。……所以详细的科学的实际调查，乃非常之必需"①。抗日战争时期，他对"闭着眼睛捉麻雀""瞎子摸鱼"等一知半解的恶劣作风提出了严厉批评，向全党提出系统地、周密地研究周围环境的任务。延安时期为帮助党内同志掌握调研方法，他还把自己过去调查的材料编成《农村调查》一书，并亲自撰写序言和跋。

---

① 中共中央文献研究室：《毛泽东农村调查文集》，人民出版社 1982 年版，第 182—183 页。

新中国成立后，毛泽东依旧把调查研究工作放在十分重要的位置。每次外巡，他要求身边的工作人员凡是能带的东西尽可能带齐，尽量减少地方的麻烦。由于毛泽东外出调研、开会频繁，且很多时候办公、留宿都在专列上，所以要带的行李特别多，如被褥、凉席、台灯、日常小用品、换洗衣服、礼服、拖鞋等。为了携带方便，工作人员给他准备了 10 多个草绿色帆布行李袋，袋子高约 120 厘米，直径 50—70 厘米不等，口边一根扎实的锁绳。

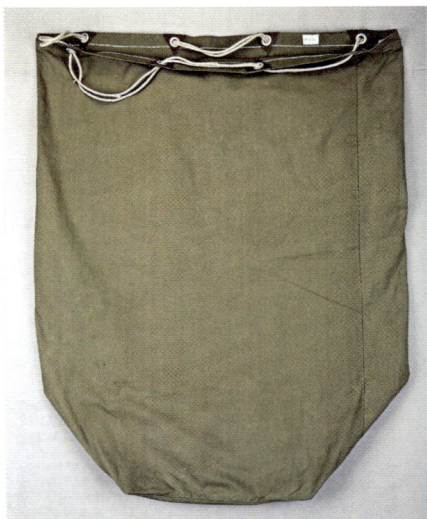

○ 毛泽东外出时用的行李袋

外巡中他总是马不停蹄，风尘仆仆。有一张外巡日程表，记录着从 1959 年 10 月 23 日至 1960 年 3 月 26 日毛泽东外巡的情况：

1959 年 10 月 23 日：从北京坐火车出发，到天津（未下车，住火车上）。

10 月 24 日：天津—济南（住车上）。

10 月 25 日：在济南（住车上）。

10 月 26 日：济南—徐州（在徐州住火车上）。

10 月 27 日：徐州—合肥（住招待所）。

10 月 28 日：在合肥（住火车上）。

10 月 29 日：合肥—浴溪口—马鞍山—南京（住火车上）。

10 月 30 日：南京—上海（住火车上）。

10 月 31 日：上海—杭州（住招待所）。

农业、工业都是毛泽东一路上参观视察的重点。谈话内容涉及经济作物生长情况、副食供应、交通、防治血吸虫病等各个领域，他还提出："美国的种植业与畜牧业并重。我国也一定要走这条路线。"[①] 这是一个富有远见的思想，是符合中国这样一个大国的实际情况的。

1959 年 10 月 28 日，毛泽东到达安徽。下午视察时，在安徽省委书记曾希圣、

---

① 逄先知、金冲及：《毛泽东传（1949—1976）》下，中央文献出版社 2003 年版，第 1021 页。

省长黄岩和合肥市委书记刘征田等陪同下，毛泽东视察了为了解决农业用肥在 1958 年建成的蜀山化肥厂。在厂内，毛泽东听取了省石化厅厅长黄诚的汇报，还参观了造气、变换、精炼、高压和合成车间，参观时他亲切地和生产工人握手问好。他赞赏地说："很好，大中小结合，一个化肥厂可以解决一个公社问题，一亩地几十斤化肥就基本解决了。"他对身旁的曾希圣同志说，"你要抓紧，这是一项有意义的事情，要推广下去。"并强调，"搞农业不搞化肥不行。"回京后，毛泽东在有关会议上提出了化肥发展问题，会后陈云亲赴安徽做了长达 40 多天的调查，总结经验后在全国推广。

○ 1959 年 10 月 28 日毛泽东视察安徽合肥化肥厂

1959 年 11 月 1 日—1960 年 1 月 3 日：在杭州（住招待所）。

其中，11 月 3 日到 12 月 4 日，毛泽东听取周恩来汇报赫鲁晓夫攻击中国的谈话，谈到了中印边境冲突等国际问题。11 月 12 日，他在与华东各省市委第一书记谈话时，第一次明确提出防止和平演变问题。①

① 逄先知、金冲及：《毛泽东传（1949—1976）》下，中央文献出版社 2003 年版，第 1027 页。

1 月 4 日：杭州—上海（住招待所）。

1 月 5 日—17 日：在上海（住火车上）。

1 月 18 日：上海—杭州（住招待所）。

1 月 19 日—23 日：在杭州（住招待所）。

1 月 24 日：杭州—江西向塘（住火车上）。

1 月 25 日：江西向塘—株洲（住火车上）。

1 月 26 日：株洲—衡阳（住火车上）。

1 月 27 日：衡阳—广州（住招待所）。

1 月 31 日—3 月 8 日：在广州（住招待所）。

其中，1959 年 12 月 10 日到 1960 年 2 月 9 日，毛泽东开始了他的一段特殊的读书生活。他和陈伯达、胡绳、田家英、邓力群等人一起读苏联《政治经济学教科书》（第三版）。① 即使毛泽东生日这天也没有中断读书。

3 月 9 日：广州—衡阳（火车上）。

3 月 10 日：衡阳—长沙（住火车上）。

3 月 11 日：在长沙（住火车上）。

3 月 12 日：长沙—江西向塘（住火车上）。

3 月 13 日：向塘—浙江金华（住火车上）。

3 月 14 日：金华—杭州（住招待所）。

3 月 15 日：杭州—绍兴（住火车上）。

3 月 16 日：绍兴—宁波（住火车上）。

3 月 17 日：宁波—杭州（住招待所）。

3 月 18 日：在杭州（住招待所）。

3 月 19 日：杭州—上海（住火车上）。

3 月 20 日：在上海（住火车上）。

3 月 21 日：上海—徐州（住火车上）。

3 月 22 日：徐州—天津（住火车上）。

3 月 23 日—25 日：在天津（住火车上）。

3 月 26 日：天津—北京。

---

① 逄先知、金冲及：《毛泽东传（1949—1976）》下，中央文献出版社 2003 年版，第 1037 页。

此次外出调研历时 5 个月零 3 天，其中开会、谈话 59 次（专列上 18 次），研究政治经济学 30 次，审定毛选 8 次，视察工厂、公社、部队 7 次，接见外宾 5 次，看戏 9 次，会见军委扩大会全体同志 1 次。外巡时间之长，活动范围之广、活动频率之高，都是历史上少有的。

然而由于各方面的原因，毛泽东在新中国成立后的外巡调研中，有时很难真正地深入群众中，很难得到第一手材料。但他总是力图了解真相，总是反复询问：有没有把握？有保证没有？怎么实现？有什么措施？但无一例外，得到的都是肯定回答。如 1958 年 11 月毛泽东在专列上听取河南省部分地委书记汇报时，询问新乡地委书记耿其昌："你那是不是真钢铁？有没有那么多数？"① 得到的回答是，有那么多数，是真钢铁。很多这样的不实信息传递到毛泽东那里。到了"大跃进"后期，毛泽东逐渐感到自己赖以决策的信息不真实。他不断谈到自己官大了、调查做少了、不摸底等问题。更让他震惊的是当时各级干部的调查研究也松懈了下来。因此，毛泽东决定大力提倡实事求是的调查研究。1961 年 1 月 13 日，毛泽东在中央工作会议上，号召全党大兴调查研究之风。他带头要求身边工作人员组成调查组，分赴广东、湖南、浙江农村等地开展调查研究。

★棕色皮鞋、布鞋

由于经常外出视察，而且是风雨无阻，于是，工作人员给毛泽东准备了外出穿的雨鞋、棕色皮鞋、黑色布鞋等各式各样的鞋子。

毛泽东平时不爱穿皮鞋，重要场合才穿，而且只喜欢棕色的皮鞋。1949 年 10 月 1 日开国大典上，毛泽东就是穿的棕色皮鞋。那双皮鞋，毛泽东一穿就是十几年，并且穿着它接见外宾。1956 年，毛泽东在中南海勤政殿接见印度尼西亚总统苏加诺。罗瑞卿见他穿着一双棕色皮鞋，对他说："主席，你还是换一双黑的吧？"

毛泽东问："为什么？"

"按照国际惯例……"

毛泽东打断罗瑞卿的话："我们中国人要按中国的惯例穿！"就这样，毛泽东穿着棕色皮鞋接见了苏加诺。此后，没有人再在毛泽东面前提皮鞋颜色的问题，他穿着棕色皮鞋接见了一位又一位外宾。

---

① 史向生：《"跃进"之后的反思——回忆两次郑州会议前后的毛泽东》，《党史博览》1994年第 2 期。

毛泽东穿皮鞋有一特点：喜旧厌新。他认为新鞋夹脚，穿起来不舒适。居家时，他习惯于穿布鞋和拖鞋，觉得这种鞋子穿了脚很舒服。

毛泽东对鞋十分珍惜，即使破旧了也不愿意随便扔弃、更换新的。1938年春，他在延安窑洞里写著名的《论持久战》。延安的春天格外冷，工作人员在窑洞里为他生了一盆旺旺的木炭火。一天深夜，门外的警卫员闻到房间里飘出一股浓浓的焦味，跑进房间一看，只见毛泽东正拍打着一只冒烟的布鞋。原来，毛泽东只顾写作，忘了脚下的炭火。卫士见鞋子烧坏了，说请房东大娘做一双新的。哪知毛泽东却不同意，说补一补就行了。

○ 棕色皮鞋、布鞋

新中国成立后，毛泽东依然保持着穿布鞋的习惯，他的布鞋一般是在北京大栅栏内联升鞋店定做的，布料为黑色礼服呢，鞋底是手工纳的，叫千层底，很厚实。他不仅在家爱穿布鞋，而且有时外出视察时也穿布鞋，如1952年毛泽东在河南视察黄河时就穿的布鞋。

○ 1952年10月毛泽东在河南视察黄河

★ 大皮箱、公文包

毛泽东外出视察时会带上装礼服的特制大皮箱。皮箱长97厘米、宽69厘米、高41厘米。打开箱子，上端盖口挂着一块布帘，撩开帘子，一根钢挂架下有三道宽松紧拉带。每次出发前，工作人员把礼服熨烫平整，套上衣架，挂在大皮箱中，由于有松紧带网住，礼服不会下掉，不会起皱。再放下布帘，灰尘也不会落入。会见外宾是毛泽东外巡期间常有的工作，所以他的礼服必须随时带着。如1960年4月28日—8月17日，毛泽东外巡112天，在各地接见外宾15次，共240多人。凡出

○ 毛泽东外出用的大皮箱

○ 毛泽东外出用公文包

席这些场合，出于外交礼节，毛泽东都会换上皮箱中的毛式中山礼服。

公文包是毛泽东外出调查或开会时的百宝箱，他的公文包除了放重要文件外，铅笔、放大镜、香烟、茶叶、牙签等也都塞在里面。因为装的东西多，他的公文包总是鼓鼓囊囊的，而且四周容易磨损。

★灰色大衣、毛哔叽大衣

○ 1958 年 2 月 14 日毛泽东和长春电影制片厂的小演员在一起

1958 年 2 月，长春一派"千里冰封、万里雪飘"的北国风光，14 日这天是 -15℃ 的严寒天气，上午 7 时 40 分，穿着蓝色毛哔叽大衣的毛泽东在中共吉林省委第一书记吴德的陪同下来到了长春电影制片厂。他详细地询问了厂长亚马关于长影的工作和生产情况，视察了演员休息室、放映室、洗片室后，又走进第六摄影棚。这里正在拍摄《红孩子》的一个镜头：一条羊肠小道，两旁绿树成荫，青草满坡，一片秋夜景象，中央苏区列宁小学的几个孩子正把缴获的武器藏到草丛中。

《红孩子》是一部描写土地革命战争时期，红军主力撤出中央苏区后，列宁小学的几个学生组织起来和敌人做斗争的儿童故事片。小演员们事先并不知道来的是他们敬爱的领袖毛主席，看到主席，大家好半天才反应过来。这时，厂长指着小演员们问毛泽东："这些就是我们的红色儿童团，请毛主席看像不像当年瑞金根据地的孩子?"[①] 毛泽东望着"红孩子"高兴地笑了，向他们提出了一连串的问题：是哪里人？哪个剧团的？在哪个学校上学？孩子们把毛泽东团团围住，拉着他的手高兴地跳了起来。扮演"细妹"和"冬伢子"的两个演员紧紧靠在毛泽东身边——这时，摄影师把镜头对准了他们，却被毛泽东发现，他笑着说："不要把我当戏拍进去呀!"在场的人都被他风趣的话逗得哈哈大笑。这是毛泽东第一次到长春电影制片厂视察，后来他又两次到长影，在他的关心下，我国电影事业取得长足发展。

毛泽东外巡穿的大衣除了视察长影时穿的蓝色大衣外，还有一件灰色大衣，1963年12月，毛泽东穿着它视察了上海等地。上海，在毛泽东一生中占有重要地位。1919年，26岁的毛泽东离开北京到上海为赴法勤工俭学的学生送行，他见到了中国早期的马克思主义者陈独秀，这次经历使他的思想发生了最重要的转变。正如他自己所说"陈独秀谈他自己的信仰的那些话，在我一生中可能是关键性的这个时期，对我产生了深刻的印象"[②]。"到了一九二〇年夏天，在理论上，而且在某种程度的行动上，我已成为一个马克思主义者了，而且从此我也认为自己是一

○ 1963年毛泽东在上海

个马克思主义者了。"[③] 国共第一次合作后，毛泽东到上海执行部担任秘书，夫人杨开慧和儿子毛岸英、毛岸青也随后到了上海并在这里生活了近10个月。毛泽东的执

---

① 萧心力：《巡视大江南北的毛泽东》，中国社会科学出版社1993年版，第119页。
② 埃德加·斯诺：《西行漫记》，生活·读书·新知三联书店1979年版，第133页。
③ 埃德加·斯诺：《西行漫记》，生活·读书·新知三联书店1979年版，第131页。

行部工作被称为"播种子"工作，正如他后来所说："由于国共两党的合作，由于两党革命党员的努力，这种新三民主义便被推广到了全中国，推广到了一部分教育界、学术界和广大青年学生之中。"①

新中国成立后，毛泽东50多次到上海，在对上海等地深入调查研究的基础上，发表了著名的《论十大关系》，提出要"好好利用和发展沿海工业老底子"的思想和"上海有前途，要发展"的指示。在上海繁忙的巡视途中，毛泽东除了主持召开党的重要会议、调查研究外，还经常于百忙之中接见外国元首。

★ 视察时常穿的白衬衣

从农村走出来的毛泽东，对农业不仅了解，而且十分关心。他经常到各地视察，都会了解农作物的生长和收获情况，帮助农民研究农业丰歉的原因，解决生产上遇到的问题。

1955年，为了解农村的真实情况，毛泽东穿着白衬衣、灰裤子到河北邯郸地区视察棉田。他细心地发现一些棉株高过人，枝叶茂盛，一些棉株明显矮了许多，但枝杆粗壮。他问棉田里劳动的人，哪一种棉株更好，大家争论不休。毛泽东将自己刚才观察、比较的结果告诉大家，矮的棉株结的棉桃更多，他又告诉大家，要注意及时总结经验，提高植棉技术。隔了两年，毛泽东又到这里的棉田视察，他想再看看这里的农民对棉花的种植管理有哪些进展，还要核查一下自己当年的意见是否正确。到了棉田，毛泽东拉着一位老农的手，低头问他植棉经历。老农告诉他，现在种的棉花都是矮株多桃的优良品种，产量很高，连年丰收。毛泽东微笑着点头说好，又查问了水利和施肥的情况。

1958年8月，又是一身白衬衣的简单装扮，毛泽东冒着盛夏酷暑连续视察了河北、河南、山东等省的农村，他亲自下到农田，看棉花、黍子、玉米、谷子、红薯等农作物的生长情况。6日，他到达河南新乡。在专列上听取新乡领导人吴芝圃和耿起昌的汇报时，得知新乡县七里营创建了全县第一个人民公社，顿时很感兴趣，他决定亲往视察。他在七里营待了近两个小时，看了敬老院、幼儿园、食堂、社办工厂，又兴致勃勃地走进齐肩深的棉花丛中。他称赞棉花长得好，并同农民一起给棉花打顶。当听说每亩能产1000斤籽棉时，他郑重地说："收到手里才算数！"当

---

① 中共上海市委党史研究室：《毛泽东在上海》，中共党史出版社1993年版，第272页。

听到农民"解放前每年只有 30 元的收入，去年收入 84 元，今年还准备维持这个数字"时，毛泽东马上激动地说："今年要 100 元，100 元。"望着眼前的丰收景象，毛泽东对随行的河南领导说："你们河南都像这样就好了。"①

离开棉田时，毛泽东发现周围群众很少，一问得知因"安全需要"老百姓被"隔离"了，他立即指示"希望见到更多群众"。尽量和群众多接触是毛泽东外出调研最大的特点之一。

○ 1958 年毛泽东在河南农村视察

8 月 7 日，他到襄城查看谷子的生长情况，又到长葛看了玉米生长情况。

8 月 9 日，毛泽东在山东兖州详细询问当地的粮食生产及群众生活情况。视察时，他还与从事农业研究的同志亲切交谈。当山东省农科所的负责人向他汇报农业科研机构下放，在各县建立小麦试点、棉花试点、花生试点等时，他非常赞成这个做法，强调科学研究要面向基层，要为基层服务。②

为了发展农业，帮助农民学习科学种田，毛泽东总结了多年来深入农村调查研究的经验，围绕农业增产的方针，提出了"农业八字宪法"："土、肥、水、种、密、保、管、工"，并对每条都作了详细说明，以求提高农业耕作技术。这八字深受农民的欢迎。③

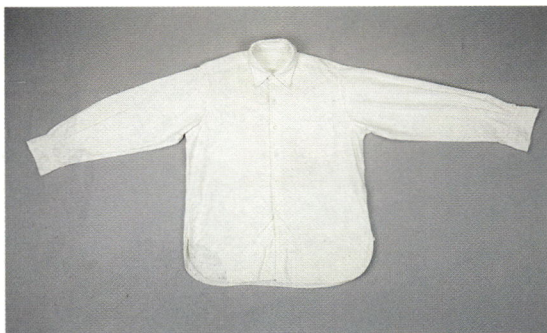

○ 毛泽东常穿的白衬衣

---

① 陈汉：《八月的足迹——毛泽东 1958 年河南农村视察纪实》，中央文献出版社 2001 年版，第 6 页。

② 《缅怀毛泽东》编辑组：《缅怀毛泽东》，中央文献出版社 1993 年版，第 239 页。

③ 中共中央文献研究室《缅怀毛泽东》编辑组：《缅怀毛泽东》下，中央文献出版社 1993 年版，第 537—538 页。

韶山毛泽东同志纪念馆馆藏的 20 余件白衬衣成了毛泽东心系农村、心系农民、心系国家建设的重要见证。其中，一些衬衣领口被磨烂，有缝补过的痕迹。

★视察长江三峡用的望远镜

毛泽东对我国水利水电建设极为关注，他从战略的高度，对长江的防洪、水资源综合利用、南水北调等作了一系列重要指示。[1] 有一架望远镜跟随着毛泽东多次视察长江，是毛泽东重视水利水电工作的重要见证。

这架望远镜是 1944 年美军延安观察组送给毛泽东的礼物。望远镜为双筒，黑色铁质，外包一层黑皮，长 13 厘米，大管直径 4.5 厘米，镜孔直径 3.2 厘米，左筒上部有白色"BINOCULAR M36×3"字样，右上筒则有白色"WEASTING HOUSE 1943 H. M. R"字样。很显然，这是美军当时最新式的望远镜。胡宗南部进攻延安时，毛泽东率中共中央主动撤退，随身带着的物品中就有这架望远镜。在陕北广袤的黄土高原上，面对尾追不舍的国民党军队，毛泽东镇定自若，沉着应战，终于反败为胜。

新中国成立后，尽管工作人员为毛泽东添置了几架新的望远镜，然而毛泽东仍然不忘过去生死与共的"老朋友"，他带着这架望远镜到全国各地视察。1958 年，毛泽东为治理长江三峡、规划长江重大决策进行实地考察，又带上了这架望远镜。3

○ 毛泽东视察长江三峡用的望远镜

① 《缅怀毛泽东》编辑组：《缅怀毛泽东》，中央文献出版社 1993 年版，第 387 页。

月 29 日清晨，毛泽东健步登上了江峡轮，轮船从重庆启航东下，他被安排坐在三楼船尾半椭圆形大舱里。江峡轮一路航行，毛泽东时常走上甲板或驾驶室拿起望远镜观看两岸地形地貌。驶入瞿塘峡口，江心横卧着一块巨大礁石滟滪堆。历来船行至此，稍差分毫就会触礁沉没，人人视此为畏途。船长向毛泽东念了流行在船工中的《滟滪歌》："滟滪大如象，瞿塘不可上；滟滪大如马，瞿塘不可下……"毛泽东十分关心川江航运安全，说道："千百年来，滟滪堆阻碍航运安全，何不炸掉它？"果然，第二年冬天，交通部门在整治川江航道时，就将瞿塘峡口的滟滪堆炸掉，清除了航运中的拦路虎。

江峡轮进入西陵峡后，毛泽东来到驾驶室，兴致勃勃地拿着望远镜仔细观察着两岸的地形和河势。他对船长、船工等人说："假如我学驾驶，一定要学会驶过三峡这段航程。"接着他又说，"看来有些航道仍然不好。在三峡修个大水闸，又发电又便利航运，还可以防洪、灌溉，你们赞成不赞成？"船员们齐声说："太赞成了！在三峡东头修了水闸，航行就更加方便了。"①

江峡轮驶过滩多水急的西陵峡中新滩、泄滩和崆岭滩后，江面豁然开朗，再往前驶，就是拟选为三峡工程坝址的中堡岛。此时已到 30 日傍晚，轮船调头减速，平稳地浮在江中。

毛泽东站在船尾甲板上，举起望远镜仔细察看这座绿荫覆盖的船形小岛。他边看边对身旁长江流域规划办公室主任林一山诙谐地说："喂！'长江王'！你能不能找个人替我当国家主席，我给你当助手，帮你修三峡大坝好不好？"高峡出平湖，是毛泽东描绘新中国蓝图中绚丽的一笔。对于修三峡大坝毛泽东向往却又实际。

长江三峡问题，要从荆江分洪工程说起。1949 年夏，荆江——长江流经湖北枝城到湖南附近的城陵矶一段，险情频发。无数的生命和财产被洪水无情吞没，毛泽东决心治理荆江。1950 年 2 月，长江水利委员会主任林一山提出兴建荆江分洪工程的计划，国庆期间，毛泽东听了有关此项工作的汇报。对于荆江分洪工程，湖北持积极态度，湖南却有顾虑。湖南省委书记黄克诚说，荆江分洪区等于在洞庭湖上顶了一盆水，万一溃口就要水淹湖南，搞得不好湖南出了力等于自己淹自己。毛泽东亲自过问后，各方面终于达成肯定的一致意见。毛泽东亲自审查设计书，并立即批准兴建该工程。1952 年 4 月 5 日工程全面开工后，他还专门题词："为广大人民的

---

① 杜之祥：《毛泽东三峡行》，《湖北文史资料》1997 年第 12 期。

利益，争取荆江分洪工程的胜利！"①

经毛泽东同意，部队抽调了 6 万人参加分洪工程。原计划 100 天完工的工程，结果 75 天完成。荆江分洪工程的胜利极大鼓舞了毛泽东的信心，也肯定了分洪工程的可实施性。

从荆江分洪工程到正式提出三峡工程，历经一年时间。到了 1953 年 2 月，毛泽东乘"长江舰"从汉口到南京，专门就长江流域规划、三峡工程和南水北调等问题同林一山谈了 3 天。林一山谈了在长江许多支流修建水库的规划。毛泽东问他这些支流水库加起来能不能抵上三峡一个水库，林一山否定了。毛泽东于是指着地图上的三峡口说："那为什么不在这个总口子上卡起来，就先修那个三峡水库，怎么样？"② 从此开始筹划兴建三峡水库。

1954 年 11 月 26 日晚上，毛泽东的专列到达汉口车站，林一山到车上汇报长江三峡水利枢纽建设问题，刘少奇、周恩来也在车上。林一山汇报三峡坝区的选址定在花岗岩地带的美人坨，但是岩石风化厉害，而这个河段上游的片麻岩还未勘探过。刘少奇询问什么是片麻岩，毛泽东立刻说：片麻岩是花岗岩的变质岩，很坚硬，在片麻岩地区选坝址是没有风化问题的。在场的人纷纷惊叹毛泽东丰富的地质知识。

直到 27 日拂晓，林一山的汇报才结束，毛泽东拉住林一山继续谈，将车停在郑州北站，又听黄河水利委员会主任赵明甫汇报黄河的综合治理情况，和刘少奇、周恩来以及河南、湖北的党政领导一起探讨起来，并向赵明甫要了黄河流域的地图。

对于三峡问题，毛泽东非常慎重。1958 年 1 月，他亲自主持南宁工作会议，其间有几天时间就专门研究三峡工程问题。在这个问题上，主张先修三峡工程的林一山，和主张先开发长江支流不宜先修三峡工程的李锐进行了激烈的争论。毛泽东让他们各写一篇汇报材料。

林一山先汇报，他说三峡工程的报价是 72 亿元，毛泽东对以前的汇报记得非常清楚，马上反问怎么少了，过去不是提 160 亿元吗？林一山解释说经过科研突破可以省下一些。李锐的报告只用了半个小时，非常简单，但问题谈得很清楚。毛泽东听完报告后同意了李锐的观点，认为三峡工程目前搞不起来。在他的主持下，中央通过了《关于三峡水利枢纽和长江流域规划的决议》，他指出：从国家长远的经济发展和技术条件两个方面考虑，三峡水利枢纽是需要修建而且可能修建的；但是最

① 《缅怀毛泽东》编辑组：《缅怀毛泽东》，中央文献出版社 1993 年版，第 392 页。
② 《缅怀毛泽东》编辑组：《缅怀毛泽东》，中央文献出版社 1993 年版，第 390 页。

后下决心确定修建及何时开工，要看国内外形势和各个重要方面的准备工作基本完成之后，才能作出决定。现在应当采取积极准备和充分可靠的方针，进行各项有关的工作。①

从 1953 年 2 月乘"长江舰"视察到 1958 年 1 月南宁会议不到五年时间，毛泽东为了三峡工程和长江水利建设问题先后六次召见林一山。他非常深入和细致地考虑三峡工程的有关情况，提出了很多关键性问题：一是如何解决泥沙淤积；二是投资国力能不能承受；三是怎样解决防空炸问题，同时要考虑防原子弹的问题。

这些问题始终围绕在他脑海中。1958 年夏，毛泽东又请林一山到武汉专门汇报长江的泥沙问题，这关系到三峡水库的使用年限。林一山汇报说，长江的含沙量远比黄河的少，相对量少，但绝对量还很大。根据计算，三峡入库泥沙，每年约 5 亿吨。假定三峡以上不修其他水库的话，三峡水库寿命可以用 400 年，至少也可以用 200 年。

毛泽东沉思了很久，告诉林一山："这不是百年大计，而是千年大计，只两百年太可惜了！"②

按照他的指示，水力学和研究泥沙的专家们结合古代、国外的资料，最终找到了水库长期使用的途径。

★水箱、盐盒

毛泽东在中华人民共和国成立之后大兴调查研究之风，他以身作则，经常深入各地进行调查研究。

毛泽东的外巡是在田间、山头、工厂、学校等四处调查，行程安排得也总是很紧密。如 1958 年 1 月 5 日，他到杭州视察浙江农科所和杭州小营巷。6 日到达南宁，召开南宁会议。23 日，到广州。在 2 月 1 日至 11 日的一届全国人大五次会议间隙，跑了一趟济南，在住地召集山东几位地方负责干部和农业合作社社长谈话。一届全国人大五次会议刚结束，毛泽东又开始了东北之行。2 月 12 日，视察东塔飞机发动机制造厂，2 月 13 日，参观沈阳——二飞机制造厂、沈阳地方国营小型开关厂、抚顺露天煤矿、制铝厂、长春第一汽车制造厂。14 日，视察长春电影制片厂。3 月 5 日到成都，在紧张的成都会议间隙视察了郫县红光农业合作社、灌县都江堰

<hr />

① 《缅怀毛泽东》编辑组：《缅怀毛泽东》，中央文献出版社 1993 年版，第 395 页。
② 《缅怀毛泽东》编辑组：《缅怀毛泽东》，中央文献出版社 1993 年版，第 396 页。

水利工程等。3月27日，到达内江，参观盘龙坝工人宿舍，又到隆昌视察我国第一个利用天然气生产炭黑的气矿。3月28日，到达重庆，参观重庆钢铁厂和二九六军工厂。3月29日走长江、考察三峡。4月3日，到武汉查看武汉市民的生活。4月11日，到武汉东湖参观小型农业展览。13日到广州。……8月4日视察河北徐水县，在南梨园乡大寺各庄农业生产合作社看粮食加工厂、医院、幼儿园等，视察细菌肥料厂和铁工厂。8月5日在安国县、定县视察玉米、药材生产等。8月6日至8日，在河南新乡、襄城、长葛、商丘等县农业社视察。8月9日抵山东。8月10日到天津郊区四合庄乡。8月11日参观天津市进出口商品陈列馆。8月12日参观天津市工业技术革命展览会。8月13日视察天津大学、南开大学。9月11日至15日在武汉。16日在安庆。17日到合肥。20日视察芜湖造船厂后到马鞍山钢铁厂。9月28日到上海第一钢铁厂……10月在天津、河北，11月又到河南，再到湖北，全年大部分时间毛泽东都在基层。一路上，他同干部、群众一拨接着一拨地进行座谈，亲自走试验田、高产田察看，如饥似渴地了解公社化以来的情况。

外巡期间，毛泽东的烟、水都要随时得到保障。深入田间山野，饮水成了一件颇伤脑筋的事。工作人员就为毛泽东特别设计了一个水箱。这种水箱是深棕色长方体，长47厘米，宽15厘米，高37厘米，箱子前面正中设计有一个小抽屉，用来盛放茶叶、白糖、火柴等外出必备的物品。水箱上面四个较大的圆格就用来固定两个分盛冷、热开水的小暖瓶以及茶杯等。

○ 毛泽东外出用的水箱、盐盒

外巡时，工作人员随身为毛泽东携带的物品还有盐盒。这是战争年代缴获的战利品，形状为扁长体，塑料材质，有盖，盖正中有一个直径2厘米的圆孔，孔上又有拧盖。盒一面印有英文。热天，工作人员常常从盐盒里倒点盐在开水中，毛泽东外巡走路多，出汗也多，喝上一点盐水可以补充流失的电解质。

★ 医药箱

医药箱也是毛泽东外出调查必带的。据工作人员回忆，这个小药箱是 1954 年由中南海木工组制作的。药箱里面由夹板分割成许多小方格，用来放置药瓶和医用工具。药箱的表面原来涂刷着一层乳白色的漆，但因为天长日久，油漆漆皮已开始脱落，颜色也变得灰黄了。

现在我们仍能见到当年药箱中的部分药品：碘酒、龙胆紫、眼药膏、红汞、酒精、脚气粉、清凉油等。另外，里面还有剪子、镊子、药匙、试管、量杯、洗眼杯、胶布、棉纱布、绷带等普通医用工具。

一般的小病小痛，毛泽东不愿意看医生、也不愿意吃药。他认为要先让自身抵抗力与细菌作战，能战胜就不要用药。

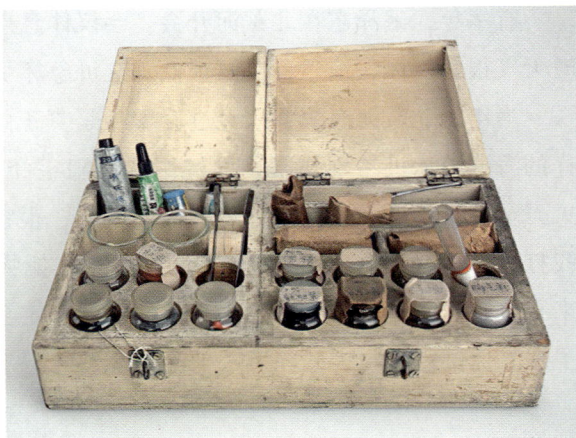

○ 为毛泽东备用的医药箱

他常对他的医生说："我看你们容易迷信药物，不要有点小病就用药。人还有抵抗力嘛，先让自身的抵抗力与细菌作战，能战胜就不要用药。如果抵抗力差，你再用药帮他一把，这也是自力更生为主嘛！"毛泽东还把茶作为"药"来看待。他常对保健医生徐涛说："我的生活里有四味药：吃饭、睡觉、喝茶、大小便。能睡、能吃、能喝、大小便顺利，比什么别的药都好。"[1]

20 世纪五六十年代，毛泽东每年都要安排一定的时间到全国各地做调查研究。每次出行，保健医生都会随行。毛泽东走到哪里，他们就背着医药箱跟随到哪里。

1964 年毛泽东在湖南视察时得了重感冒，他不肯吃药，工作人员都很着急。一个护士去劝他吃药，他回答说已经吃过了。护士很高兴地向护士长报告，结果才知道毛泽东并没有吃药。等护士又来催他时，毛泽东笑着说："我是吃了药啊，我是吃了饭，饭是最好的中药。我还要天天加强锻炼，天天爬山。要用自己的抵抗力来

---

[1]　林克、徐涛、吴旭君：《历史的真实》，中央文献出版社 1998 年版，第 266 页。

战胜疾病。"① 70多岁的毛泽东这次又凭借着顽强的意志力取得了对抗疾病的胜利。

毛泽东喜欢游泳。每到一地，只要时间许可，他都要到当地江湖中畅游一番。游泳这一运动尽管对毛泽东休息和身体锻炼十分有益，但也具有较大风险。每次毛泽东游泳时，他的保健人员都有些提心吊胆。他们背着医药箱伫立岸边滩头，或者乘上木船、快艇，紧随毛泽东左右。他们担心毛泽东在水中的安全，担心他在浅水中被石头、贝壳或其他什么尖锐物体划伤。

有一年，毛泽东在北戴河开会。会议休息期间，毛泽东突然提出要去游泳。当时天气很糟，风大浪急，气温很低。这可急坏了保健医生等随行人员。

当年的北戴河海滨并未经过修整，是真正的天然浴场。海滩上贝壳很多，在这样的海滨游泳极易划伤脚。保健医生劝阻毛泽东放弃游泳念头："主席，浪太大，贝壳全冲到了岸上，不少都是又破又尖的，很容易划伤脚。"毛泽东反驳说："从小我打赤脚，就不上山砍柴了？叫你说的！"他将大手一挥，显然是藐视这种在他看来有些荒唐的理由。毛泽东决定了的事就一定会去干，他如愿在大浪中的北戴河游了泳。保健人员却为此捏了一把汗。

第三节
★
鞠躬尽瘁

20世纪70年代，毛泽东年事已高，身体也日渐虚弱，但他仍念念不忘国家大事，凭借着顽强的毅力、爱国爱民的赤子之心，开辟了中国外交新格局，他用生命诠释着"鞠躬尽瘁，死而后已"的奉献精神，给世人展现的依旧是一个充满智慧、谈吐睿智的伟人形象。

---

① 马社香：《前奏——毛泽东1965年重上井冈山》，当代中国出版社2006年版，第43页。

★特制的沙发、沙发靠枕

毛泽东曾说：我的工作的一部分，就是同外国的同志、朋友谈谈。连敌对的人，我也见见谈谈。毛泽东会客室中这排沙发成了毛泽东晚年外交工作的历史见证。

毛泽东住处的沙发，原来多半是俄式的，既高又大。毛泽东曾说："做沙发的人不考虑中国人个子矮的多，只考虑高的人。"毛泽东晚年身体衰弱，即便身高1.83米，坐在这种又高又大的沙发上总是往下滑，且工作时间长了会感觉坐垫闷热，十分不适。

细心的工作人员为了让毛泽东坐在沙发上更舒服一些，就到北京南郊木材厂为毛泽东特制了这种沙发。沙发高1米，横宽0.9米，纵长0.7米，表面看来与普通沙发没什么两样。它的特殊之处在于：沙发海绵坐垫上有水管扎的许多蜂窝状小孔，沙发底座的木板中央挖了一个圆形大洞。这不仅解决了坐在沙发上身子往下滑的问题，而且还解决了透气的问题。

工作人员还制作了两边高，中间低的沙发靠枕，平时就固定在沙发上。毛泽东长时间工作后常常到沙发上坐会儿，或看书，或听戏，但因为太累，经常不知不觉

○ 毛泽东在中南海游泳池故居接见尼克松、田中角荣、卡翁达时坐过的沙发

就睡着了。这时，沙发靠枕就能起到固定头部的作用。

毛泽东坐在这张特制沙发上高兴地说："这种沙发好多了！"他立刻想到老战友

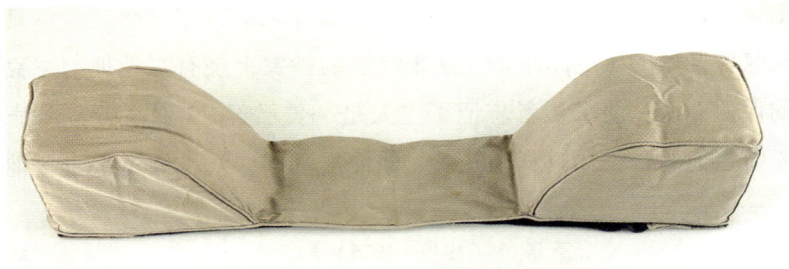

○ 沙发靠枕

周恩来，特意吩咐工作人员："总理现在生病，给总理送一个过去。"工作人员随即做了张一模一样的给周总理送去。

1972 年 2 月 21 日，毛泽东就是坐在这张沙发上接见了美国总统尼克松。在这之前，毛泽东生了一场大病。工作人员回忆当时的情景："主席侧身躺在床上，像是'睡着了'。吴旭君同志赶紧给主席摸脉。说不清楚是心急还是紧张的关系，吴旭君同志对在场的医生说：'摸不到脉。'……在场的主治医生立即采取急救措施，口述需要注射和应用的药物。吴护士长又重述一遍药物的名称，再往针管里抽药，然后再注入到主席的体内，一次一次地打针，用药……此时，毛主席已完全昏迷了。"①

从重病中被抢救过来的毛泽东关注着中美关系发展中的每一个细节。21 日这天，他不时地向工作人员询问尼克松到达北京的时间和活动安排。在尼克松抵达北京后不到三个小时，他就提出要会见尼克松。其实，当时毛泽东的健康状况仍然还处在极不稳定的状态，随时都有恶化和发生危险的可能。他全身浮肿，原先的衣服和鞋子都穿不进去了。为了接见尼克松，毛泽东身边工作人员忙坏了：他们得整理会客厅和卧室，给毛泽东理发、剃胡子、擦头油，给毛泽东换上加大的中山装和加大的圆口布鞋……

在周恩来的陪同下，尼克松、基辛格走进毛泽东的会客厅。基辛格后来这样描写这次历史性会晤的场所：这是一间中等大小的房间。四周墙边的书架上摆满了文稿，桌上、地下也堆着书，这房间看上去更像是一位学者的隐居处，而不像是世界上人口最多的国家的全能领导人的会客室。……我们第一眼看见的是一排摆成半圆形的沙发，都有棕色的布套，犹如一个俭省的中产阶级家庭因为家具太贵、更换不起而着意加以保护一样。②

毛泽东见客人进来，从沙发上站起来，微笑地望着尼克松，伸出他那宽厚的大手。这是中华人民共和国成立后中美两国最高领导人的首次会晤。会谈是在一种轻松愉快的气氛中开始的。毛泽东坐在这张特制的沙发上饶有兴趣地与尼克松谈起了哲学。他的侃侃而谈，使来访者忘记了主人是一位已经 79 岁高龄且卧病在床的老人。尼克松曾在他的日记中这样写道："他伸出手来，我也伸过手去，他握住我的

---

① 逄先知、金冲及：《毛泽东传（1949—1976）》下，中央文献出版社 2003 年版，第 1615—1616 页。

② 柯延：《毛泽东生平全纪录》，中央文献出版社 2009 年版，第 988 页。

手约一分钟之久。这一动人的时刻在谈话的记录里大概没有写进去。他有一种非凡的幽默感。尽管他说话有些困难，他的思维仍然像闪电一样敏捷。这次谈话本来料想只会进行十分钟或十五分钟，却延续了将近一个小时。"①

客人们很容易就看出来毛泽东身体虚弱，但交谈中他们不得不佩服毛泽东的"思维像闪电一样敏捷"。他们并不知道，毛泽东和他们侃侃而谈时，书房的隔壁房间里一个医疗组在紧张地待命。吴旭君回忆："医疗组是挺为这件事担心的，因为我们尽量保证毛主席按时会见尼克松。可是我们必须要有两手准备，另一手就是我们要做好一切抢救准备，以防万一在接见过程中发生什么意外。所以在当时，我们就在这个地方，所有工作人员都在这个门后头，都在这儿等着，有领导，有警卫，有电工等等，工作人员都等在这儿……甚至于我们把给他用的强心剂都抽在了针管里头。我认为，我们的准备工作是相当充分，因为要分秒必争啦，是处于临战状态。可是我们的毛主席，他又很顽强，他跟衰老跟疾病作斗争，表现得非常顽强，也很惊人。"② 会见结束时，毛泽东已十分疲劳，他足足在沙发上坐了 30 分钟，才上床休息。

毛泽东和尼克松谈着看似和政治毫无关系的哲学，事实上毛泽东对中美关系一直非常关注，从邀请美国记者埃德加·斯诺一起登天安门城楼到"乒乓外交"，毛泽东向美国发出了友好的讯号。

乒乓外交在突破中美关系过程中起了重要作用，被誉为"小球推动大球"。而邀请美国乒乓球队访华，正是毛泽东作出的英明决策。

1971 年春，第三十一届世界乒乓球锦标赛在日本名古屋举行。比赛期间，中国乒乓球队选手庄则栋与美国选手科恩在乘车时主动交谈，并互赠了礼物。此事被当地各大媒体突出报道。毛泽东看到消息后，笑着夸奖道："这个庄则栋不但球打的好，还会办外交。此人有点政治头脑"。③ 当中国队获得男子团体冠军后，中美两国运动员在游览时又碰到了一起。爽朗的美国青年笑着问中国什么时候邀请他们访华。中国代表团团长赵正洪答道，会有机会的。中国队的友好态度，也深深触动了美国

① 逄先知、金冲及：《毛泽东传（1949—1976）》下，中央文献出版社 2003 年版，第 1636 页。

② 逄先知、金冲及：《毛泽东传（1949—1976）》下，中央文献出版社 2003 年版，第 1638 页。

③ 中共中央文献研究室《缅怀毛泽东》编辑组：《缅怀毛泽东》下，中央文献出版社 1993 年版，第 640 页。

代表团副团长哈里森，他来到中国代表团驻地，提出访华要求，代表团立即向国内报告。4月3日，外交部和国家体委就是否邀请美国乒乓球队访华问题写报告给周恩来，报告认为目前时机尚不成熟，其依据是，首先，在1960年2月中美大使级第九十六次会谈和之后的几次会谈中，美方多次企图绕开中美之间的核心问题——台湾问题。其次，当时美国还在侵略越南、老挝和柬埔寨，威胁我国安全，中美处于敌对状态。第三，不少人认为，美国人要来应首先派高级人物来，而不是乒乓球队。4日，周恩来画圈表示同意意见后将报告送毛泽东审批。

毛泽东把文件压了三天，反复考虑后也在报告上画了圈，同意上报的意见。然而，报告退回外交部后，毛泽东仍在反复斟酌这件事，他联系到自1969年8月起尼克松通过巴基斯坦总统叶海亚·汗和罗马尼亚总统齐奥塞斯库不断传递过来的信息和美国在对华关系上采取的松动措施，看出了美国是真的想在中美关系上取得突破，以改变在美苏争霸中苏攻美守的被动局面。而苏联在中苏边境陈兵百万，对中国安全构成严重威胁，中美现在具有共同的战略利益，形势已不同于1960年会谈。在邀请美国官方高层领导人访华以前，如果先邀请美国民间人士来中国，既可加深中美两国人民之间的友谊，又可造成中美和解的氛围，有利于官方高层进一步交往。现在美国乒乓球队提出访华要求，是一个极好的时机。毛泽东头脑中转过万千思绪，他立即要身边的工作人员吴旭君赶快通知外交部，同意邀请美国乒乓球队访华。此时的毛泽东已按习惯服用了安眠药，准备就寝。他曾交代身边工作人员，在他服用安眠药后说的话不算数。这让吴旭君十分为难：现在主席说的算不算数呢？她迟疑着没有动身。毛泽东看见她没有动，催促她："我让你办的事你怎么不去办？"吴旭君试探着反问："主席，你刚才和我说什么呀？"毛泽东又复述了一遍。吴旭君还不放心，反问他："主席，你都吃过安眠药了，你说的话算数吗？"毛泽东急得大手一挥："算！赶快办，要来不及了。"① 吴旭君立即把毛泽东的决定通知了外交部。外交部负责同志及时把毛泽东的决定告诉周恩来，周恩来马上给中国代表团发去了紧急指示。

美国乒乓球队将要访华的消息不久传遍了世界。美国《时代》杂志说："这乒

---

① 中共中央文献研究室《缅怀毛泽东》编辑组：《缅怀毛泽东》下，中央文献出版社1993年版，第642页。

的一声全世界都听到了。"① 美国方面尼克松政府迅速作出了反应，放松对中国实行了 21 年的禁运，对愿意访问美国的中国人发给签证，准许美国石油公司对进口中国货的船只和飞机出售燃料，等等。1972 年 2 月 18 日尼克松启程访华前，他在白宫讲话说："这将是一次谋求和平的旅行"②。

中美双方因为共同的利益走到了一起。在与毛泽东会谈后，尼克松访问了北京、杭州、上海三个城市。2 月 28 日，中美两国政府在上海发表《中美联合公报》（又称《上海公报》）。在公报中，美方表示对中方的"一个中国"立场"不提出异议"，并声明，中美两国关系走向正常化是符合所有国家的利益的。

毛泽东曾说："中美建交是一把钥匙，这个问题解决了，其他的问题就迎刃而解了。"③ 事实的发展果然如此。中美关系的缓和在国际上引起了连锁反应。在中日双方的共同努力下，日本首相田中角荣应邀于 1972 年 9 月 25 日访华。27 日晚 20 点 30 分左右，毛泽东在他的书房里会见了田中角荣一行。会谈开始，先开口的是毛泽东，他说："怎么样？吵了架吗？总要吵一些，天下没有不吵的。"接着又说，"我们中国有句话，叫作不打不成交，吵出结果来就不吵了嘛。"④ 简单几句话把争执不休的中日谈判化于无形，使整个会谈一直持续在轻松氛围中。临别时，毛泽东还送了田中角荣一套《楚辞集注》。

此后几天的中日首脑会谈进展顺利。29 日双方签署《中日联合声明》，揭开了中日两国关系史上的新篇章。

1972 年，中国先后同 18 个国家建立了外交关系或实现外交机构升格，是新中国成立以来同外国建交最多的一年。这一年，毛泽东虽然健康状况不太好，但他仍然坚持会见来访的各国元首。1972 年 6 月 28 日，毛泽东会见斯里兰卡共和国总理西丽玛沃·班达拉奈克夫人时，还与大家一起兴致勃勃地观看了赠送的礼品——蜡染花布。

同样是在这张特制的沙发上，1974 年 2 月 22 日，毛泽东会见了赞比亚共和国

---

① 杨生茂、王玮、张宏毅：《美国外交政策史（1775—1989）》，人民出版社 1991 年版，第 565 页。

② 杨生茂、王玮、张宏毅：《美国外交政策史（1775—1989）》，人民出版社 1991 年版，第 566 页。

③ 中共中央文献研究室《缅怀毛泽东》编辑组：《缅怀毛泽东》下，中央文献出版社 2013 年版，第 508 页。

④ 文显堂、郑巧临：《毛泽东与外国首脑》，中共中央党校出版社 1999 年版，第 251 页。

○ 1974 年 2 月 22 日毛泽东会见赞比亚总统卡翁达

总统卡翁达，提出了三个世界划分的重要思想，号召第三世界团结起来，反对霸权主义。毛泽东说："我看美国、苏联是第一世界。中间派，日本、欧洲、澳大利亚、加拿大是第二世界。咱们是第三世界。""第三世界人口很多。亚洲除了日本，都是第三世界。整个非洲都是第三世界。拉丁美洲也是第三世界。"① 毛泽东关于三个世界划分的战略思想是我国当时制定对外政策的重要依据。第二次世界大战以后，亚非拉广大地区的殖民地、半殖民地和附属国掀起了民族解放运动的浪潮。新中国竭尽所能在各方面支援亚非拉国家争取民族独立的斗争。中国明确地把加强同第三世界的团结与合作作为自己对外政策中极其重要的内容。这些政策也使中国得到了益处，在第三世界国家的支持和努力下，1971 年 10 月中国恢复了在联合国的合法席位。这一时期，中国先后与 50 多个第三世界国家建立了外交关系，政治和经贸关系也得到了很大发展。

进入 1975 年，毛泽东的身体状况日趋恶化。他已经很少接见外宾了。6 月下旬，加蓬共和国总统邦戈来华访问。毛泽东因为身体原因不能接见，但他竟然在病榻上给邦戈写了一封信：②

加蓬共和国邦戈总统先生阁下：

尊敬的总统先生，听到阁下又到北京，感到十分高兴。理应迎谈，不幸这两日不适，卧床不起，不能接见，深为抱歉，请赐原谅。祝阁下旅途顺利。

毛泽东　倚枕

1975，6，27

信是毛泽东自己摸索着写的。短短几行字，歪歪斜斜地写了九张纸，字里行间透露出一种对第三世界国家兄弟般的情怀。

毛泽东生前接见的最后一位外宾是巴基斯坦总理布托。那是 1976 年 5 月 27 日，布托来华的第二天。依旧是坐在接见尼克松、田中角荣、卡翁达等人的这张沙发上，

---

① 《建国以来毛泽东文稿》第 13 册，中央文献出版社 1998 年版，第 379 页。
② 《建国以来毛泽东文稿》第 13 册，中央文献出版社 1998 年版，第 38 页。

毛泽东与他会谈了约 10 分钟。此次会见后不久，我国政府正式宣布不再安排毛泽东会见外国贵宾。

★晚年的鼻饲食谱和临终前的护理记录

毛泽东向来把生死看得很乐观。1963 年，他与身边的工作人员说："我设想过，我的死法不外乎有五种……第一，有人开枪把我打死。第二，外出乘火车翻车、撞车难免。第三，我每年都游泳，可能会被水淹死。第四，就是让小小的细菌把我钻死。可不能轻视这些眼睛看不见的小东西。第五，飞机掉下来摔死。""中央给我立了一条规矩，不许我坐飞机。我想，我以后还会坐。总之，七十三、八十四，闫〔阎〕王不请自己去啰。"① 说到死时，毛泽东是那样的轻松、随意。

1976 年的毛泽东更加憔悴、苍老，他以顽强的毅力同疾病斗争着。双手颤抖很厉害的他无奈之下只能接受工作人员喂饭的现实，不久，喂饭也成了难题。于是，医护人员为他配了鼻饲食谱。食物由医务专家和厨师根据人体所需的营养成分精心配制而成，每隔一段时间通过鼻孔下插着的管子注入一次。没过多久，肺心病又开始折磨他，使他常常处于严重缺氧状态，他的鼻孔下于是又插入了氧气管。从韶山毛泽东同志纪念馆保存的毛泽东食谱来看，1976 年 7 月 11 日前为鼻饲；7 月 12 日至 9 月 8 日为胃管进食。其中除了 8 月 1 日到 13 日不到半个月的时间里进食情况较好、9 月 3 日进食一般外，其余时间都较困难。

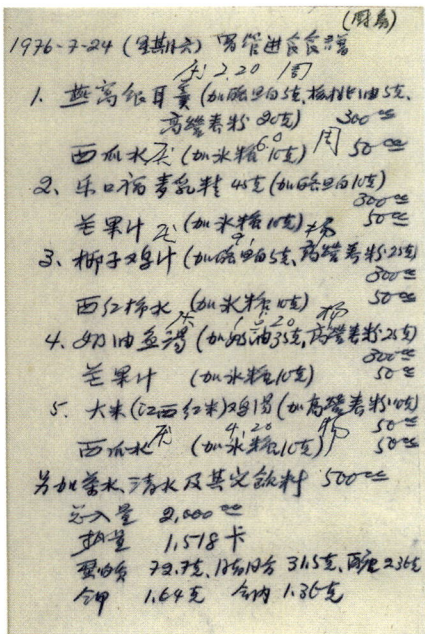

○ 1976 年 7 月 24 日毛泽东的胃管进食食谱

工作人员清晰地记得，毛泽东躺在床上动不了了，"仍然没有停止过工作。他批阅大量文件，考虑着党和国家的大事，竭尽全力地为党、为人民继续操劳。他时刻地把党和人民的利益放在首位，不知疲倦

---

① 中共中央文献研究室《缅怀毛泽东》编辑组：《缅怀毛泽东》下，中央文献出版社 1993 年版，第 665 页。

地，忘我地工作着"①。毛泽东嘴唇发紫，浑身全是汗淋淋的，换一次床单都可以让他昏过去，生命如此的脆弱，他依旧关注着国事。1976年7月28日凌晨3时42分，河北唐山、丰南一带发生了7.8级的强烈地震，随后又出现多次余震。清晨，中央办公厅负责人向毛泽东报告了唐山地震情况。此时的毛泽东大多时间处在昏迷半昏迷状态，但他只要一清醒，便十分关心唐山震情。他主动问工作人员要有关地震情况的汇报材料。当知道这场地震伤亡达24万多人，其他的损失难以估量时，他情不自禁地落下了眼泪。

三天后，中共中央《关于唐山丰南一带抗震救灾的通报》递到了毛泽东床头，这是他生前圈阅的最后一份文件。看完报告后，毛泽东立即将主持政府工作的华国锋叫到床前，语气深沉地叮嘱华国锋："要全力救灾，这是最要紧的。"② 8月4日，华国锋受毛泽东的重托，率领中央慰问团赶赴唐山，传递毛泽东和党中央对受灾群众的关怀之情。

8月底，毛泽东多次昏迷，多次经历抢救，他说话已只能从喉咙里发出一些含糊不清的音符。但就是在这种情况下，毛泽东依然没有停止思索、停止工作。他自己拿不动文件，就由秘书帮他捧着；他不能亲自读书读报，就由护士念给他听。对于国家重大新闻，他了然于心。

有一张1976年9月8日的护理记录，清楚地记载着：

1时10分，看文件15分30秒……

13时18分，看文件12分……

○ 1976年9月8日毛泽东的护理记录

① 中共中央文献研究室《缅怀毛泽东》编辑组：《缅怀毛泽东》下，中央文献出版社1993年版，第686页。

② 郭金荣：《毛泽东的晚年生活》，教育科学出版社1993年版，第137页。

16 时 37 分，看文件 30 分

紧张的生命抢救与宁静的工作、读书交织成一幅伟人弥留前的感人画卷。毛泽东的上下肢插着静脉输液导管，胸部安着心电监护导线，鼻子里插着鼻饲管，文件和书由别人用手托着。这种状况下，他仍在工作人员的帮助下坚持看书、看文件 11 次，时间共达 2 小时 50 分钟。

就在这一天，毛泽东从休克中醒过来，嘴里忽然发出微弱的声音。工作人员按照以往的习惯，连忙抓起笔和纸放到他手中。只见毛泽东艰难地移动着铅笔，费了很大的劲，慢慢地画出了三道似乎在颤抖的线，就再也没有力气了。看到工作人员并没有理解其中的含义，毛泽东非常焦急。过了好一会儿，他的手又可以慢慢抬起了，缓缓地，他在木床上敲了三下。工作人员这才反应过来，试探地问道："主席，您是不是要看有关三木的消息。"① 毛泽东当即点了点头。

三木是当时日本自由民主党总裁、内阁总理大臣，正在参加日本国内的大选。病危之际的毛泽东还关注着三木大选的情况，关注着国际风云的变幻。

毛泽东最后一次看文件是 9 月 8 日下午 4 时 37 分。在心律失常的情况下，看文件时间长达 30 分钟。这天下午六七点钟，毛泽东的血压开始下降，医生采取各种措施进行抢救。

1976 年 9 月 9 日 0 时 10 分，一代伟人毛泽东在中南海游泳池居所与世长辞，享年 83 岁，他以顽强拼搏的一生诠释了"鞠躬尽瘁，死而后已"的精神。

---

① 李敏、高风、叶利亚：《真实的毛泽东——毛泽东身边工作人员的回忆》，中央文献出版社 2006 年版，第 485 页。

第二章

艰苦朴素　清廉如水

★

　　毛泽东倡导艰苦奋斗，毕生保持朴素节俭的生活作风，与人民群众同甘共苦。作为人民领袖，他始终严于律己，克己奉公，从不利用自己的地位和权力为亲友谋取任何私利。他的思想品格和道德情操，永远激励着后世子孙。

第一节

★

厉行节约　不搞特殊

毛泽东是伟大的无产阶级革命家，在党和人民的利益面前，毛泽东始终牢记"无私奉献"四个字，真正做到了"先天下之忧而忧，后天下之乐而乐"。早在党的七届二中全会上，毛泽东就提出"两个务必"的要求，他不仅告诫全党要永远保持艰苦奋斗的作风，自己更是率先垂范，身体力行。在新中国成立后，毛泽东也始终把自己看作是人民中的普通一员，从不要求任何特殊待遇，终其一生保持着艰苦朴素的生活作风，真正做到了清廉如水、两袖清风。

★ 《首长薪金使用范围、管理办法及计划》

和普通百姓一样，毛泽东一家的生活收入主要是工资，而生活支出却名目多、负担重，其中家庭生活费用开支包括家属生活费、房租、水电费、伙食费、洗澡费、煤气费、暖气费、汽车费、医疗费、日用品开支等。毛泽东的家属包括儿子毛岸青，女儿李敏、李讷，江青的姐姐李云露等，每月下来，须支付的房租、水电费、伙食费、医疗费等将近100元。再加上毛主席抽烟，还要几十元的茶叶费。另外湖南老家经常来人，有的是经济困难，有的是来看病，交通、食宿和走时带的一点生活费，都由毛主席负担。为此，这个"第一家庭"也要为日常生活精打细算。1955年，卫士长李银桥曾为毛泽东家制定了一份《首长薪金使用范围、管理办法及计划》，把毛泽东、江青工资的开支分为主食（450元）、副食品（120元）、日用品（15元）、杂支零用（18元）、房租费（49.63元）和李敏、李讷读书、生活费（每人每月25元）、李云露生活费（30元）等9个项目。这份计划送审时，毛泽东认为每天三元的伙食标准太高。李银桥解释说这三块钱中还包括了招待客人的费用。毛泽东听后沉吟半晌，才提笔写下"照办"两个字。[1]

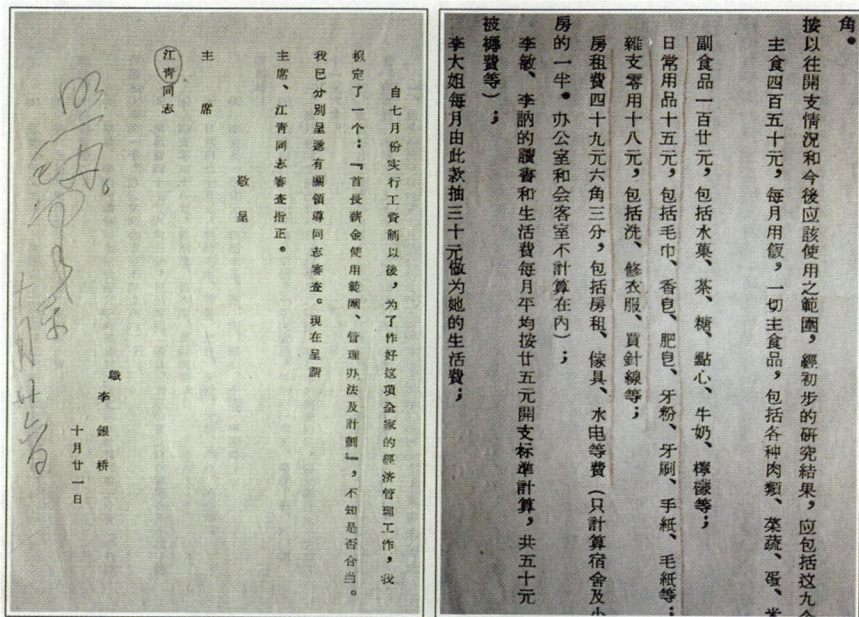

○《首长薪金使用范围、管理办法及计划》

★ 热水瓶

○ 热水瓶

日常生活中，毛泽东对生活用品也十分注意节约。毛泽东经常嘱咐身边工作人员，生活用品需要多少就买多少，不要多买，更不能浪费。而且，毛泽东的生活用品比一般人的"结实耐用"，即使破旧不堪了，他也不许工作人员随便丢掉，而是要工作人员拿去修补、拼凑后继续使用。所以，在毛泽东家的生活账中有很多关于修补热水瓶之类生活用品的记录。如：1963 年 11 月 24 日，修小锅换底 1 个，1.01 元；1964 年 5 月，毛泽东的皮凉鞋换底，手工费 2 元；1967 年 7 月 24 日，修热水瓶（换胆），7 角 4 分。毛泽东有一只瑞士产欧米茄手表，是 1945 年 8 月重庆谈判期间郭沫若赠

---

① 《缅怀毛泽东》编辑组：《缅怀毛泽东》，中央文献出版社 1993 年版，第 454 页。

送的，毛泽东十分珍爱，一直戴到临终。其间，手表坏过多次，送到钟表店修理，前后一共用去了几十元修理费。

★ 购物用的票、证

20 世纪 50 年代到 70 年代，我国物资供应十分紧张，为了保证人民的正常生活秩序，国家实行生活物资定额供应政策。当时，人们都是凭各种票证购物。毛泽东虽是中国人民的伟大领袖，但他和他的家人也与千百万普通老百姓一样，凭各种票、证获取生活物资。

在韶山毛泽东同志纪念馆珍藏的毛泽东遗物中，有毛泽东的个人购货证两个。一个是 1964 年"北京市个人购货证"，浅黄色、长 9.5 厘米，宽 6.5 厘米，封面"姓名"一栏用蓝色墨水笔填写着"李德胜"（毛泽东化名之一）三个字，单位一栏为蓝色打印字"中共中央办公厅警卫局"，发证时期为"1964 年 1 月 1 日"。盖红色圆形印"北京市西城区百货管理处票证专用章"。另一个是 1965 年"北京市个人购货证"，白色，长 9.5 厘米，宽 6.5 厘米，封面"姓名"栏用蓝色墨水填写着"李松前"（毛泽东化名之一）三个字，单位及印章与前一个相同。

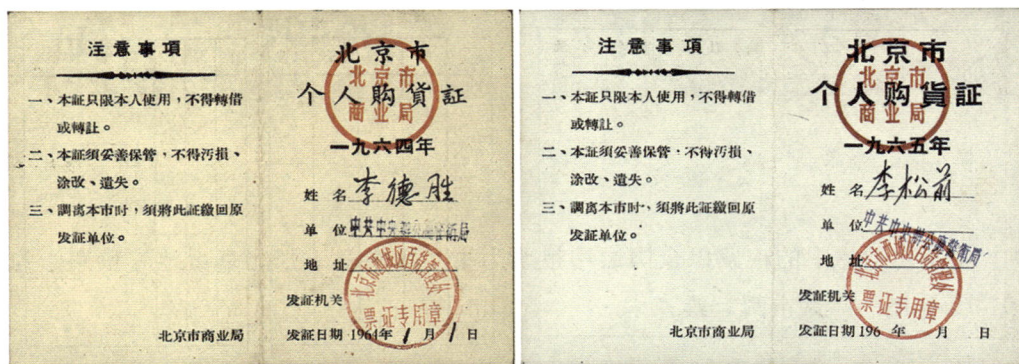

○ 毛泽东的个人购货证

毛泽东遗留下的购货券中有两张 1962 年北京购货券"日用工业品券"，一张为棕色花纹的"0.5 张券"，长 4.5 厘米，宽 9.5 厘米；另一张为暗红色花纹券，长 5 厘米，宽 10 厘米。另有一张 1972 年北京购货券，为蓝色花纹的"0.1 张券"，长 4.2 厘米，宽 9.2 厘米。

○ 购货券

毛泽东遗留下的北京棉花票共有 18 张，其中 1967 年 1 张，1968 年 1 张，1969 年到 1976 年每年 2 张，1971 年到 1976 年为"壹人券"。北京市布票共 39 张，其中 1966 年 2 张，为"伍市寸"票。1968 年 2 张，为"壹市寸"票。1970 年 3 张，为 "壹市寸"票。1971 年 7 张，1 张"拾市尺"、2 张"壹市尺"，4 张"壹市寸"。 1972 年 6 张，2 张"拾市尺"，2 张"捌市尺"，2 张"壹市寸"。1973 年 6 张，2 张 "拾市尺"，2 张"捌市尺"，2 张"壹市寸"。1974 年 6 张，2 张"拾市尺"，2 张 "捌市尺"，2 张"壹市寸"。1975 年 5 张，1 张"拾市尺"，2 张"捌市尺"，2 张 "壹市寸"。1976 年 2 张，为"壹市寸"票。

○ 棉花票、布票

毛泽东遗物中的粮票以全国通用粮票为主，其中有一张北京市地方粮票，为 1974 年印制的"贰市两"票。

○ 粮票

第二节

★

生活朴素　艰苦奋斗

毛泽东是发扬艰苦奋斗精神的典范，他穿的衣服、鞋袜，常常是补丁摞补丁，工作人员劝他更换时，他总是语重心长地教育大家，要坚定不移地信仰马列主义，保持共产党人的骨气和优良传统。

★补丁摞补丁的睡衣

20 世纪 50 年代初，北京东交民巷雷蒙服装店王子清师傅为毛泽东制作了一件睡衣，质地是苜薯棉，春秋两季都可以穿。毛泽东在家时经常穿着这件睡衣，一穿就是几十年。其间破了一次又一次，工作人员补了一次又一次，整个睡衣看上去俨然就像一件和尚穿的"百衲衣"。后来，工作人员谁都怕洗这件衣服。因为不敢用手搓，一搓就会搓出一个洞，只能放点洗衣粉，稍稍浸泡一下，然后小心翼翼地晾晒。但即便如此，毛泽东还是不同意换件新的。

毛泽东对外衣的补丁还是很"讲究"的。他要求补丁的颜色尽量选用同衣服本色相同或相近的布，补丁的形状也要尽量整齐规矩。他说："找块好布，帮我配合适了。外衣要给外人看，太刺眼了对人不礼貌。"新中国成立前夕，毛泽东经常在香山双清别墅接待各民主党派负责人和各界代表、知名人士。当他得知张澜已经到京时，便打算次日马上去会见，他觉得应该穿件像样的衣服以示尊重。但他素来生活很俭朴，加上长期处于战争年代，生活用品很紧张。看到身上的外衣也打着好几块补丁，于是，他吩咐卫士长李银桥说："张澜先生为中国人民的解放事业做了不少的贡献，在民主人士当中享有很高的威望，我们要尊重老先生，你帮我找件好些的衣服换换。"李银桥在毛泽东所有的"存货"里翻了又翻，选了又选，竟挑不出一件不破或者没有补丁的衣服。因为毛泽东在进驻北京之前说过"进京赶考"之类

○ 毛泽东穿过的补了 73 个补丁的睡衣

的话，所以，李银桥就此向他报告说："主席，一件好衣服都没有。现在做衣服也来不及了，要不，我去借一件……""不要借了。补丁不要紧，整齐干净就行。张老先生是贤达之士，不会怪我们的。"① 就这样，毛泽东穿着补丁衣服来到北京饭店看望张澜。也同样是穿着补丁衣服，毛泽东还会见了沈钧儒、李济深、郭沫若等知名民主人士。

毛泽东多次批示并强调，凡增加衣服或废弃旧衣物都必须经过他本人同意。他添置新装相对集中的时候是在新中国成立前后。据卫士马武义回忆，朱德在常委会议上专门提出讨论给毛泽东等领导同志增加衣服的问题。理由是新中国的领导人穿得破破烂烂，影响国家形象。②

毛泽东生性"恋旧"，对旧衣服特别有感情。1949 年 11 月，北京的天气开始变冷。一天夜里，毛泽东工作之余到院子里散步，一股股寒气向他袭来，冷得他直打寒战。卫士李家骥说："主席，外边太冷，回去加条毛裤吧。"毛泽东表示同意。李家骥把毛泽东的那条毛裤找出来，发现裤子上补丁叠补丁，已经破得不像样子了。据说这条毛裤毛泽东从长征时期一直穿到新中国成立时，李银桥的爱人韩桂馨曾给他缝补过多次。李家骥拿着这条毛裤掂量了好久，才对毛泽东说："主席，您这条毛裤实在无法再穿了，补丁压补丁，又厚又沉，还不暖和，我到管理科给您领条新的吧。"毛泽东摇头说："不用，毛裤穿在里边，外边还要套裤子，这又不要什么好看。还是麻烦你想办法给我修补修补吧。"李家骥继续劝道："主席，您看看这条裤已经补了多少次了，实在无法再补了，还是换一条新的吧。您是党中央的主席，叫管理科给您买条新毛裤完全是应该的，再节省也不在乎一条毛裤呀！"毛泽东坐在沙发上，点燃一支香烟，慢慢地吸着，听着李家骥的唠叨。他深思了一会儿，耐心

① 李敏：《我的父亲毛泽东》，人民出版社 2009 年版，第 245—246 页。
② 史全伟：《毛泽东与艰苦奋斗》，中央文献出版社 2004 年版，第 274 页。

地向李家骥解释说："我们是为人民服务的，是人民的勤务员，当主席也不能比别人特殊，不能脱离群众。现在我们国家很困难，很多群众还吃不上穿不上，他们连我这样的旧毛裤也没有啊！还是请你给我修补修补，不要花钱买新的了。"李家骥没有办法，只好拿出针线，细心地给毛泽东修补那破得不成"形"了的毛裤。①

★接长加大的棉毛衫、裤

随着年龄的增加，毛泽东的身材比原来胖了许多，以前的衣裤显然是无法再穿了。但是，他又舍不得丢掉，只好请人接长、加大，有时干脆就把两条棉毛裤拼接为一条，三件棉毛衫改为两件。

其实，让旧衣服发挥余热是毛泽东在延安时期就形成的习惯。有一天，卫士长李银桥拿着一件磨得很薄又布满补丁的灰布军装来给毛泽东看，他说："主席，您看看吧！再穿就该出洋相了。说不定您在会上作报告时一作手势，它就会碎成片呢。"毛泽东接过衣服，小心翼翼地放在腿上，轻轻地抚摸着旧军装，对李银桥说："别小看它，它跟我参加过洛川会议呢。"接着，他一一列出了这件旧衣服几年来的"功劳"。毛泽东默默地看着旧军装，突然长长地叹了一口气，又说

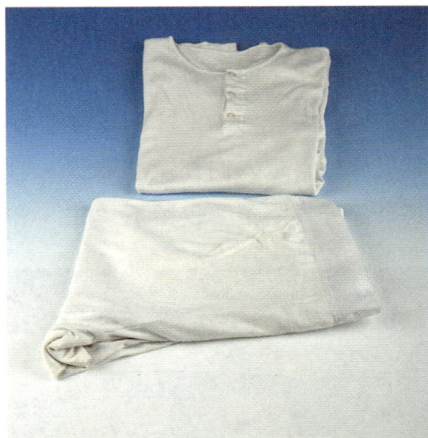

○ 接长加大的棉毛衫、裤

道："这样吧，拿它补衣服用吧。它还可以继续发挥作用，我也能继续见到它。"

毛泽东的衣服总是这样缝缝补补，能凑合就凑合，一年一年都是这样过来的。1948年的秋天，随着解放战争的顺利推进，解放区的生活开始一天天好转。一天，身边的小韩（韩桂馨）抖开毛泽东的毛衣毛裤，见上面又多了好几个窟窿，不少地方还脱了线，实在不好补了，而且也不太保暖了。于是，她和卫士长李银桥向毛泽东提出要给他添置新毛衣毛裤，毛泽东还是那样说："我的衣服破了，好好补一补，还可以穿嘛，我们的生活比前线的战士已经好多了。"毛泽东边说边站起身来，"小韩，你把李讷照顾好了，又为我们做了缝缝补补的工作，给你增加麻烦了，我非常

---

① 史全伟：《毛泽东与艰苦奋斗》，中央文献出版社2004年版，第275—276页。

感谢你，还是请你辛苦一点，把我的毛衣毛裤织补一下，只要能穿就行了。""主席，您的毛衣毛裤实在太破了，就算补上，穿着有多难看呀！""补补不是还可以穿嘛，艰苦奋斗是我党我军的光荣传统呀！"[①] 新中国成立后，毛泽东身边的工作人员多次劝他换新毛衣毛裤，但毛泽东总是让工作人员帮他修补修补那破得不成"形"了的旧毛衣毛裤，舍不得花钱买新的。他总是告诫身边的工作人员："不论是谁都要注意节约，不能浪费一分钱。"[②] 这两件旧毛衣毛裤毛泽东一直穿到 1956 年，后来实在没法穿了，才买了新的。但这两件旧衣服他舍不得扔掉，他说，以后说不定还有用得着它们的时候呢。

★可拆换的活动领、袖

毛泽东平时穿着很随意，但在公开场合他还是注意着装的。这种可拆换的活动领、袖就是专门为毛泽东接待外宾或参加公开活动时准备的。这种活动领、袖在当时很流行，被人们称作"假领""假袖"，它实际上是一件完整衬衣的分解，只是把其余部分省略了，仅留下"领"和"袖"。

○ 毛泽东用过的活动领、袖

毛泽东晚年喜欢使用可拆换的活动领、袖，主要原因就是为了图个方便。晚年时，毛泽东因疾病缠身、行动不便，公开活动减少了。他深居简出，平时在家里，每天的生活就是工作、看书，穿着就十分休闲，一般是一袭睡衣，一双拖鞋。但是，作为党和国家领导人，他不能不参加会议，不能不接见来访的外宾。毛泽东外出时很注意自己的形象，因为按照国际礼仪，穿着整洁也是一种礼貌，表示尊重对方。但是，毛泽东觉得临时换上衬衣麻烦，所以就用上了活动领、袖。每当外宾到来之前，他就赶紧脱下睡衣，戴上白色活动领、袖，穿上灰色中山装，并换上棕色皮鞋，顿时，一个挺拔、洒脱的大国领袖出现在世人面前。

---

① 史全伟：《毛泽东与艰苦奋斗》，中央文献出版社 2004 年版，第 138—139 页。
② 史全伟：《毛泽东与艰苦奋斗》，中央文献出版社 2004 年版，第 139 页。

★补丁裤

新中国成立后，生活条件改善了，毛泽东在公开场合从来都是衣着整洁，神采奕奕。但没有几个人知道，笔挺的中山装里面是补丁摞补丁的内衣。就是穿在外面的裤子，在臀部等容易磨损的地方也会经常有补丁的痕迹。对此，毛泽东常对身边工作人员说："没关系，穿里面别人看不见。我不嫌就行。"1954年，英国工党领袖、前首相艾德礼率工党代表团访华。工作人员看到毛泽东穿着一条屁股上轧满了罗纹补丁的

○ 接见艾德礼穿的补丁裤

裤子去接见艾德礼，赶忙劝他换一条。但毛泽东并不在意，说："没关系，谁会看我后边呀。"① 就这样，毛泽东穿着这条补丁裤子会见了艾德礼。

毛泽东的许多衬衣都很破旧，上面大都打了补丁。有一次，他准备外出，卫士李家骥给毛泽东穿衣服时，一不小心，后背撕开了一条一尺长的口子，他风趣地对毛泽东说："主席，衬衣张大嘴了。"毛泽东看了看撕破的衬衣，笑着说："那就把大嘴缝上。以后再穿吧。"李家骥用一尺多长的一条白布，把那个大口子给补上了。几天后，毛泽东在换衣服的时候看到这件补丁衬衣，高兴地夸奖李家骥："你的针线活还不错呢。""当兵啥都得会啊！"李家骥说。毛泽东满意地点点头。他很喜欢这件衬衣，拿起来看了又看，并叮嘱李家骥："没有我的同意不能给我丢掉。"后来，李家骥和李银桥给毛泽东清理过一次衣服，他们觉得那件旧衬衣实在是太破，就送给警卫班李风华的孩子当尿布了。一天，毛泽东接待客人，非要穿那件衬衣。李家骥忽然想起了毛泽东叮嘱过他的，他想，坏了。就是有天大的胆子，他也不敢说给小孩当尿布了，只好搪塞说："找不到了。"毛泽东偏偏对那件衬衣特别喜爱，非要不可。他不解地说："难道这中南海还有人偷我的衬衣？"毛泽东坚持要，李家骥无处找，只好如实地向李银桥作了汇报。李银桥给李家骥出主意说："不吭声就

---

① 《英国前首相艾德礼与毛泽东的书信缘》，《文摘报》，2016年1月16日。

行。"为了缓和矛盾，李家骥躲开，他让卫士赵鹤桐给毛泽东找了一件新一点的衬衣。毛泽东见李家骥溜了，好大不高兴，命令赵鹤桐："你把李家骥给我叫来。"赵鹤桐感到事态严重，向李银桥作了汇报，李银桥只好带着李家骥去找毛泽东。毛泽东一脸严肃地问李家骥："你是不是把我的那件衬衣丢掉了？我不是说没有我的同意，谁也不能给我丢掉吗？"李家骥急得满头直冒汗，盘算着该如何作检讨。检讨的话还没有组织好，突然急中生智，撒了个谎，说："主席，我哪敢随便给你丢掉，我见李风华的孩子没衣服穿，又见那件衬衣确实不能修补了，就想，用这件衬衣给孩子改一件小衣服不是挺好吗，这也不算浪费。所以，我未经请示就把这件旧衬衣给李风华爱人改做孩子衣服了。"毛泽东一听，不是随便丢掉，没有浪费，脸上露出了笑容，连声说："好，很好。"李家骥耍了个小聪明，总算蒙混过关了，他后来和李风华说起这件事时，才知道李风华并没有把毛泽东的这件衬衣当尿布，而是私自珍藏起来。这样，李家骥心里才踏实下来。[①]

★ 多次修补的皮拖鞋

在毛泽东遗物中有一双一缝再缝，一补再补，最后连鞋匠都不愿再补的皮拖鞋。据考证，这双皮拖鞋还是1949年毛泽东第一次去莫斯科时，专列上的工作人员为他准备的。那年冬天，毛泽东首次访苏，要坐十来天的火车，专列工作人员为了让他在旅途中舒适一点，特意为他准备了一双皮拖鞋。毛泽东对这双皮拖鞋很满意，于是他把在专列上穿的这双皮拖鞋带回了家。从此，无论是在家中，还是外出视察，他都把皮拖鞋带在身边。后来由于穿得太久了，皮拖鞋的样子看上去实在很破旧，鞋面也开始褪色，变得灰头灰脑，十分难看。但毛泽东怎么也舍不得丢，工作人员想为他换双新的，毛泽东坚决不同意。20世纪60年代初，有一次毛泽东视察杭州，下榻于浙江省委招待所。服务员见这双皮鞋实在太旧了，就用招待所的新拖鞋换了下来，而且准备把皮拖鞋留下来作纪念。毛泽东身边的工作人员发现了赶快制止，因为他们知道不经主席同意，不能换任何东西，不然是要挨批评的。又一年，毛泽东来到武汉视察。拖鞋鞋面突然断裂了，工作人员送到鞋店，修鞋师傅非常惊讶："这么破了还补什么？"工作人员只好自己找了一块擦汽车的麂皮补了一下。后来来到长沙，毛泽东住在蓉园九号。执勤战士在毛泽东居所走廊里见到了这双破拖鞋，

① 史全伟：《毛泽东与艰苦奋斗》，中央文献出版社2004年版，第276—277页。

不晓得是毛泽东的，便当作垃圾随手丢了。毛泽东外出归来，准备换拖鞋。工作人员苦苦找了半天也未找到，一问执勤哨兵，才知原委，狠狠地批评了他。哨兵也颇感委屈，嘟哝道："哪个晓得一双这样的鞋也舍不得丢。"他快快地从垃圾堆里把破拖鞋捡了回来。

1966年6月，毛泽东回到韶山，住在滴水洞，又发生了同样的情况——他的鞋子又被人当作垃圾丢掉了。也难怪别人，因为他的拖鞋实在太破旧了。也是在滴水洞，这双拖鞋又破了。毛泽东

○ 毛泽东穿过多年、缝补过多次的皮拖鞋

不愿买新的，工作人员只好找人帮他修理。但韶山当地没有能补这种皮拖鞋的师傅，湖南省委接待处一位叫肖根如的同志专程赶到长沙去修鞋。长沙的大师傅一见这双鞋就说：这样的鞋还拿来修什么?! 不能修了! 肖根如不能告诉他这双鞋的主人是谁，只得连连跟师傅说好话。最后，这位师傅尽管一千个不愿意，还是勉强修好了拖鞋。而且这样的修理，都记在毛泽东的生活账中，如1964年5月的日常杂费开支表中就有为毛泽东的"皮凉鞋换底，用去手工费2元"的记载。到20世纪60年代末，这双皮拖鞋实在没法再补了。但毛泽东还是不准丢，有时，他要得紧，一时又找不到合适的皮革，没办法，工作人员便有什么就补什么。就这样，一双拖鞋变得花花绿绿的。70年代初，不管再怎么努力，这双鞋再也没办法补了，毛泽东终于同意与跟了他20多个春秋的"老朋友"说再见了。

★旧皮带

在毛泽东遗物中，有条陈旧的牛皮带，因为使用时间长，颜色都已呈棕褐色。皮带长112厘米，宽3.8厘米，制作工艺十分简单。皮带基本为手工制作，带与扣用两个铆钉连接，其中一个铆钉已经断裂，扣为镀铬铜质，正面有山形和树形图案，皮带末端严重磨损。

这条皮带，毛泽东从延安时期一直用到新中国成立后，后来实在有碍观瞻，才让它光荣退役。在收起来之前，工作人员特地在皮带的末端贴了一张小纸条，用钢

○ 毛泽东在延安时期用过的皮带

笔写着"毛泽东在延安用过十几年的皮带，39#"字样。随着时光流逝，现在纸已泛黄，字迹也严重褪色。

延安时期，毛泽东领导中国共产党取得抗日战争的伟大胜利，使中国共产党走向空前团结，并通过积极开拓抗日革命根据地，壮大了人民力量，为新中国的诞生奠定了基础。当时，抗日革命根据地面临国民党和日伪军队的严密封锁，毛泽东提出"自己动手、丰衣足食"的口号，并率先垂范，生活上节俭朴素，工作上艰苦奋斗，使根据地的经济形势得到根本好转。所以，这根皮带既是中国近代革命史上一系列重大历史事件的见证，又是毛泽东简朴作风的生动反映。

★ 长筒袜

毛泽东终生都保持着穿长筒袜的习惯。1959年，毛泽东回到阔别32年的故乡，从当时他在韶山故居前坪与乡亲们的合影中，我们可以清晰地看到他脚上穿的就是一双棕色的长筒袜。

○ 1959年6月毛泽东在韶山旧居和乡亲们的合影

毛泽东对长筒袜的喜爱，多少表现出他对母亲的留恋。毛泽东的母亲文七妹，擅长做针线活。毛泽东小的时候一直穿母亲亲手缝制的长筒纱袜，这一习惯伴随了他一生。这种老式的长筒袜，都是用棉织纺的，袜筒长及膝盖，有厚、薄两种，秋冬穿厚的，春夏穿薄的。20世纪60年代初，中国开始流行短筒尼龙袜。在当时，谁要是能穿上一双尼龙袜，那是引人注目的，而且很令人羡慕。毛泽东身边的工作人员也顺应这种

○ 毛泽东穿过的长筒袜

潮流，在征得毛泽东同意后，给他买了几双尼龙袜。但毛泽东穿后，感觉到脚有些发烧，便再也不肯穿尼龙袜，很坚决地拒绝了这种新生事物，继续穿着长筒袜。棉纱袜虽然吸汗，但最大的缺点是袜口的弹性不大，袜子经常松松垮垮地从膝盖滑到脚踝骨上。毛泽东穿这种袜子时，稍不注意，就会出这种"洋相"。对此，毛泽东的好朋友、著名美国记者埃德加·斯诺在他的文章中就有描述：他身穿一件领子扣紧的深灰呢料上衣，相同质料的裤子，毛的皮鞋已经需要擦油了，一双纱袜松松地掉到了脚踝上。

毛泽东遗物中，有很多双长筒袜，但大部分都是破了洞或重新织补过的。毛泽东经常穿着打补丁的袜子外出，甚至接见外宾。有一次，当袜子刚穿到脚上，卫士封耀松发现脚背上又磨破了一个洞。封耀松帮他脱下补，劲用大了些，一个洞变成了三个洞。"主席，换双新的吧？"封耀松问。"嫌补着麻烦了？""这袜子都糟了。""我穿几天磨破一个洞，你一动手就弄两个洞。不能全怪我的袜子糟。"封耀松没有办法，只好取针线将那破口封好，重新给他穿上，并且半认真半开玩笑地提醒道："主席，接见外宾坐就坐，别老往前伸脚。""为什么？""一伸脚就露出袜子了，家丑不能外扬。"毛泽东笑了："小鬼，就数你聪明！"封耀松把毛泽东的圆口黑布鞋拿过来："走路也要小心，这鞋底磨得不比纸厚，踩了钉子就糟了。"毛泽东不笑了，认真地说："讲吧，都是老话。不讲吧，还真不行。这比红军时候强多了，比延安时期也强多了。艰难时期节约，可以说是逼的。富了还讲节约，没有逼就要靠自觉了。要靠思想觉悟呢。"从此，当毛泽东接待外宾时，卫士总要事先提醒："主

席，坐沙发上要收回腿，一伸腿就露馅了。"因为粗线袜子总是带着补丁。脚往外一伸，裤角向上一抽，补丁就会赫然露出。久而久之，卫士们便把提醒毛泽东的这一动作精炼为一句话，叫作"家丑不可外扬"。①

★旧毛巾、小方巾、浴巾

毛泽东遗物中有很多陈旧至极的白毛巾、小面巾，这些日常用品都极为普通，与寻常百姓家使用的没有任何不同。

○ 毛泽东用过的旧毛巾、小方巾、枕巾、浴巾

毛泽东偏爱白色的毛巾。这并非因为白色看上去显得干净，不易藏污纳垢，而是因为毛泽东个性恬雅，偏爱素雅颜色。因此，毛泽东遗物中的所有毛巾、面巾一律都是白色的。毛泽东的洗脸毛巾晾挂在卫生间。工作人员为他在墙上牵了一根铁丝，高度适中，毛泽东取挂毛巾时极为方便。毛泽东生前还使用面巾，也都是纯白色的，一般置于卧室、客厅等他常活动的地方。面巾是经过消毒的，用一个小碟盛放在茶几上，方便毛泽东取用。毛泽东在饭前饭后常用面巾擦嘴擦手，天热出汗时也用面巾揩汗。起初，毛泽东常常感到这样做过于麻烦，但保健人员要求这么做，并以"病从口入"的医训相劝。久而久之，习惯成自然，毛泽东便渐渐适应了。毛泽东一生倡导勤俭节约，反对任何形式的浪费。他在使用毛巾和面巾时也很注意，不允许一次添置太多毛巾、面巾，免得有浪费。

在毛泽东看来，凡是尚可利用的物品，都要有效地利用起来。有一次，洗衣工人为毛泽东洗一条毛巾被，一不小心便搓破了。他们觉得这条毛巾被不能再用了，便建议毛泽东换一条新的。可是毛泽东任凭工作人员怎么劝说也不同意更换。工作人员无奈，只好继续给他补。这样，毛泽东又能用上若干年。毛泽东为此感到特别

---

① 史全伟：《毛泽东与艰苦奋斗》，中央文献出版社2004年版，第277—278页。

高兴，但工作人员却叫苦连天。因为这条毛巾被实在太破旧了，根本无法正常洗刷。好在工作人员脑筋灵活，他们不再送到洗衣工人那儿洗，而是自己泡上一盆肥皂水，将毛巾被放进肥皂水中浸泡一下，然后再到水中漂一漂。这种方法洗出来的毛巾被自然不及搓洗过的干净，但毛泽东从不计较。

毛泽东的破旧毛巾被还曾送到上海毛巾厂织补过。每次毛泽东去上海，工作人员都要仔细地考虑一下是否有东西要送到上海去缝补。有时他们带去一件棉毛衫，有时带去几双棕色长筒衫袜，有时则带上一条破了的毛巾被。工作人员认为上海工人手艺好，不仅做出来的毛巾被好看耐用，而且织补过的东西精致，于是便经常带上这些破旧物品去上海。当然，上海的工人师傅是不会知道这些破旧物品的主人的，否则不知会令他们惊讶到何等程度呢！织补的毛巾被比缝补丁自然既要美观，又要耐用，每织补过一次，毛泽东都能再用上一段不短的时间。工作人员对上海工人的手艺称赞不已，毛泽东见了也赞不绝口。毛泽东生前使用过的毛巾、方巾等均被完整地保存下来。

★肥皂盒、牙刷、牙粉

毛泽东一生都保持着家乡的生活习惯。在韶山毛泽东同志故居厨房的墙壁上挂着一个小竹筒，这是当年毛泽东家用来盛牙粉的容器。不过，当年在韶山毛泽东使用的牙粉是草木灰，而后来他使用的是这种有现代工业气息的白色粉末。

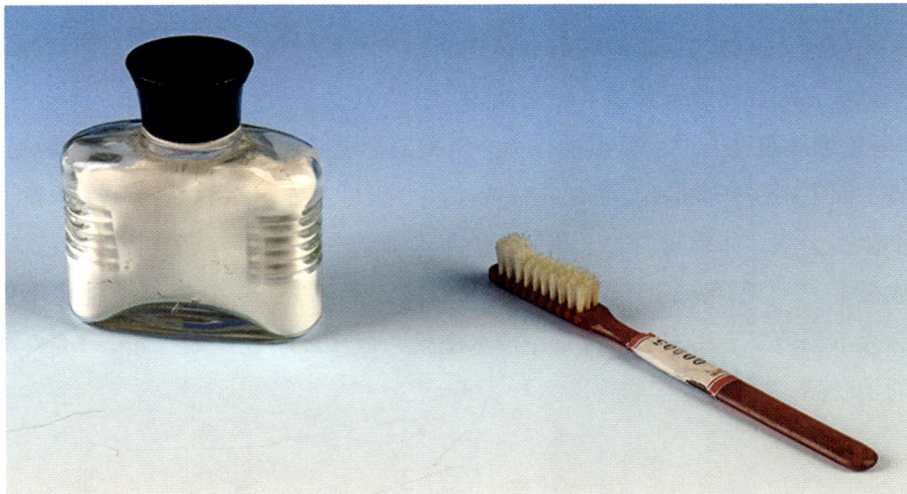

○ 毛泽东用过的牙刷、牙粉

毛泽东在世时，牙膏已大量面世，但他还是愿意用牙粉。在他看来，这不只是习惯问题，还因为牙粉比牙膏便宜许多。毛泽东去世后，这样的牙粉还剩余不少，大概是工作人员担心工厂不再生产而特意为这位老人储备的。

当然，毛泽东自己爱用牙粉但并不反对别人用牙膏。他曾对劝他改用牙膏的工作人员说："我不反对你们用牙膏，用高级牙膏，生产出来就是为了用的么。都不用生产还能发展么？不过牙粉也可以用嘛。我在延安就是用的牙粉，已经习惯了噢。""今后如果每一个中国人都能用上牙膏了，我就不会再用牙粉了。"

如果说毛泽东终生只用牙粉是个人习惯问题，那么，他对牙刷的使用则可谓近乎"吝啬"。他一生用过的牙刷并不太多，因为他一把牙刷要使用多年，一直到变成"不毛之地"时才最终放弃。工作人员觉得毛泽东这些生活习性十分有趣，而且也很感人，于是他们很有心地保存了几把毛泽东用秃了的牙刷。如今，这些已变成"不毛之地"的牙刷仍然完好地保存在韶山毛泽东同志纪念馆。

节俭的毛泽东也很少使用肥皂，一生都没有用过高级香皂。当然，当他手上沾到用清水洗不去的油或墨汁的时候，他还得用肥皂。毛泽东常练书法，手上难免沾到墨汁，这时，他便会用肥皂去清洗，但也只是很小心地轻轻擦一点。等肥皂用得只剩很小一块的时候，他也不丢掉。他曾说，一个人节约一块肥皂、节约一条毛巾微不足道，但一千个人、一万个人都来节约，就是一个很大的数目了。

转战陕北时，毛泽东只有一条毛巾。洗脸、擦脚都用那条毛巾，而且毛巾也都没有什么毛了，像块麻布片。李银桥向毛泽东建议领条新的，把这条旧的留作擦脚用，并说擦脚、擦脸的毛巾应该分开。毛泽东听了后，说："分开就不平等了。每天行军打仗，脚要比脸辛苦多了。它能用，我看还是不分开好；分开，脚会有意见哩！"听了毛泽东这么说，李银桥扑哧一声笑了，说："那就让它俩分工，新毛巾用来擦脚，旧毛巾用来擦脸。"毛泽东摇摇头："账可不能这么算。我领一条新毛巾，好像不值多少钱，如果我们的干部、战士每人节约一条毛巾，这笔钱就够打一个沙家店战役了。"[①] 毛泽东精于政治上算大账，军事上算大账，在生活上他也不例外。可能有人不相信，毛泽东从来都是用清水洗脸，也从没用过什么"霜""膏""油"之类的护肤品。

---

① 李敏：《我的父亲毛泽东》，人民出版社 2009 年版，第 246—247 页。

第三节

★

粗茶淡饭　反对浪费

在饮食起居上，毛泽东始终都奉行着这样的原则：简单和适合自己的爱好。他来自农村，他的饮食习惯一辈子都保持着劳动人民朴实、简单的本色。

★食谱

毛泽东常对保健医生说："医生的话，不可不听，也不可全听；全听你的我就完了，全不听你的我也不行。""你们当医生的人大概是另一种人生观吧？你们有点病就想得很多，自己吓唬自己，也吓唬别人。"① 总之，毛泽东对吃不讲究，他喜欢随心所欲，顺其自然。现在韶山毛泽东纪念馆保存的毛泽东食谱，就真实地反映了他的饮食之道。

毛泽东保持着湖南人的许多生活习惯，喜欢辣椒、苦瓜、腐乳等口味浓烈的食品。毛泽东的正餐都少不了辣椒，他还特别爱吃苦瓜，他曾对工作人员说：凡苦的东西，对人体都有好处，苦能去火明目嘛！

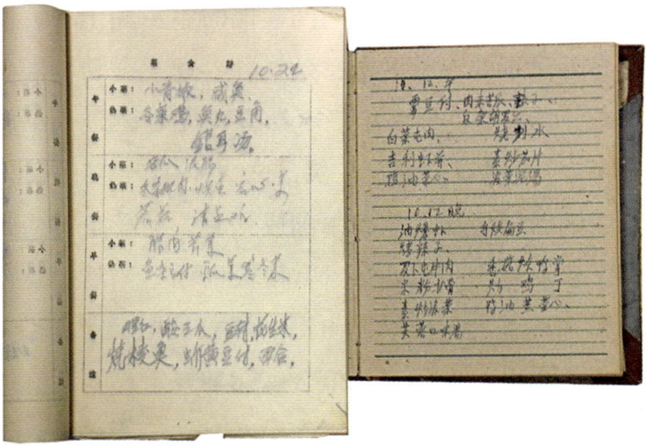

毛泽东喜欢吃青菜，如冬苋菜、青蒿、马齿苋等。

○ 毛泽东食谱

① 中共中央文献研究室《缅怀毛泽东》编辑组：《缅怀毛泽东》下，中央文献出版社 1993 年版，第 615 页。

虽然他的饮食偏素，可并不拒绝荤菜，他特别喜欢吃红烧肉、鱼（尤其是火焙鱼）。在革命战争年代，能吃上一顿红烧肉就是打一个最好的牙祭了，而且在毛泽东看来，红烧肉还可以补脑呢！但新中国成立后，保健医生、江青等人都劝他少吃红烧肉。一般情况下，毛泽东每餐是四菜一汤，所谓四菜一汤，大都是小碟盛菜，小碗装汤。可他吃饭没有规律，有时两三天吃不上一顿正经饭，经常以麦片、饼干、芋头等充饥。他很少一日三餐，一般是一日两餐或两日三餐，而且很少在餐厅吃饭，很多情况下是工作人员用提饭篮将饭菜送到他的办公室。因为他工作起来总是忘了吃饭，而且喜欢晚上办公，上午睡觉。

只有在生日时，毛泽东才会偶尔同意多加几个菜，叫上家人、工作人员一起举行一个小型的生日"聚会"。当然，他从来没有举行过生日宴会，因为他反对祝寿送礼这些不良风气。在延安时，毛泽东就倡导"不祝寿，不送礼"；新中国成立后，他更是以身作则，严厉禁止党内祝寿送礼之风。他说："庆贺生日不会使人长寿，因此并无必要庆贺。"① 毛泽东对自己的生日并不重视。50 岁之前，他历年生日是怎样度过的，几乎没有记载。1943 年 4 月初，当时任中央宣传部代理部长的何凯丰为庆祝毛泽东的五十大寿，制定了宣传计划，准备宣传领袖毛泽东，宣传毛泽东思想。毛泽东审阅后，复函何凯丰道："生日决定不做。做生的太多了，会生出不良影响。目前是内外困难的时候，时机也不好。"这一年许多人不知道毛泽东 50 岁了。毛泽东给凯丰的信是 1943 年 4 月 22 日。一年之后，1944 年 4 月 30 日，毛泽东请客人吃饭时，续范亭先生在席间问起他的年岁和生日，毛泽东如实相告。续老一算，去年正是毛泽东的五十大寿，延安各界竟无举动，即感为憾事。他当场赋诗一首敬给毛泽东，诗曰："半百年华不知老，先生诞日人不晓。黄龙痛饮炮千鸣，好与先生祝寿考。"毛泽东看后，一笑了之。② 1949 年，进北平之前，毛泽东就正式提出，禁止给党的领导者祝寿。新中国成立后，毛泽东过生日，一般是身边的工作人员和他的几个子女聚在一起吃顿家常便饭而已。当然，这顿便饭，有时也邀请周恩来、朱德等人来一起吃。1953 年 8 月，在全国财经工作会议上，毛泽东再次向全党和高级干部着重指出：七届二中全会有几条规定没有写在决议里面。一曰不做寿。做寿不会使人长寿，主要是要把工作做好。二曰不送礼。至少党内不要送。三曰少敬酒。一定场合可以。四曰少拍掌。不要禁止，出于群众热情，也不泼冷水。五曰不以人名

---

① 龙剑宇：《毛泽东家居》，中共党史出版社 2013 年版，第 150 页。
② 史全伟：《毛泽东与艰苦奋斗》，中央文献出版社 2004 年版，第 213 页。

作地名。六日不要把中国同志和马、恩、列、斯平列。这是学生和先生的关系，应当如此。遵守这些规定，就是谦虚态度。[①] 这年12月26日，毛泽东的六十大寿也是悄然度过的。

1963年12月26日，是毛泽东七十大寿。那天，在他身边工作的同志和警

○ 1958年12月26日毛泽东生日食谱

卫战士准备给他做一次寿。毛泽东知道后，对医务人员朱仲丽语重心长地说："大家都不要做寿，这个封建旧习惯要改革。你知道，做一次寿，这个寿星就长大一岁，其实就是少了一岁，不如让他偷偷地走过去，到了八九十岁时，自己还没发觉……这多好呀！"[②] 毛泽东70岁的生日就这样不声不响地过去了。1973年12月26日，是毛泽东的八十大寿，有100多个国家元首、政府首脑、马列主义政党及领袖人物纷纷向毛泽东致贺电贺信，有的还派人送来了寿礼。但在我们国内，由于毛泽东不允许，几乎所有报刊、电台、电视台均未公开宣传报道。后来仅在新华社的《参考消息》刊登的外电报道中透露了一点消息。

★调味瓶、竹木筷子

20世纪五六十年代，毛泽东日常生活中用的瓷器都是从中南海供应科领取的，这些瓷器大都为江西景德镇和湖南醴陵生产的专用瓷。工作人员常常是缺什么就领什么，很少有成套领取的。因此，当时毛泽东用过的瓷器来源可说是五花八门，不成体系。毛泽东的饮食以中餐为主，但不排斥西餐，家里也有西餐餐具，不过很少用。他喜欢辛辣食物，口味重，所以家中常备有各种调味瓶，带提手的调味瓶则是在专列上使用的。

用餐时，毛泽东一直使用普通的竹筷、木筷，从不用高档的金银筷或象牙筷。

---

① 中共中央文献研究室：《毛泽东年谱（1949—1976）》第2卷，中央文献出版社2013年版，第150页。

② 史全伟：《毛泽东与艰苦奋斗》，中央文献出版社2004年版，第219页。

○ 毛泽东用过的调味瓶、筷子

新中国成立初期，毛泽东经常在中南海的家里招待来访的客人，为此，他特意与工作人员强调了一条纪律：今后不管来客是谁，都要讲节约，不能摆阔气大吃大喝。而且，今后无论是待客还是自家吃饭，一律用竹筷子。

毛泽东习惯使用自己的东西，除非不得已，这一习惯很难改变。20世纪50年代至60年代，毛泽东外出频繁，足迹遍布祖国的大江南北。每次外巡，毛泽东总是从自己家里带一双竹筷或木筷。1949年第一次出访苏联时毛泽东就带了几双竹筷子。

20世纪70年代，因为身体原因，毛泽东相对以前出门的时间要少了许多，但他一有机会就要回湖南家乡小住。回湖南时，他一般住在省委招待所，吃着家乡的饭菜，用着家乡的竹筷，他感觉无比的惬意。南竹筷容易霉变，霉变后的竹筷不仅不美观，还会影响身体健康。于是，家乡的同志用一种不易长霉的木材——黄杨木制作成筷子，一部分留在省委招待所使用，一部分则送到了北京。此后，毛泽东就一直用家乡赠送的这种木筷。毛泽东辞世后，人们清理他的遗物时，发现这种木筷还留下来不少。当年在毛泽东身边工作的同志含着热泪说："这是主席一生中用过的最高级的筷子！"

第四节

★

克己奉公　无私奉献

毛泽东认为，为了多数人的利益，为了国家民族利益，吃苦在前，享受在后，甘愿牺牲自己，这是一种道德使命。他曾说："自私自利，消极怠工，贪污腐化，风头主义等等，是最可鄙的；而大公无私，积极努力，克己奉公，埋头苦干的精神，才是可尊敬的"①。

★烟嘴、外交部往来款项结算通知书

毛泽东喜欢抽烟，这可以说是他日常生活中"奢侈"的事情。但抽烟使他的气管一直不大好。20 世纪 70 年代以后，他的身体每况愈下，抽烟经常导致剧烈的咳嗽，并加重了气管炎。虽然多人、多次、多种方法帮助他戒烟，他自己也愿意配合，但多年来未能全戒。② 工作人员就想了很多办法降低吸烟对毛泽东身体的损害，如建议他每次只抽半根，以减少有害物质的吸收量，或者让他吸一种特制的烟——雪茄烟。1961 年夏天，工作人员无意中打听到国外生产一种烟嘴，中间装的过滤药物可以吸收香烟中的有害物质。于是，在经毛泽东同意后，便委托外交部购买了两打这样的烟嘴。一个月以后，外交部在把这一批烟嘴交给毛泽东身边工作人员的时候，出具了一张《往来款项结算通知书》：我驻日内瓦使馆转来委托外交部收款书第 49 号单据共 4 张，计 165.60 法郎，按 0.569 折人民币 94.23 元，兹将上项单据随函送上，即请将款交还本部财务科以便转还使馆。工作人员接到这张购买烟嘴的结算通知书后，商量着想在招待费中报销，他们向毛泽东请示，毛泽东摆摆手，严肃地说：

---

① 《毛泽东选集》第 2 卷，人民出版社 1991 年版，第 522 页。
② 中共中央文献研究室《缅怀毛泽东》编辑组：《缅怀毛泽东》下，中央文献出版社 1993 年版，第 615 页。

"这样可不行，还是按照规定由我自己付款！"工作人员私下都认为没有必要，就又请示中央办公厅，汪东兴经过再三考虑，还是按照毛泽东的意思，从毛泽东的稿费中开支了。

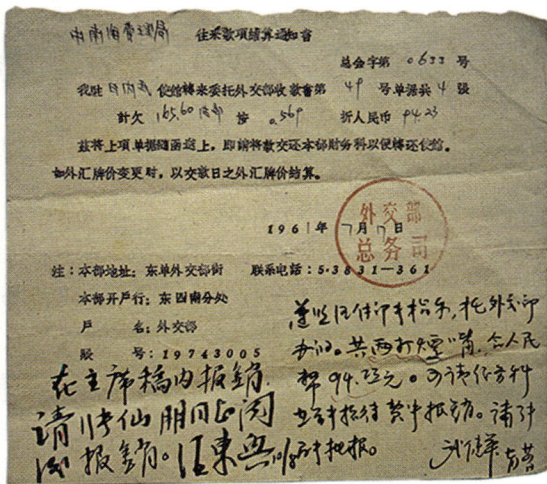

○ 毛泽东用过的烟嘴和外交部往来款项结算通知书

★火柴盒、烤烟箱

毛泽东一生抽过的香烟可谓形形色色，用他自己的话说是"吃百家饭，抽百家烟"，而且烟劲越大味越重越好。在战争年代，毛泽东抽过农家产的烟叶，也抽过国民党军队"进贡"的"555"香烟。新中国成立后，他抽过"熊猫""中华"牌香烟，戒烟前他抽过一段时间的特制雪茄烟。居家时，毛泽东的香烟一般放在办公室、床头等伸手可及的地方。

毛泽东抽了一辈子烟，但从来没有用过打火机，他喜欢用火柴。他擦划火柴的习惯也与众不同。一般人用火柴时大都在火柴盒两侧磷皮上随意擦划，而毛泽东则有意从磷皮两端擦起，这样一盒火柴棍擦完后，磷皮的中间部分可能还完好如新。这时，毛泽东就要工作人员从北京火柴厂买回散火柴棍装进空火柴盒继续使用。一只空火柴盒在他手里往往反复使用多次，直至完全不能使用时才扔掉。北京中南海毛泽东居所有一间生活资料保管室，那里有个特制的匣子，就是工作人员专门为他回收利用空火柴盒而预备的。

○ 毛泽东保留的空火柴盒

北方的冬天，气候干燥，烟卷水分蒸发后干得几乎掉渣，吸起来平淡无味。有一次，毛泽东抽烟时对工作人员说："在我们南方，冬天切烟丝时要喷上几口水，要不然就不好抽。"还说，"你们帮我想想办法，看能不能把卷烟弄湿一点。"工作人员大都不吸烟，没有实践经验，实在是想不出好点子。后来，他们终于从"老烟民"处得到一个办法：在烟盒中放上些新鲜油菜叶，上盖下垫，能保证烟丝不干。毛泽东抽了

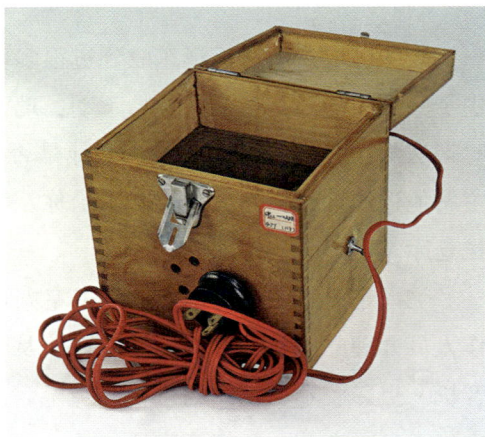

○ 工作人员设计的烤烟箱

用这个法子保管的烟后很高兴，对工作人员大加称赞。但是在南方，香烟在湿度大的季节极易受潮，受潮的香烟不但容易发霉，而且吸不动。为此，工作人员又想办法设计制作了一种简易烤烟箱，箱内装白炽灯，中间用铁丝做隔层。这样，受潮的香烟放在上面烤一烤，就好多了。

★上交礼品清单

作为人民领袖，毛泽东始终严于律己，克己奉公，从不利用自己的地位和权力谋取任何私利。在韶山毛泽东同志纪念馆保存的6000多件毛泽东遗物中，有大量与毛泽东生活有关的单据、账册，如上交礼品清单、收支报表等。

毛泽东作为一代伟人，受到全世界人民的爱戴和崇敬。特别是新中国成立后，

○ 上交礼品清单

世界上许多国家的领导人和人民给毛泽东赠送了不计其数的礼品，以表达他们的敬爱之情。

然而无论是在延安窑洞还是在北京中南海，毛泽东始终以一个普通公民自居，从不利用自己的地位谋取任何私利。对于送来的礼品，毛泽东要求身边工作人员一律造册上交国库。

新中国成立后，毛泽东收到过很多珍贵的礼物。如1964年非洲一个国家的总统送了一个大象牙，两个人都抬不动；瑞士总统送了全金表两块。工作人员回忆，当时把这两块金表给毛泽东看，问他是否留下，毛泽东说："这种礼品不能要，谁当主席他送给谁，你当主席也会送给你。我是代表人民的，这种礼品不能收，一定要送仓库。"[1]

毛泽东的礼品，多由中央秘书室办理，也有由警卫局供应处以及毛泽东身边工作人员办理的。礼品种类五花八门，从1958年至1959年礼品清单上看，有广播收音机、摄影胶卷、立体幻灯机、兔毛背心、雨衣、地毯、枕席、龙须草席、海产标本、人参、鹿茸、酒杯等物品，共计40余种。这些礼品大部分是单位送的，也有个人送的，如1959年11月25日，香港太古船坞的杨慎德送仿古玉鲁两件，玉扁笄一件；1959年10月17日，上海的黄正和送刻有八届八中全会公报的永久牌钢笔一支；1959年10月15日，西安的谢芝镜送象牙筷一双；1958年12月10日，唐山杨庆俭送人参两支；1958年12月29日，甘肃谢成德送熊掌、鹿茸五斤；等等。对于送来的礼品，只有极少数几件，如西哈努克亲王送的公文包、齐白石送的砚台等被毛泽东留下，其余的都造表交公。毛泽东留下这极少的几件，是由于与送礼人有较浓厚的私人情谊。[2]

早在抗日战争时期，有一位爱国华侨给中国共产党领导人赠送了两辆小轿车，大家都一致认为，首先应给毛泽东一辆，因为他是全党的领袖，公务最为繁忙。但

---

① 《毛泽东的"礼品清单"》，《湖南文史》2002年第4期。

② 《毛泽东的"礼品清单"》，《湖南文史》2002年第4期。

毛泽东听了后不同意，他提出："一是要考虑军事工作的需要，二是要照顾年纪较大的同志。"于是，按毛泽东定的原则，一辆分给主管军事的朱德同志使用，另外一辆分给了"五老"（即徐特立、董必武、谢觉哉、林伯渠、吴玉章）使用。有一次，毛泽东从枣园开会回来的途中，马受惊，他的左手腕摔伤了。朱老总和"五老"都提出让车，甚至把车都开到了毛泽东的跟前，但毛泽东硬把他们给"撵"回去了。①

新中国成立初期，地方上常常向北京送一些土特产，请中央领导品尝，以表达心中的敬意。一次全国人民代表大会期间，周恩来总理召集各省的书记、省长等负责人在小会议室开会。他说："我根据毛主席的意见，找你们来谈，各地向中央赠送土特产的做法是不好的，这是劳动人民辛勤劳动生产出来的果实，我们白吃，这种风气要不得。以后你们谁送东西来，我们一定原封不动退回，而且要批评。"②

20世纪60年代初，民主人士黄炎培先生到杭州龙井茶产地梅家坞参观制茶。黄炎培要买一罐龙井茶送给毛泽东，茶场的同志听说非常高兴，精选了上等的好茶，并且坚决不肯收钱。黄炎培只好带回北京，送给毛泽东，并写了一封信说明情由。后来，毛泽东委托别人把这罐茶叶送还了梅家坞茶场，并且表示感谢。

★人民大会堂餐厅科开具的收条、外出交粮票收据

毛泽东经常要在人民大会堂、钓鱼台国宾馆等地处理国内外事务，也时常外出巡视调查，但无论毛泽东走到哪里，该自己付粮票的都自己付。据他的生活账记载，从1964年7月23日到9月22日的两个月间，毛泽东给人民大会堂交纳便餐粮票5.5斤。如今，韶山毛泽东纪念馆现保存的毛泽东交粮票的收据共有93张，涉及上海锦江饭店、湖南省委接待处等数十家单位。

毛泽东在生活中不仅讲究节俭，更强调"公私分明"。在一般人眼中，毛泽东外出视察工作，属于公务性质，完全可以由当地免费接待。但是，在毛泽东看来，他的每一次外出，都不能麻

○ 1964年人民大会堂餐厅科开具的收条

① 史全伟：《毛泽东与艰苦奋斗》，中央文献出版社2004年版，第23—24页。
② 《当送礼风遇上毛泽东》，《文摘报》2013年2月7日。

烦地方同志，更不能加重他们的经济负担。因此，外出时，能带的日常生活用品他都会带着，大到毛巾被，小到牙膏、牙刷以及火柴。当然，吃饭要交粮票，住宿同样要给费用。在毛泽东的生活账中，就有他在武汉付洗衣费的记载。

1965年5月22日下午5时左右，毛泽东乘坐一辆银灰色的苏制吉姆轿车回到阔别38年的井冈山茨坪，下榻于茨坪宾馆（今井冈山宾馆）115号房间。考虑到毛泽东长途跋涉的辛苦，也是表达井冈山人民的一片心意，这天晚餐的饭桌上准备了茅台酒、香烟、苹果和丰盛的菜肴。汪东兴看到后，立即找来宾馆管理员说："不是说好了吗？首长每餐四菜一汤，每天是贰元伍角钱的伙食标准，你们赶快将烟、酒、水果都收起来。"结果井冈山人民想破例为毛泽东安排的第一餐也只能按伙食标准，四菜一汤，小碟盛菜、小碗装汤，由服务员用竹篮子将装有菜、汤的小碟和瓷碗送到毛泽东的住处，等他吃完又将小碟、瓷碗提回厨房。当时担任江西省省长的邵式平特意派他的厨师从南昌赶到井冈山为毛泽东做了一道江西弋阳的地方菜——弋阳鸡，这算是毛泽东在井冈山吃得最好的菜了。然而毛泽东也只是浅尝辄止，后来，这道"高档"菜便再也没上过毛泽东的餐桌。

毛泽东在井冈山吃得最高兴的一餐，是吃到了井冈山的鱼。那天，井冈山光荣敬老院里几位参加过井冈山斗争的老人在自家的鱼塘里捞了一条大草鱼，并按井冈山的风味做了一道菜送给毛泽东。毛泽东吃后非常高兴，交代服务员说："我吃菜从来是不过'河'，剩下来的不要倒掉，下餐我再吃。"上山后的第二天中午，毛泽东正吃着饭，忽然问服务员："这米是井冈山种的吗？井冈山现在还种不种红米？"服务员回答道："种，还种红米。"毛泽东很高兴地说："那以后每天给我做一顿红米饭吧。"5月29日，毛泽东对陪同他的汪东兴、张平化、刘俊秀说："井冈山是座好山，风光好、空气新鲜，是休息、健身的地方。我们已住了一个星期，该走了。"离开茨坪前，毛泽东的生活管理员吴连登带着钱和粮票到宾馆财务室，找会计结算伙食费。当时担任会计的雷良钊说什么也不肯收下这钱和粮票。他说："收下这钱和粮票，叫我怎能对得起毛主席，对得起井冈山的群众啊！过去毛主席在井冈山吃的是红米饭、南瓜汤，是为我们穷人打天下，如今他老人家回到井冈山，那是对我们井冈山人民最大的关心，也是我们井冈山人民的最大光荣。"吴连登一边点头一边解释说："你的这些话都有道理，可你不知道，主席和我们工作人员外出也都是有严格规定的，这也是纪律我必须遵守。我们有这样一条规定：'凡是首长需要的一切东西，托当地人代办的，都必须将货款交清，地方不收钱，东西也就不能拿。'

这钱和粮票你们就收下，不然我回去是要挨批的。"雷良钊露出非常为难的神色，这时吴连登又说："毛主席最反对的事就是特殊化。前几年，主席身边的一个工作人员，利用主席外出巡视的机会，向地方上索取一些东西，这件事在院内整风时同志们对他进行了批评和教育。毛主席知道这件事后，非常生气，立刻将那位工作人员调离中南海，并严厉地对他进行了批评。你说，今天这钱和粮票没交清，我能离开井冈山吗？这可是纪律呀！"听了吴连登的这番话，雷良钊只好拿出发票，可是，天天开惯了发票的他，这次竟不知如何提笔填写发票。吴连登提醒说："交款人就写首长吧。"雷良钊十分感动，他认认真真地在交款人一栏中写下"首长"二字，然后依次开出三张发票收据，编号分别为：00006482、00006483、00006484。交款人：首长。住宿时间7天，每天伙食费2.50元，共计17.50元。交粮票23斤，购大米款每斤0.12元，计2.76元。发票开具时间为：1965年5月29日。[①]

○ 1965 年毛泽东在江西省井冈山交粮票收据

★生活费收支报表、日常杂费开支账

韶山毛泽东同志纪念馆珍藏着一套较完整的毛泽东的家庭生活账，包括生活账簿和部分单据、票证，是毛泽东家庭日常生活情况的真实记录。毛泽东一家从1952年开始设立生活账簿，包括日常杂费开支账、生活费收支报表、物品分类账等等。日常杂费开支账由毛泽东身边的工作人员负责记录，以其具体、详细而引人注目。

---

① 张艳：《毛泽东重上井冈山时留下的三张发票》，《党史天地》2001 年第 12 期。

○ 毛泽东家 1968 年 1 月生活费收支报表

1962 年春，为严格要求自己的家属保持勤俭节约的生活作风，同时为防止身边工作人员的贪污、渎职行为，毛泽东要求工作人员对自己一家的收支认真填写报表，每个季度向中央警卫局财务处上报。生活费收支报表大都是毛泽东的生活秘书用横格纸自制而成的，有月报表，也有季度报表。这些报表，清晰地记录了这个"第一家庭"的开支情况。如 1968 年 1 月，支出：月房租费 125.02 元，送王季范、章士钊 4400.00 元，12 月、1 月党费 40.00 元，日用消费品 92.96 元，液化气 9.6 元，伙食 659.13 元。毛泽东的工资，除去家庭生活费用开支，湖南老家亲友来访在京的花销、往返路费、买土特产送行，资助身边工作人员外，还为身边的工作人员和警卫战士办业余学校。这个学校从 1954 年一直办到 1957 年才结束。

为了严格控制家庭开支，毛泽东也和普通老百姓一样省吃俭用。原来是卫士的武象廷后来担任毛泽东的生活管理员。一次毛泽东来到小灶厨房里，看见武象廷正在厨房里忙碌，便走来问他："武象廷，你在这里干什么？""给小灶厨房买菜哩。""你改行了，好啊，我告诉你，只要你们饭菜做得干净卫生就可以了，不必买一些贵重的东西给我吃。比方说，现在是冬天，你就别买那些西红柿、黄瓜之类的新鲜蔬菜，现在买一条黄瓜的钱，到了夏天就能买一筐黄瓜，冬天买一条黄瓜只能吃一顿，夏天买一筐黄瓜能吃几十顿。"这是武象廷担任毛泽东的生活管理员后，毛泽东给他上的第一堂生活管理课。到了夏天，因为武象廷回警班有事请了几天假，就临时让王振海替他给毛泽东买菜。王振海头一次上街买菜，尽挑新鲜的有营养价值的买，就买回来一些嫩玉米蕊，也就是那刚刚开过花，还没有结粒的小玉米笋。他还满以为这下给毛泽东买回来好吃的了。炊事员做好后，端给毛泽东吃。没想到，毛泽东皱起了眉毛，任凭工作人员怎么讲，他就是坚决不吃。并且，毛泽东有点不悦地说："炒这一盘菜需要多少颗玉米？要是这些玉米长熟了能打多少粮食？叫我吃这样的菜，这不是破坏生产吗？把这个菜端回去，谁买的就叫谁去吃。"①

毛泽东平常吃的都是一些十分普通的家常菜。保健医生多次劝毛泽东要注意营养，改变饮食习惯，多吃点有营养的东西。毛泽东听了后，说："你们说的那些山珍海味，我不喜欢吃，我不想吃的东西你们就不要勉强我，我吃了不舒服，就说明吸收不了……""我们国家还不富裕，人民群众生活还有一些困难，我吃那么好，心里不安呀。我吃的饭菜很好了，什么时候中国的老百姓都能吃上四菜一汤，那该多好。"② 有时他还用毛竹筷子敲敲碗里的二米饭望着保健医生说："全国农民要是都能吃上我这样的饭，那就很不错了，你就可以跟我提你的那些建议了。"他的固执是任何人无法改变的，而他的道理又是轻易不好反驳的。有一次，他对医生徐涛说："就你懂得饮食科学？你到我这个年纪未必有我这个身体，我看小地主就比大资本家活得长。"③

1960 年是我国国民经济最困难的一年，毛泽东心情十分沉重，他的话少了，笑容也少了。这一年，毛泽东 7 个月没有吃一口肉。由于长期缺乏营养，毛泽东和很多群众、干部一样得了浮肿病，脚背和小腿的肌肉一时都失去了弹性，一按一个坑，久久不能恢复。周恩来总理一次次地劝说："主席，注意营养啊。"毛泽东摇摇头说："你不是也不吃肉吗？大家都不吃，共渡难关。"宋庆龄闻讯特意从上海赶到北京，亲自给毛泽东送来一网兜螃蟹，毛泽东说："谢谢你，我不能收，我跟工作人员讲了实行三不：不吃肉、不吃蛋、吃粮不超定量。"宋庆龄很受感动，坚持说："螃蟹不是肉，也不是蛋，螃蟹就是螃蟹，你非收下不可。"毛泽东对宋庆龄始终保持着特殊的尊敬，推辞不掉，只好收下，可是，宋庆龄一走，他就把螃蟹送给了警卫战士，自己仍然一口不吃，最终谁也无法改变他不吃肉的决定。④

毛泽东对儿女是极富怜爱之情的，但从不让子女在生活上享有任何特殊。毛泽东常对子女说，我是国家干部，国家按规定给我一定待遇。你们是学生，按规定不该享受的就不能享受。还是恪守本分好，现在这种形势尤其要严格。⑤ 毛泽东一生共有 10 个子女，在艰难困苦的战争年代，幸存下来的只有岸英、岸青两兄弟及李

① 史全伟：《毛泽东与艰苦奋斗》，中央文献出版社 2004 年版，第 232—233 页。

② 《勤俭节约 中华民族的传统美德》，《南都晨报》2020 年 8 月 18 日。

③ 中央文献研究室科研部图书馆：《毛泽东人生纪实》，江苏教育出版社 2003 年版，第 1992—1993 页。

④ 史全伟：《毛泽东与艰苦奋斗》，中央文献出版社 2004 年版，第 262—263 页。

⑤ 李合敏：《毛泽东是怎样教育和要求子女的》，《党史纵览》2019 年第 1 期。

敏、李讷两姐妹。自投身革命以来，毛泽东大部分时间都处于动荡之中，与岸英、岸青兄弟失散多年。1940年李讷降生后，李敏又赴苏联与贺子珍团聚，年近半百的毛泽东多么渴望得到一些儿女亲情的慰藉。因此，他再也不忍心让李讷离开自己，尽管工作繁忙，也没把她送进保育院，而让她在自己身边长大。李讷小时，记不得多少次，毛泽东在紧张工作之余抱着她，轻轻拍打她的后背说："娃娃，我的好娃娃，乖娃娃……"每当这时，李讷用小手搂住父亲的脖子喊："爸爸，我的小爸爸，乖爸爸……"然而，毛泽东却从来不允许子女在生活上有丝毫特殊。新中国成立后，李敏和李讷在育英小学寄宿读书，每星期都要回来过周末，到了那一天，学校就把学生的伙食费退给学生。李敏和李讷对于带回来的伙食费，从来不自己花掉，而是如数交给毛泽东，毛泽东让卫士把钱转交给武象廷。于是，这些钱就作为李敏和李讷星期日回到家中的伙食费，并在管理科上了账。父母对子女有舐犊之情，父母又是子女的第一位老师，毛泽东对子女的严格要求，也是他对青年一代的希望。他希望青年一代做到的，首先要求自己的子女做到。他所耕种的"教育实验田"对于小家虽无五谷丰登，对大家却是功德垂范。

当然，即便如此严格的管理，毛泽东还是避免不了家庭经费透支现象。乡下亲戚进京、穷困的师友求救，甚至身边工作人员的生活困难，他都要关心，多多少少地要从经济上给予接济。这些庞大的开销，不是他的工资所能应付的。于是，毛泽东只好同意从他的稿费中补贴一部分。20世纪五六十年代，为了把好家庭经济关，毛泽东还每月检查家庭开支情况。1953年，毛泽东对王鹤滨说："伙食费用能不能压下来些？"王鹤滨表示很为难。"这么难啊！看样子你非要下狠心向下压不行啦！"毛泽东还是示意要用力把伙食开支的费用降些下来。外地出差，毛泽东也严格掌握标准。庐山会议的第四天，毛泽东对秘书高智说："你与李师傅核计一下，看我的伙食费超支没有，超过了不能补贴。"学会了精打细算的李师傅认认真真地将每一笔账核实统计了一遍，确实没有超

○ 毛泽东交党费记录

过，高智向毛泽东作了如实汇报，毛泽东又叮咛了一句："超过了不能叫当地补贴。"①

　　毛泽东始终认为自己是中南海的一位普通居民，从不谋求任何特权。作为人民的领袖，他清正廉洁、两袖清风，只讲贡献，不求索取。他曾说过："没有条件讲究的时候不讲究，这一条好做到，经济发展了，有条件讲究仍然约束自己不讲究，这一条难做到。共产党人就是要做难做到的事。"② 毛泽东是这么说的，更是这么做的。他用自己伟大而平凡的一生，书写了"共产党人"这四个光彩夺目的大字！

---

① 史全伟：《毛泽东与艰苦奋斗》，中央文献出版社 2004 年版，第 233—234 页。
② 向贤彪：《"讲究"与"将就"》，《决策探索》2017 年第 7 期下。

第三章

博学多思　孜孜不倦

★

　　毛泽东酷爱读书，孜孜不倦的读书生活伴随着他的一生，用他自己的话说是"饭可以一日不吃，觉可以一日不睡，书不可以一日不读"。他在书山学海遨游，他研读马列著作、中外哲学和古今文史书籍，他勤于思考，善于发现，从读书中不断得到解决实际问题的灵感。毛泽东的读书精神、读书方法永远是我们取之不尽的宝贵精神财富。

第一节
★
广收博览

　　广收博览是毛泽东读书的一个最基本的特点。早在 1915 年 6 月 25 日，毛泽东给湘生信中就提出："从前拿错主意，为学无头序……于是决定为学之道，先博而后约"①。毛泽东主张"人的知识面要宽些"。1958 年 9 月，张治中陪毛泽东一起外出视察工作。有一天，在行进的列车中，毛泽东正在聚精会神地看一本冶金工业的书。张治中诧异地问他："你也要钻研科技的书?"毛泽东说："是呀，人的知识面要宽些。"②

　　广收博览，是拓宽一个人知识面的有效方法。1957 年 10 月 2 日，毛泽东给他的秘书林克写信，要他"钻到看书看报看刊物中去，广收博览，于你我都有益。略为偏重一点理论文章，逐步培养这一方面的兴趣，是我的希望"③。

★藏书柜

　　1939 年 1 月 28 日，毛泽东在八路军延安总兵站检查工作会议上作总结讲话时指出："有了学问，好比站在山上，可以看到很远很多的东西。没有学问，如在暗沟里走路，摸索不着，那会苦煞人。"④ 这或许就是毛泽东的经验之谈吧，他之所以比别人站得高一些，看得远一些，眼光更宽广一些，一个重要的原因，就是他有渊博的学问和丰富的知识。

---

　　① 中共中央文献研究室、中共湖南省委《毛泽东早期文稿》编辑组：《毛泽东早期文稿（1912.6—1920.11）》，湖南出版社 1990 年版，第 7 页。
　　② 龚育之、逢先知、石仲泉：《毛泽东的读书生活》，中央文献出版社 2003 年版，第 4—5 页。
　　③ 《毛泽东书信选集》，人民出版社 1983 年版，第 531 页。
　　④ 龚育之、逢先知、石仲泉：《毛泽东的读书生活》，中央文献出版社 2003 年版，第 12 页。

1949 年 6 月 15 日，毛泽东住进北京中南海丰泽园菊香书屋。住进丰泽园后，毛泽东才第一次有了自己真正意义上的书房，他开始了新的读书计划，并不断添置图书。到去世前，毛泽东的个人藏书已达 10 万余册。这些藏书整整齐齐堆码在 36 个两米多高的木制书柜中。毛泽东的居所没有豪华的装饰或摆设，唯独藏书，即使学富五车的专家学者也难能相比。

○ 毛泽东在菊香书屋的藏书柜

从毛泽东的藏书可以大致了解他博览群书的情况。毛泽东的藏书可分为六大类，第一类是马克思主义经典著作，其中包括马克思、恩格斯、列宁、斯大林的全集和选集；第二类是阐释马克思主义原理的各种教科书和理论书籍，如马克思主义政治学教科书、哲学教科书和关于社会主义、社会发展史的理论书籍；第三类是有关中国历史的书，如《二十四史》《资治通鉴》《纲鉴易知录》等；第四类是各种中国古书，从《永乐大典》《四库全书》到各代笔记小说、随笔，从诗词、文论到市井笑话集；第五类是中国近现代的一些名著，如《鲁迅全集》《革命军》等；第六类是工具书，如《辞源》《辞海》《四部备要》《古今图书集成》等。此外还有一些译成中文的世界名著，如《茶花女》《简·爱》《罗密欧与朱丽叶》等。

毛泽东的藏书，有的是从革命战争年代保存下来的，有的是新中国成立后添置的。据 1950 年至 1966 年为毛泽东管理图书报刊的逄先知回忆，1947 年毛泽东撤离延安时，很多东西都丢下了，但是他的书，除一部分在当地埋藏起来以外，大部分，特别是他写了批注的那一些，经过千辛万苦，辗转千里，以后搬到了北京。这些书是毛泽东藏书中最宝贵的一部分。①董必武曾说："毛泽东爱书如命，为我们党也作了一份贡献。许多珍贵的文物和资料，中央机关都没有保存住，毛泽东保存下来了，成为我们党一大笔宝贵的财富。"②

毛泽东不是为收藏而收藏，他的藏书完全是为了使用，如他喜欢中国古书，但他并不追求古版本，在他的藏书中既无宋版书，也极少明版书。毛泽东经常翻阅藏书，读书的范围十分广泛，从马列著作到西方资产阶级著作，从古代的到近代的，从中国的到外国的，包括哲学、经济、政治、军事、文学、历史、地理等各个学科，涵盖社会科学与自然科学的各个领域。

尽管有丰富的藏书，可毛泽东有时觉得还不够用，所以经常派人到图书馆借书。毛泽东借书较多的图书馆是北京图书馆（简称北图）和北大图书馆。北图旧馆离中南海很近，与中南海北大门隔街相望，又是中国最大的图书馆，藏书最多，种类最全，孤本、善本、珍本藏量更是堪称一流，为喜爱读书的毛泽东提供了得天独厚的条件。20 世纪 50 年代初，毛泽东几乎是隔三岔五便要他的图书管理员去北图借书。1958 年，北图换发新的借书证，毛泽东知道后便要秘书给他也办一个。不仅如此，毛泽东每到一个地方还要想方设法借阅当地的地方志来看看，以了解当地的历史情况、地理沿革、文物掌故、风土人情以及古人写的有关当地的诗文等。杭州、上海、武汉、成都、庐山等地图书馆，都留下了毛泽东借书的记录。1959 年 7 月，毛泽东在庐山主持召开中共中央政治局扩大会议。其间，毛泽东请工作人员帮他借了一些书，有清朝同治年间修的《临川县志》《铅山县志》，民国年间

○ 1961 年毛泽东在庐山查阅图书

---

① 参见龚育之、逄先知、石仲泉：《毛泽东的读书生活》，中央文献出版社 2003 年版，第 2 页。

② 孙宝义：《毛泽东的读书生涯》，知识出版社 1993 年版，第 27 页。

吴宗慈编纂的《庐山志》，以及《临川四梦》《桃花扇》等等。①

★樟木书箱

新中国成立后，毛泽东经常到全国各地去调查、视察或是开会，有时一出门就是几个月。书是毛泽东每天必不可少的精神食粮，这样，书就成了毛泽东外出必带的物品。

○ 毛泽东外出时带的樟木书箱

有一年，毛泽东到湖南。湖南省委接待处的同志建议制作几个樟木书箱，因为樟木的气味能够防虫蛀。毛泽东很高兴地答应了。从此，这种长 75.8 厘米，宽 45.8 厘米，高 60.5 厘米的樟木箱子就随着毛泽东走遍了大江南北。

毛泽东每次外出要带的书籍都是他平时在家经常翻阅的，有时，他也亲自开列一个书单。一般情况下，书箱中的书大多是从中南海毛泽东住处挑选的。这些书上有毛泽东阅读时插上的纸条，工作人员在装书、卸书时都保持着在中南海居所的摆放顺序。这样，一到住地，毛泽东就可以像在家里一样，马上找到自己想看的书。1954 年他带着宪法起草小组到杭州，仅有关各种宪法的书就装了两个樟木书箱。

1959 年 10 月 23 日外出视察，毛泽东也指明了要带什么书。当年逄先知记下了外出带书目录：

主席今天外出，要带走一大批书，种类很多，包括的范围很广。他指示要以下一些：马克思、恩格斯、列宁、斯大林的主要著作，诸如：《资本论》、《马恩文选》（两卷集）、《工资、价格和利润》、《哥达纲领批判》、《政治经济学批判》、《反杜林论》、《自然辩证法》、《马恩通信集》、《列宁文选》（两卷集）、《二月革命到十月革命》、《无产阶级革命和叛徒考茨基》、《国家与革命》、《"左派"幼稚病》、《帝国主义是资本主义的最高阶段》、《俄国资本主义的发展》、《进一步，退两步》、《做什

---

① 中共中央文献研究室《缅怀毛泽东》编辑组：《缅怀毛泽东》下，中央文献出版社 1993 年版，第 326 页。

么》、《什么是"人民之友"?》、《无政府主义还是社会主义?》、《列宁主义基础》、《列宁主义问题》、《联共党史》。

《毛泽东选集》全部。

普列汉诺夫:《史的一元论》《艺术论》。

黑格尔的著作。费尔巴哈的著作。

欧文、傅立叶、圣西门三大空想社会主义者的著作。

《西方名著提要(哲学社会科学部分)》。

冯友兰:《中国哲学史》。

《荀子》、《韩非子》、《论衡》、《张氏全书》(张载)、关于《老子》的书十几种。

《逻辑学论文选集》(科学院编辑)。

耶方斯和穆勒的名学(严译丛书本)。

米丁:《辩证唯物论与历史唯物论》。

尤金等:《辩证法唯物论概要》。

艾思奇:《大众哲学》及其他著作。

杨献珍的哲学著作。

苏联《政治经济学教科书》(第三版)。

河上肇:《政治经济学大纲》。

从古典经济学家到庸俗经济学家一些主要著作。

最近几年中国经济学界关于政治经济学的论文选集。

《六祖坛经》《般若波罗蜜多心经》《法华经》《大涅槃经》。

《二十四史》(大字本,全部)。

标点本《史记》《资治通鉴》。

范文澜:《中国通史简编》、吕振羽:《中国政治思想史》。

赵翼:《二十二史札记》。

西洋史(马克思主义观点的)、日本史。

《昭明文选》、《古诗源》、《元人小令集》、唐宋元明清《五朝诗别裁》、《词律》、笔记小说(自宋以来主要著作,如《容斋随笔》《梦溪笔谈》等)。

朱熹:《楚辞集注》《屈宋古音义》。

王夫之关于哲学和历史方面的著作。《古文辞类纂》、《六朝文絜》。

《鲁迅全集》（包括鲁迅译文集）、《海上述林》。

苏联大百科全书选译。

自然科学方面的基本知识书籍。

技术科学方面的基本知识书籍（如讲透平、锅炉等）。

苏联一学者给主席的信（讲社会主义社会矛盾问题的）。

郭沫若：《十批判书》《青铜时代》《金文丛考》。

字帖和字画。

中国地图、世界地图。①

目录共 36 条，计 100 余种，装了十来个箱子，由此可见毛泽东博览群书的精神。毛泽东曾说："我的休息方法，就是一样东西看久了，觉得疲倦了，就放下来，换上另一本再看，兴趣一来，疲倦就打消了。换着看书，就等于休息。"②

★ 《物种起源》

毛泽东十分关心自然科学的发展，在许多方面还有自己独到的见解。

毛泽东的女儿李敏曾这样评价自己的父亲，她说："从细胞学说到进化论，从星云学说到奥林巴体，从化学反应到光合作用，从火成说到水成说，从季风理论到太阳系学说，从牛顿力学到相对论，从量子说到基本粒子，从原子能技术到人造卫星技术，从冶金术到半导体技术，从航海技术到人造卫星技术，从西医到中医，从水利到气象等等，凡是现代科学知识，只要毛泽东能找到的他都研究了。"③

毛泽东曾向斯诺讲述他在湖南一师求学的五年中，"想专修社会科学。我对自然科学并不特别感兴趣"④。但是在新民学会 1921 年的一日常会上，毛泽东改变了看法，"觉得普通知识要紧，现在号称有专门学问的人，他的学问，还止算得普通或还不及。自身决定三十以内只求普通知识，因缺乏数学、物理、化学等自然的基础科学的知识，想设法补足"⑤。在陕甘宁边区自然科学研究会成立大会上，毛泽东更是强调："自然科学是很好的东西，它能解决衣、食、住、行等生活问题，所以

① 龚育之、逄先知、石仲泉：《毛泽东的读书生活》，中央文献出版社 2003 年版，第 21—23 页。

② 《缅怀毛泽东》编辑组：《缅怀毛泽东》，中央文献出版社 1993 年版，第 402 页。

③ 莫志斌、陈特水：《跟毛泽东学读书》，中央文献出版社 2003 年版，第 344 页。

④ 埃德加·斯诺：《西行漫记》，生活·读书·新知三联书店 1979 年版，第 121 页。

⑤ 《新民学会资料》，人民出版社 1980 年版，第 32 页。

每一个人都要赞成它，每一个人都要研究自然科学。""自然科学是人们争取自由的一种武装。……人们为着要在自然界里得到自由，就要用自然科学来了解自然，克服自然和改造自然。"[1] 他还特地给儿子毛岸英、毛岸青写信说："惟有一事向你们建议，趁着年纪尚轻，多向自然科学学习，少谈些政治。政治是要谈的，但目前以潜心多习自然科学为宜，社会科学辅之。将来可倒置过来，以社会科学为主，自然科学为辅。总之注意科学，只有科学是真学问，将来用处无穷。"[2] 在为儿子指导人生方向时，毛泽东的建议是明确的：年轻人在自然科学与社会科学的选择上，先以学习自然科学为主，然后再学社会科学。

毛泽东在中国革命和建设的实践过程中，都很注意挤时间研读自然科学，延安时期如此，新中国成立后更是这样。直到逝世前几年，在视力很差的情况下，他还收藏和阅读一些印成大字本的自然科学书刊，如达尔文的《物种起源》、竺可桢的《物候学》、李四光的《天文、地质、古生物资料摘要》、河上肇的《马克思主义经济学基础理论》等。

毛泽东喜爱读达尔文的著作，1936年他与埃德加·斯诺谈话时，说自己1912年在湖南省立图书馆自学期间就读了达尔文的《物种原始》（又名《物种起源》）。

马克思曾说过："达尔文的著作非常有意义，这本书我可以用来当作历史上的阶级斗争的自然科学根据。"[3] 毛泽东也是从这样的角度看待进化论的，他曾说："中国人被迫从帝国主义的老家即西方资产阶级革命时代的武器库中学来了进化论、天赋人权论和资产阶级共和国等项思想武器和政治方案，组织过政党，举行过革命，以为可以外御列强，内建

○ 达尔文《物种起源》

① 《毛泽东文集》第2卷，人民出版社1993年版，第269页。
② 《毛泽东书信选集》，人民出版社1983年版，第166页。
③ 《马克思恩格斯全集》第30卷，人民出版社1975年版，第574页。

民国。但是这些东西也和封建主义的思想武器一样，软弱得很，又是抵不住，败下阵来，宣告破产了"。① 这失败，不是作为自然科学学说的生物进化论的失败，这个生物学学说被事实证明为真理，是不败的；这失败，是朴素的进化论历史观的失败，由此导致马克思主义世界观和历史观（它以包括进化论在内的重大成就为其自然科学依据）在中国的传播和胜利。②

新中国成立后，毛泽东再次找来《物种起源》阅读。对达尔文的著作，毛泽东的评价是很高的，在自己的著作和谈话中，曾多次谈到达尔文及其进化论。

1957 年，毛泽东在《关于正确处理人民内部矛盾的问题》一文中提出："历史上新的正确的东西，在开始的时候常常得不到多数人承认，只能在斗争中曲折地发展。正确的东西，好的东西，人们一开始常常不承认它们是香花，反而把它们看作毒草。哥白尼关于太阳系的学说，达尔文的进化论，都曾被看作是错误的东西，都曾经经历艰苦的斗争。"③

1974 年英国首相希思访问中国，会见毛泽东时，他送给毛泽东一张达尔文的照片（有达尔文的签名和达尔文自己写的话："这是我的确十分喜欢的一张照片，同我的其他照片比，我最喜欢这一张。"）和达尔文的《人类原始及类择》的第一版。会谈时，毛泽东说："达尔文，世界上很多人骂他。"希思说："但我听说，主席很钦佩达尔文的著作。"毛泽东点头，说："嗯！我读过他的书。帮他辩护的，叫Huxley（赫胥黎）。"④

★ 《物候学》

作为一个农业大国的领导人，毛泽东对气象学非常重视，他不仅关心气象学的发展，而且自己努力学习这方面的知识，如竺可桢的《物候学》，他就认真研读过。

竺可桢是著名的地理学家和气象学家，他对中国气候的形成、特点、区划及变迁等，对地理学和自然科学史都有深刻的研究。1964 年，竺可桢写了一篇重要论文《论我国气候的特点及其与粮食生产的关系》，运用植物学的原理，以太阳辐射总量、温度、雨量三个气候要素为依据，分析我国气候的特点，气候与农作物生产的

---

① 《毛泽东选集》第 4 卷，人民出版社 1991 年版，第 1514 页。
② 龚育之、逄先知、石仲泉：《毛泽东的读书生活》，中央文献出版社 2003 年版，第 89—90 页。
③ 《毛泽东文集》第 7 卷，人民出版社 1999 年版，第 229 页。
④ 龚育之、逄先知、石仲泉：《毛泽东的读书生活》，中央文献出版社 2003 年版，第 92 页。

关系，论述了我国粮食作物在各地区发展的潜力及限度，为改革栽培制度提出了方向性的意见。毛泽东看到此文非常高兴，专门请竺可桢到中南海面谈，对他说："你的文章写得好啊！我们有个农业'八字宪法'（水、肥、土、密、保、工、种、管），只管地。你的文章管了天，弥补了'八字宪法'的不足。"竺可桢则回答说："天有不测风云，不大好管呢！"毛泽东幽默地说："我们两个人分工合作，就把天地都管起来了！"① 谈话中，毛泽东向竺可桢索取近著阅读。竺可桢回去后，将他写的《物候学》等著作送给毛泽东。《物候学》是竺可桢科普创造思想的代表作品。他根据物候学必须服务于农业生产的实际需要，让读者了解什么是物候学

○ 竺可桢《物候学》

的定律及与农业生产的关系、怎样开展物候学研究及发展前景，并广征博引，介绍我国古代的物候学知识及各国物候学的发展等，行文通俗流畅，极富文采。

★《天文、地质、古生物资料摘要》

毛泽东对地质科学也很关心，经常阅读相关书籍。他还曾请李四光帮他收集有关地质科学的资料，并提出想读他写的书。李四光回家后挑了两本有代表性的书（《地质力学概论》和《地质工作者在科学战线上做些什么?》）给毛泽东阅读。据李四光的儿子李林回忆："为了节省毛泽东的时间，让他能少消耗一点精力就可以看到需要看的东西，我父亲决定自己整理一份资料，把地质学说中当时的各种学派观点都包括进去，再加上自己的评论，阐明自己的观点。他用了将近1年的时间，把要写的资料基本上整理完了，一连写了7本书。每写完一本，父亲就让秘书同志

---

① 参见散木：《1964年毛泽东卧室中的三位科学家》，《党史博览》2010年第11期。

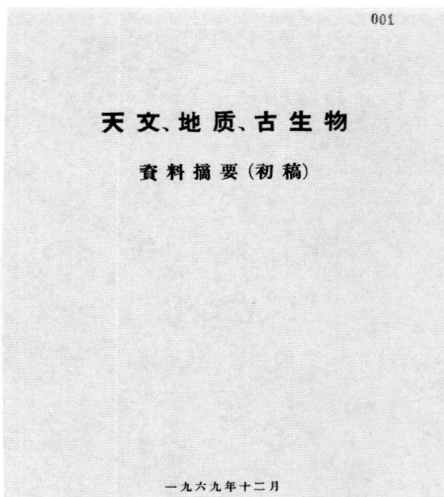

○ 李四光《天文、地质、古生物资料摘要》

马上送到印刷厂去，用大字排版，然后拿回来亲自校对。这 7 本书印好之后，定名为《天文、地质、古生物资料摘要》，送给了毛泽东①"。《天文、地质、古生物资料摘要》是李四光撰写的一部重要的地质科学著作。书中，他引用了大量的天文、地质、古生物等方面的资料，阐述了地质科学在其发展过程中所存在的一些问题，提出了他的一些独特见解。

★《基本粒子的新概念》

1963 年，毛泽东在《自然辩证法研究通讯》（1963 年复刊第 1 期）上读到了日本物理学家坂田昌一的《基本粒子的新概念》一文。在这篇文章的题目前面，毛泽东用铅笔画了三个大圈。在作者的名字下，画了一道。全文在杂志上占八面，几乎每面都画满了横道，夹有一些波纹线和双线。文末的译者名字下面，也画了一道。②显而易见，坂田昌一的文章引发了他对哲学的思考。

1964 年 8 月 18 日，毛泽东在北戴河组织几位哲学工作者谈话，谈到了坂田昌一的这篇文章，赞赏坂田昌一是辩证唯物主义者。同年 8 月 24 日，毛泽东又特地找于光远、周培源到中南海菊香书屋，专门谈坂田的文章，并且比较系统地谈了他对自然辩证法的一些见解。毛泽东说："世界是无限的。世界在时间和空间上都是无穷无尽的。……宇宙从大的方面看来是无限的，从小的方面看来也是无限的。不但原子可分，原子核也可以分，电子也可以分。……因此我们对世界的认识也是无穷无尽的，要不然物理学这门科学不会发展了。"③

当时北京正在举行科学讨论会，坂田昌一作为日本代表团的团长参加了会议。8 月 23 日，毛泽东接见与会的各国科学家时，同坂田握手，并说自己读过他的文章，这令坂田惊喜不已。当时我国有一批物理学家，致力于基本粒子的研究。毛泽东强

---

① 孙宝义：《毛泽东的读书生涯》，知识出版社 1993 年版，第 275 页。
② 龚育之、逄先知、石仲泉：《毛泽东的读书生活》，中央文献出版社 2003 年版，第 102 页。
③ 龚育之、逄先知、石仲泉：《毛泽东的读书生活》，中央文献出版社 2003 年版，第 105 页。

调的基本粒子可分的思想，本是从物理学家那里来的，反过来又影响这批物理学家去认真探索基本粒子以下层次的粒子。

○ 毛泽东接见坂田昌一

毛泽东关于基本粒子的哲学思考引起了世界的关注。诺贝尔物理学奖金获得者格拉肖在 1977 年召开的第七届粒子物理学讨论会上回顾物理学家们逐层深入研究物质结构的历程之后说："我提议把构成物质的所有这些假设的组成部分命名为'毛粒子'（maons），以纪念已故的毛主席，因为他一贯主张自然界有更深的统一。"① 这个建议不仅是对粒子命名的一个具体建议，而且也表达了一个科学家对一个哲学家的深刻见解的认同和敬意。

★《马克思主义经济学基础理论》

作为一个革命家，毛泽东对政治经济学的兴趣更为浓厚。他十分认真地阅读了日本马克思主义理论家河上肇著的《马克思主义经济学基础理论》。这本著作分为上、下两篇，上篇为"马克思主义之哲学的基础"，下篇为"马克思主义经济学的出发点"。毛泽东什么时候开始阅读这部书没有具体的记载，但根据批注内容可以推测毛泽东读此书是在全民族抗战爆发之后。现在保存下来的毛泽东在延安读过并且留有文字批注的哲学书籍，有七种（八本），河上肇著、李达等译的《马克思主义经济学基础理论》（上海昆仑书店 1930 年 11 月第 2 版）

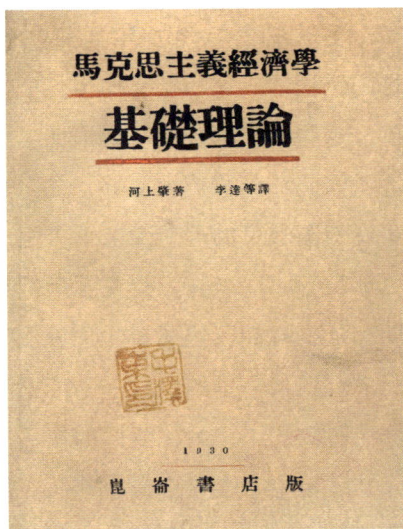

○ 河上肇《马克思主义经济学基础理论》

---

① 孙宝义：《毛泽东的读书生涯》，知识出版社 1993 年版，第 76—77 页。

即为其中之一。① 新中国成立后，毛泽东再次认真阅读这本著作。因此，全书的字里行间毛泽东用铅笔画满了直杠、波浪线、问号等批画符号，可见他对这部书的重视程度。

1960 年 6 月 21 日，毛泽东在会见日本文学代表团的谈话中曾提到，关于马列主义的传播，你们比我们早，我们最先是从日本得到的。你们日本有个教授名叫河上肇，他的政治经济学到现在还是我们的参考书之一。

★英语单词卡片

毛泽东历来重视外语的学习。新中国成立后，他多次提倡干部学习外语并身体力行。1958 年 1 月，他建议在自愿的原则下，中央和省市的负责同志学习一种外国语，争取五年到十年的时间内达到中等程度。1959 年庐山会议期间，他又重申了这一建议。到了 70 年代，他还提倡 60 岁以下的同志学习英语。他曾诙谐地说："我活一天就要学习一天，尽可能多学一点，不然，见马克思的时候怎么办？"② 毛泽东的意思是，只有学好了英语，见了不会说中文的马克思才有可能说上话，才有可能交流思想。

毛泽东是在 1910 年到湘乡东山高等小学堂读书时才知道世界上还有"英语"这门课程的。这一年，他 17 岁。从 1910 年秋到 1918 年夏，毛泽东先后换了五所学校，这些学校都开设了英语课。大概因为他当时的主要精力放在研究国学和社会学上，因此对英语重视不够，并未真正学好。从湖南省立第一师范毕业后，毛泽东为实现救国救民的理想而上下求索，他在湖南创建党的早期组织，积极投身革命实践，更加没有时间来补习英文了。但是，他心中一直怀有学好英语的愿望。在井冈山时期和延安时期，他还自学了一段时间的英语。据曾志回忆：1929 年，我随毛主席到距上杭城百来里的山村——苏家坡，闽西特委就设在这里。毛主席同我们同住在一栋泥砖砌的小楼上，我们的住房与毛主席住房窗口对窗口，中间只隔几平方米的小天井。毛主席在这小楼上养病。他不知从哪里找到两本当时中学生学习用的《模范英文读本》。毛主席每天起码有两次端端正正坐在窗前桌子旁边念《模范英文读

---

① 参见龚育之、逄先知、石仲泉：《毛泽东的读书生活》，中央文献出版社 2003 年版，第 68 页。

② 龚育之、逄先知、石仲泉：《毛泽东的读书生活》，中央文献出版社 2003 年版，第 264 页。

本》。一课一课地念读，一课一课地默写，学得津津有味。①

新中国成立后，毛泽东又萌发了学习英语的念头。虽然工作繁忙，但是毛泽东的学习积极性很高，每天都坚持学习半个小时到一个小时的英语。外出视察或开会时，他就利用坐火车、飞机、轮船的时间来学英语。旅途很辛苦，但毛泽东一学英语就忘记了疲劳。曾为毛

○ 1957 年毛泽东在飞机上学英语

泽东开专机的李恩恕回忆说："毛主席每次上飞机后，首先把书放在茶几上。他在飞机上常看外语书。有一次，毛主席视察回来，飞机已经着陆了。许多领导和群众在机场迎接。可是，左等右等不见毛主席走出飞机。机场上的人都很着急，不知机舱里发生了什么事。原来，毛主席正在聚精会神地学外语呢！"② 随行的摄影师拿起相机按下了快门，拍下了一张珍贵的照片。1957 年 11 月，毛泽东赴苏联参加莫斯科会议，也没有中断过英语学习。

据林克③回忆，50 年代和 60 年代是毛泽东学英语兴致最高的时候。他在国内巡视工作期间，无论是在火车上，还是在轮船上，随时都抓紧时间学英语。有时哪怕只有个把小时也要加以利用。1957 年 3 月 17 日至 20 日，他先后在天津、济南、南京和上海的干部大会上作报告，讲人民内部矛盾问题。当时他的工作很紧张，但在旅途中仍以学习英语为乐趣。1958 年 9 月 10 日至 21 日，他巡视长江流域的湖北、安徽、江苏、上海、浙江等省市，沿途参观工厂、矿山、学校、公社，大部分行程是乘汽车，每天都要乘六七个小时，途中十分辛苦，即使如此，学起英语来仍很有精神。④

20 世纪五六十年代，帮助毛泽东学英语的是他的秘书林克、章士钊的女儿章含之，后来是唐闻生、王海容等人。那时毛泽东熟悉的单词和短语还不多，于是他先

---

① 《缅怀毛泽东》编辑组：《缅怀毛泽东》，中央文献出版社 1993 年版，第 399 页。
② 孙宝义：《毛泽东的读书生涯》，知识出版社 1993 年版，第 37—38 页。
③ 1954 年秋开始担任毛泽东的国际问题秘书，一直到 1966 年。其间，除了秘书工作外，他大部分时间帮毛泽东学习英语。
④ 龚育之、逄先知、石仲泉：《毛泽东的读书生活》，中央文献出版社 2003 年版，第 277 页。

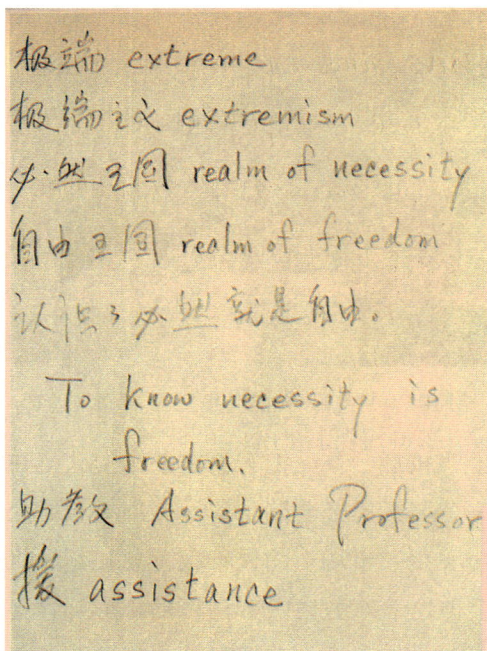

○ 毛泽东学英语用的单词卡片

从阅读英语版的《人民日报》、《北京周报》、新华社的英语新闻和政论文章入手，再逐步学习《矛盾论》《实践论》《莫斯科会议宣言》等的英译本。毛泽东很重视工具书，学英语也是如此，身边经常放着两本字典，一本是《世界汉英字典》（盛谷人编，世界书局 1935 年出版），一本是《英汉四用辞典》（詹文浒主编，世界书局 1939 年出版），以备查阅。每次到外地视察时，他都带着字典走。遇到生疏的单词和短语，他就翻阅英汉或汉英字典，然后在书本空白处密密麻麻地记下来。看到主席如此发奋学习英语，考虑到他工作繁忙，他的英语老师就事先把毛泽东未学的单词抄出来，然后帮他查字典，以卡片的形式抄下来。在主席的遗物中，我们可以看到很多这样的英语单词卡片。

毛泽东把学习英语的重点放在阅读政论文章和马列主义经典著作上，因为这些文章和著作的内容，他非常熟悉，学习时可以把注意力放在句型变化和句子的结构以及英语词类的形式变化上。从英语卡片上"必然王国 realm of necessity""自由王国 realm of freedom""认识了必然就是自由 To know necessity is freedom"等内容可以看出毛泽东在学习过程中非常重视对马列著作的学习。在《共产党宣言》和《矛盾论》的英译本上，他从第一页到最后一页，都做了详细批注。有些著作，他学习过多遍，如《矛盾论》的英译本他就先后学习了三遍，并在封皮的内页记下了三次阅读的时间：一九五六年五月十日开始读第一遍；一九五九年十月三十一日开始读第二遍；一九六一年十月九日开始读第三遍。毛泽东反复强调说："我学英语是为了研究语言，用英语同汉语来比较。如果有机会，我还想学点日文。"① 但由于工作太忙，毛泽东学日语的愿望并没有实现。

---

① 龚育之、逢先知、石仲泉：《毛泽东的读书生活》，中央文献出版社 2003 年版，第 272 页。

第二节
★
不动笔墨不读书

毛泽东很推崇徐特立老师"不动笔墨不读书"的学习方法。所谓"动笔墨"，就是不只是读前人的书，而且要经过认真思考和消化，把自己的心得和看法写下来，其中包括对书中一些观点和思想的引申或点评。毛泽东牢记古人"学而不思则罔，思而不学则殆"的名言，把学与思紧密结合起来，养成了"不动笔墨不读书"的学习方法。

★ 《讲堂录》《伦理学原理》

早在湖南一师读书时，毛泽东就有很多的笔记本，包括听课的，自学的，摘抄的，随感和日记等，积了有好几网篮，都存放在韶山。1929 年国民党军阀何键派人到韶山抄他的家，族人听到风声，就把它们连同毛泽东之前存放的书籍报刊一起烧掉了。一位塾师先生从火堆里抢出一个笔记本、一本教科书。笔记本是一个九行直格本，前面有他手抄的屈原《离骚》《九歌》，后面一部分毛泽东把它题名为《讲堂录》，是 1913 年 10 月至 12 月的听课笔记，主要是修身和国文两门课的内容，也间有读书札记。教科书《伦理学原理》，毛泽东通篇用红黑两色画了大量的圈点、单杠、双杠、三角、叉叉等符号。他还在书中写了近两万字的批语，绝大多数是抒发自己的哲学观、历史观和人生观，以及对原著的引申或批判，小部分是对原著的赞同语和章节提要。

毛泽东读书从不盲从，不迷信书本，他认为读书既要有大胆怀疑和寻根究底的勇气和意志，又要学习和吸收一切正确的东西。他经常引用孟子的话："尽信书，则不如无书。"意思是读书时应该加以分析，不能盲目地迷信书本，不能完全相信它，应当辩证地去看问题。

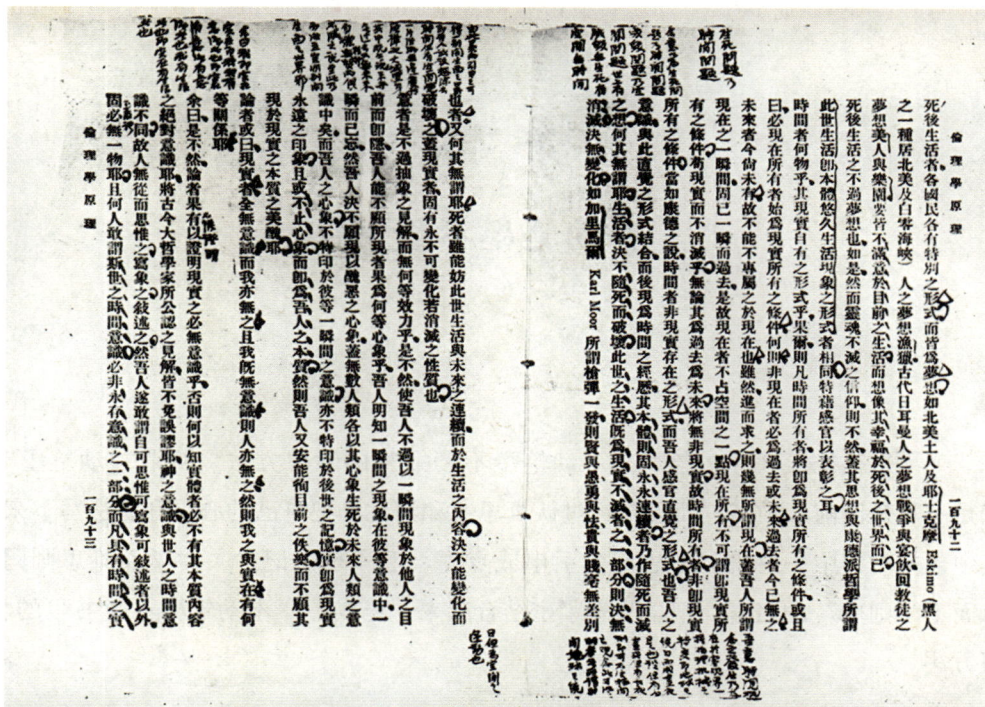

○ 毛泽东在《伦理学原理》中写的批语

1975 年，毛泽东和护士孟锦云谈读书方法时还说："读书，一要读，二要怀疑，三要提出反对的意见。不读不行，不读你不知道呀。凡人都是学而知之，谁也不是生而知之啊。但光读不行，读了书而不敢怀疑，不能提出不同看法，这本书算你白读了。"① 正因为如此，毛泽东在他读过的几乎每一本书上都留有大量批注，标有无数的读书符号，有的还改正了书中的错别字。批注有的是阐明自己的不同意见和看法，有的是对书中的见解表示认可，有的是章节段落的概要，总之页眉页脚以及字里行间都是密密麻麻的批注。

★铅笔、卷笔刀、铅笔盘

毛泽东晚年作批注时一般喜欢用铅笔，很少用毛笔作批注，因为铅笔使用起来方便。毛泽东遗物中有许多种类的笔，其中有毛笔、钢笔、圆珠笔等，但数量最多

---

① 郭金荣：《毛泽东的晚年生活》，教育科学出版社 1993 年版，第 77 页。

的还是铅笔。

毛泽东从韶山启蒙读书开始就用毛笔，养成了爱惜用笔的好习惯，每次用完毛笔后，总要将毛笔用清水洗净，戴上笔帽。毛泽东少年时代用过的毛笔未能保存下来，但他晚年时在北京中南海用过的毛笔却留下来十多支。这些毛笔多出自鸠居堂、青莲阁、朴园等老字号笔店，包括长峰狼毫、羊毫、鸡狼毫、紫毫等多种材质，许多笔杆上刻有"曲水清赏""师万物"等字样。

对于铅笔和毛笔，毛泽东是各有分工的，在一般场合，例如作读书批注、标记和批阅文件时大多用铅笔，题词、写书法时则用毛笔。

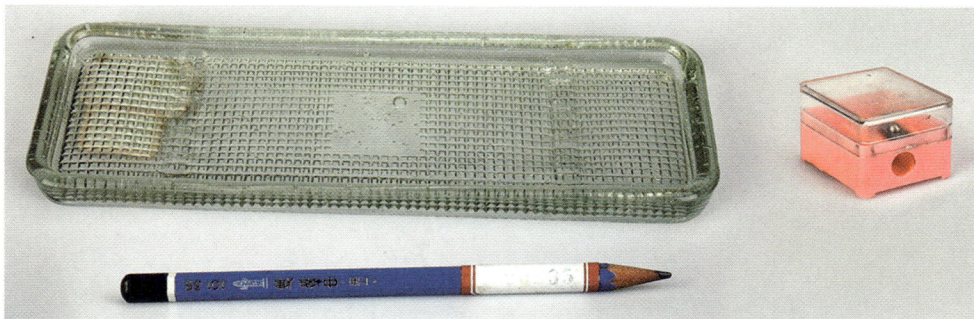

○ 铅笔、卷笔刀、铅笔盘

新中国成立初期，毛泽东读书和看文件时曾一度使用过钢笔。后来，他不再使用钢笔了，可能是因为钢笔没有铅笔用起来简单方便。毛泽东使用的铅笔原来主要是德国生产的，国产的"中华"和"三星"牌铅笔问世后，他就改用国产铅笔了。韶山毛泽东同志纪念馆保存着毛泽东用过的铅笔、卷笔刀、铅笔盘等。毛泽东用过的国产铅笔皆由上海制造；铅笔盘为白色玻璃，内分三格；卷笔刀为上海卷笔刀工厂生产。

毛泽东的办公桌和床头旁的小方桌上总是摆放着许多铅笔。这是工作人员为他削的，摆放在他伸手可及的地方。每天除了用铅笔来批阅文件，毛泽东还用它们在读过的书籍中写下无数的批注。

从毛泽东读过的书中的眉批或记号可以窥见他对某本书的喜爱程度以及他当时的思想。毛泽东一生读过的书不计其数，在书中洋洋洒洒写下不少批语。据不完统计，毛泽东10万余册藏书中，亲自圈画批注过的诗词曲赋有1590首①，其他图书有1.3万余册。毛泽东的读书批注，或密密麻麻，洋洋数千言，或寥寥数字，出语惊人。总之，无论是独特的圈画还是深刻的批注，无一不显示出他那丰富的情感个性、渊博的学识才华和深邃睿智的思想智慧。

20世纪80年代初，人们对北京菊香书屋的藏书进行了整理，发现这些书籍大都留下了珍贵的墨迹，其中写下精辟批注的不下两万种。1991年，这些珍贵图书被中央档案馆收藏，为研究毛泽东生平和思想提供了宝贵的资料。

第三节
★
学以致用

毛泽东读书还有一大特点，那就是学以致用。毛泽东读书的目的是为了认识中国、改造中国、建设新中国，包括改造和完善他自身的主观世界。用毛泽东自己的话说，读书的目的就是理论联系实际，围绕革命与建设实践的需要读书。读史书、哲学书是如此，读马列著作更是如此。

★《二十四史》

毛泽东有着深厚的中国传统文化素养，这得益于他一生对中国历史典籍的浓厚兴趣。早在1916年2月29日，毛泽东在给好友萧子升的信中开列了七十七种古代经、史、子、集的著作，"经之类十三种，史之类十六种，子之类二十二种，集之类二十六种，合七十有七种"。并说，"据现在眼光观之，以为中国应读之书止乎此。苟有志于学问，此实为必读而不可缺"。②

---

① 文益、弋浩仁：《毛泽东读书与写作纪实》，中国社会科学出版社2013年版，第135页。
② 中共中央文献研究室、中共湖南省委《毛泽东早期文稿》编辑组：《毛泽东早期文稿（1912.6—1920.11）》，湖南出版社1990年版，第37页。

毛泽东为什么对中国传统文化如此重视，我们从他在延安在职干部教育动员大会上的一段话中可以得出答案。毛泽东在会上指出："古人讲过：'人不通古今，马牛而襟裾'，就是说：人不知道古今，等于牛马穿了衣裳一样。什么叫'古'？'古'就是'历史'，过去的都叫'古'，自盘古开天地，一直到如今，这个中间过程就叫'古'。'今'就是现在。我们单通现在是不够的，还须通过去。延安的人要通古今，全国的人要通古今，全世界的人也要通古今，尤其是我们共产党员，要知道更多的古今。"①

毛泽东读过的中国典籍内容丰富，范围广泛，从经史子集到稗官小说，可谓无所不读。毛泽东喜欢读古书，但他同那些信而好古、钻到故纸堆里出不来的人大相径庭；同那些言必称希腊、对自己国家的历史一点也不懂或者懂得甚少的人也完全不同。毛泽东阅读读古书的目的是要汲取古书中的精华，并同现实生活相联系，是为现实斗争服务的，也就是我们所说的"古为今用"。

能说明毛泽东读史特点的例子很多，其中以读《二十四史》《资治通鉴》最为典型。

毛泽东经常阅读并作了大量圈画和批注的《二十四史》是清乾隆武英殿版的线装本，于1952年添置。《二十四史》由《史记》《汉书》《后汉书》《三国志》《晋书》《宋书》《南齐书》《梁书》《陈书》《魏书》《北齐书》《周书》《隋书》《南史》《北史》《旧唐书》《新唐书》《旧五代史》《新五代史》《宋史》《辽史》《金史》《元史》《明史》这二十四部史书组成。全书共3200多卷，800多册，近4000万字。《二十四史》上自传说中的黄帝时代，下迄明崇祯十七年，记载了四千多年来中华民族政治、经济、文化、军事、天文、地理等各方面的知识，是一部史料极为丰富的历史巨著。

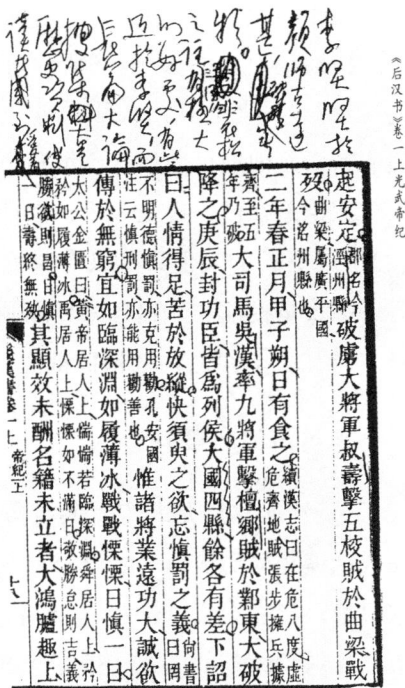

○ 毛泽东在《后汉书》中作的批注

① 《毛泽东文集》第2卷，人民出版社1993年版，第177页。

毛泽东认为研究中国历史，"必须扎扎实实把《二十四史》学好"①。毛泽东从1952 年开始系统地通读《二十四史》，一直到 1976 年他生命的最后岁月。据逄先知回忆：4000 万字左右的《二十四史》毛泽东是通读了的，有些部分不只读过一遍。他认为有意义的人物传记，还经常送刘少奇、周恩来、邓小平、彭真、彭德怀等中央领导人阅读。②《二十四史》中，毛泽东"看得比较多的有《旧唐书》《新唐书》《前汉书》《后汉书》《晋书》《史记》《三国志》《明史》等 16 种。特别是《旧唐书》《新唐书》《晋书》《明史》，看的遍数更多……有些章节毛泽东至少看过五次以上。……特别是"经""传"部分，毛泽东看得多，批注文字也多。③"为了便于阅读查找，他在一些列传、本纪的封面上，用苍劲的笔迹标出传记的人名；绝大多数书中，他都作了圈点、断句；有的封面和天头上画着两三个圆圈的标记，《旧唐书》《新唐书》从头到尾都有圈点勾画，有的地方，他还细心地改正了错字。"④

从 1952 年到 1976 年，毛泽东用 24 年的时间，以顽强的毅力，通读了卷帙浩繁的《二十四史》。在不少册的封面上，有他用不同颜色的笔迹画着多次阅读过的圈记。特别是《晋书》，有三册的封面上写着："一九七五，八"，有五册的封面上分别写着："一九七五，八月再阅"，"一九七五，九月再阅"。这些字迹笔画颤抖，却很清晰，是他逝世前一年亲笔写下的读史记录。

无论是在过去还是今天，即使对于那些专门研究历史的学者来说，能通读一部《二十四史》的人也只是凤毛麟角。看到这翻烂了的书页，断了线的装订，看到他写下的大量批注和作出的种种圈画，毛泽东勤奋读史的形象仿佛就在我们眼前。毛泽东对《二十四史》的精辟批注、评点，已成为我们不可多得的宝贵财富。

★《资治通鉴》

《资治通鉴》是北宋时期司马光及其助手参考正史、野史 300 余种，历时 19 年完成的编年体历史巨著。全书上起周烈王二十三年（公元前 403 年），下迄后周世宗显德六年（公元 959 年），记载了 1362 年的史事，共 294 卷。《资治通鉴》把分散的史料用编年的方式，按时间顺序，叙述各种史事的发展变化，系统完整，脉络

---

① 张贻玖：《毛泽东读史》，中国友谊出版公司 1991 年版，第 23 页。
② 龚育之、逄先知、石仲泉：《毛泽东的读书生活》，中央文献出版社 2003 年版，第 198 页。
③ 陈晋：《毛泽东读书笔记解析》下，广东人民出版社 1996 年版，第 957 页。
④ 陈晋：《毛泽东读书笔记解析》下，广东人民出版社 1996 年版，第 955 页。

清晰。宋神宗读过司马光写的这部史书后，认为它"鉴于往事，有资于政道"，因而命名为《资治通鉴》。毛泽东非常喜欢这部历史著作，1954 年冬，他曾对历史学家吴晗说："《资治通鉴》这部书写得好，尽管立场观点是封建统治阶级的，但叙事有法，历代兴衰治乱本末毕具，我们可以批判地读这部书，借以熟悉历史事件，从中吸取经验教训。"①

《资治通鉴》在一定程度上比较真实地记叙了人民群众的生活和斗争，指出农民的起义是由于"饥寒穷愁"；对封建统治阶级的穷奢极欲，繁刑重敛，也有所揭露。在这部史书中，作者反对宗教迷信，对历史上的自然灾变、天文星象的记载，也能祛除迷信的色彩，这

○ 毛泽东读过的《资治通鉴》

在史学上也是一个重要的贡献。1960 年 12 月 24 日晚，毛泽东在中南海会见古巴妇女代表团和厄瓜多尔文化代表团。在客人提出关于利用中国文化遗产问题时，毛泽东说：中国几千年的文化，主要是封建时代的文化，但并不全是封建主义的东西，有人民的东西，有反封建的东西。要把封建主义的东西与非封建主义的东西区别开来……我们应当善于进行分析，应当批判地利用封建主义的文化，而不能不批判地加以利用。

据毛泽东的护士孟锦云回忆，毛泽东的床头总是放着一部《资治通鉴》，这是一部被他翻烂了的书，有不少页都已脱线，用透明胶贴着，这部书上不知留下了他多少次阅读的痕迹。1975 年的一天，毛泽东还与孟锦云谈《资治通鉴》，他指着桌上的《资治通鉴》问："孟夫子，你知道这部书我读了多少遍？"不等孟锦云回答，他又接着说，"一十七遍，每读都获益匪浅。一部难得的好书噢。恐怕现在是最后

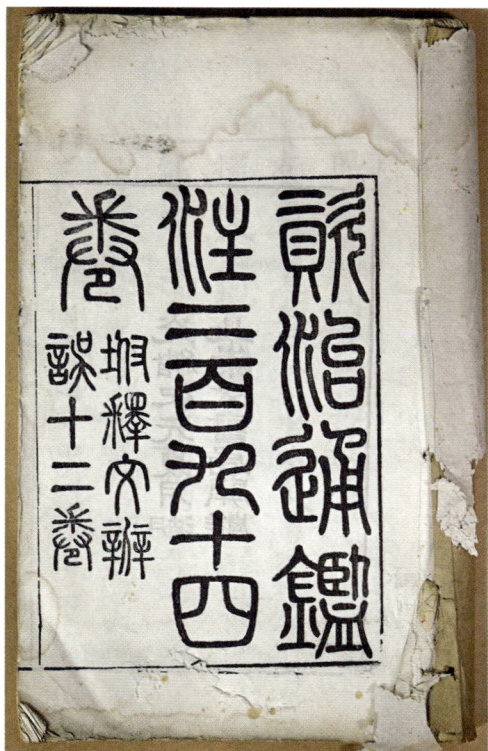

---

① 龚育之、逄先知、石仲泉：《毛泽东的读书生活》，中央文献出版社 2003 年版，第 208 页。

一遍了，不是不想读而是没有那个时间啰。"孟锦云说自己对历史书提不起兴趣，读不进去，毛泽东并不责怪她，并说："中国古代的历史，学问大得很呐，有人觉得中国古代的历史全是糟粕，不值一看。还有一种人，觉得历史上的东西全是精华，包医百病。我看这两种人都有片面性。我的观点是既有精华，又有糟粕，既要继承，又要批判分析"。① "鉴前世之兴衰，考当今之得失，嘉善矜恶，取是舍非"，毛泽东对《资治通鉴》、对中国历史如此钟情，恐怕最主要的原因就在于此了。

★《甲申三百年祭》

我们从毛泽东重视郭沫若的《甲申三百年祭》也可以看出他读中国历史的目的——总结历史经验、以史为鉴。

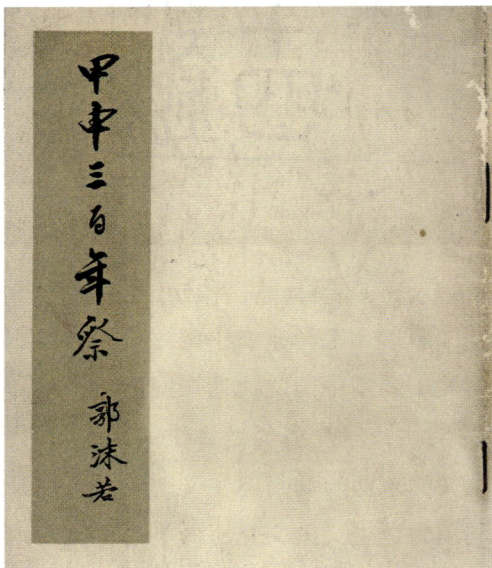

○《甲申三百年祭》

《甲申三百年祭》是郭沫若为纪念明亡三百周年写的一篇史论。这篇论著以马列主义观点，叙述了明末李自成起义军，在攻入北京推翻明朝以后，若干首领生活腐化，发生内耗，以致陷入失败的过程，并分析其失败的经验教训。此文1944年3月19日至22日在重庆《新华日报》的《新华副刊》连载，影响很大。

《甲申三百年祭》发表以后，很快传到延安，受到毛泽东和党中央的高度重视。1944年，毛泽东在《学习和时局》报告中说："我党历史上曾经有过几次表现了大的骄傲，都是吃了亏的。……全党同志对于这几次骄傲，几次错误，都要引为鉴戒。近日我们印了郭沫若论李自成的文章，也是叫同志们引为鉴戒，不要重犯胜利时骄傲的错误。"② 4月18日，延安《解放日报》全文转载《甲申三百年祭》。6月7日，又以中共中央宣传部和军委总政治部的名义联合发出学习通知并印发此文单行本，告诫全党万万不

① 参见郭金荣：《毛泽东的晚年生活》，教育科学出版社1993年版，第75—76页。
② 《毛泽东选集》第3卷，人民出版社1991年版，第947—948页。

可"重蹈李自成的覆辙"。

同年 11 月 21 日，毛泽东还致信郭沫若，信中说："你的《甲申三百年祭》，我们把它当作整风文件看待。小胜即骄傲，大胜更骄傲，一次又一次吃亏，如何避免此种毛病，实在值得注意。倘能经过大手笔写一篇太平军经验，会是很有益的；但不敢作正式提议，恐怕太累你。""你的史论、史剧有大益于中国人民，只嫌其少，不嫌其多，精神决不会白费的，希望继续努力。"① 就在中共中央进驻北平时，毛泽东还不忘郭沫若的《甲申三百年祭》，他对大家说，进京"赶考"必须合格，"我们决不当李自成"。

★ 《共产党宣言》

"马克思这些老祖宗的书，必须读，他们的基本原理必须遵守，这是第一。但是，任何国家的共产党，任何国家的思想界，都要创造新的理论，写出新的著作，产生自己的理论家，来为当前的政治服务，单靠老祖宗是不行的。"② 可以说这是毛泽东对读马列著作的要求的经典表述。

毛泽东是在经过对各种思想流派和革命学说进行探讨和比较之后，才选择了马克思主义的，他一旦认定马克思主义是唯一能救中国的革命真理，便终生坚定不移地信仰马克思主义。从 1920 年读《共产党宣言》起，他就坚持不懈地读马列著作。马克思、恩格斯、列宁、斯大林的基本著作和重要文章，他读了很多，有的还读了好几遍。如著名的《共产党宣言》《反杜林论》《国家与革命》《两个策略》《共产主义运动中的"左派"幼稚病》《帝国主义是资本主义的最高阶段》《资本论》《社会主义从空想到科学的发展》《列宁选集》《政治经济学批判》《苏联社会主义经济问

○《共产党宣言》

---

① 《毛泽东书信选集》，人民出版社 1983 年版，第 241—242 页。
② 《毛泽东文集》第 8 卷，人民出版社 1999 年版，第 109 页。

题》《苏联政治经济学（教科书）》《列宁有关政治经济学论文十三篇》等。毛泽东曾说："《共产党宣言》，我看了不下一百遍，遇到问题，我就翻阅马克思的《共产党宣言》，有时只阅读一两段，有时全篇都读，每阅读一次，我都有新的启发。""读马克思主义理论在于应用，要应用就要经常读，重点读，读些马列主义经典著作，还可以从中了解马克思主义发展过程，在各种理论观点的争论和批判中，加深对马克思主义普遍真理的认识。"[①]

毛泽东重视读马列著作，但他读马列的书，不是照搬其个别词语、结论，而是领悟其精神实质；不是把马列主义当教条，而是结合实际加以运用，使马克思主义中国化，解决中国革命和建设的实际问题。早在 1930 年，毛泽东在《反对本本主义》一文中就强调："马克思主义的'本本'是要学习的，但是必须同我国的实际情况相结合。我们需要'本本'，但是一定要纠正脱离实际情况的本本主义。"[②] 在党的六届六中全会上，毛泽东又指出："马克思列宁主义的伟大力量，就在于它是和各个国家具体的革命实践相联系的。对于中国共产党说来，就是要学会把马克思列宁主义的理论应用于中国的具体的环境。"[③] 在《整顿党的作风》中毛泽东再次强调："对于马克思主义的理论，要能够精通它、应用它，精通的目的全在于应用。如果你能应用马克思列宁主义的观点，说明一个两个实际问题，那就要受到称赞，就算有了几分成绩。"[④]

毛泽东读马列著作就是遵循这一原则的，他把马克思主义理论与中国革命实际结合起来读，用马克思主义理论的基本观点、方法来观察和解决中国实际问题，并总结中国革命实际经验，形成新的理论成果——毛泽东思想。

★ 《国家与革命》《共产主义运动中的"左派"幼稚病》

在马恩列斯的著作中，毛泽东较多地读列宁的著作，这大概是因为他要从列宁的著作中寻找关于殖民地半殖民地国家进行民主革命以及由民主革命向社会主义革命转变的理论，学习和汲取马克思主义哲学思想，以便和中国革命的实际相结合。在列宁的著作中，《国家与革命》《共产主义运动中的"左派"幼稚病》《两个策

---

① 《缅怀毛泽东》编辑组：《缅怀毛泽东》，中央文献出版社 1993 年版，第 400—401 页。
② 《毛泽东选集》第 1 卷，人民出版社 1991 年版，第 111—112 页。
③ 《毛泽东选集》第 2 卷，人民出版社 1991 年版，第 534 页。
④ 《毛泽东选集》第 3 卷，人民出版社 1991 年版，第 815 页。

略》《帝国主义是资本主义的最高阶
段》等是毛泽东读得最多的。

张闻天的夫人刘英曾回忆说："毛
泽东在长征路上读马列书很起劲。看书
的时候，别人不能打扰他，他不说话，
专心阅读，还不停地在书上打杠杠。有
时通宵地读。红军到了毛儿盖，没有东
西吃，肚子饿，但他读马列书仍不间
断，有《两个策略》《"左派"幼稚病》
《国家与革命》等。"① 据延安时期给毛
泽东管过图书的史敬棠回忆，毛泽东在
延安经常读《两个策略》《共产主义运
动中的"左派"幼稚病》。他用的这两
本书还是经过万里长征从中央苏区带来
的，虽然破旧了，仍爱不释手。毛泽东

○《国家与革命》

在这两本书中写了一些批语，有几种不同颜色的笔画的圈、点和杠杠，写有某年某
月"初读"，某年某月"二读"，某年某月"三读"的字样。这说明，到那个时候
为止，这两本书至少已读过三遍了。这两本书早已丢失，这是非常可惜的。②

《国家与革命》是列宁于 1917 年 8 月至 9 月间写的，1918 年 5 月出版。按列宁
原定计划准备写七章。后因十月革命的迫近，第七章《1905 年和 1917 年俄国革命
的经验》没有来得及写，只留下了一个详细提纲。在这一著作中，列宁着重阐明了
马克思主义关于国家问题的最基本的观点。它是列宁系统阐述和发挥马克思主义国
家学说，进一步发展无产阶级革命和无产阶级专政理论的著作。

据逄先知介绍，毛泽东是在 1926 年接触到列宁的《国家与革命》这本书的。
他在这一年已经直接或间接地从别人的引述中，读过列宁的《国家与革命》的部分
内容。从那时起，毛泽东就反复阅读列宁的这篇著作。

---

① 龚育之、逄先知、石仲泉：《毛泽东的读书生活》，中央文献出版社 2003 年版，第 26—27
页。

② 龚育之、逄先知、石仲泉：《毛泽东的读书生活》，中央文献出版社 2003 年版，第 27—28
页。

解放战争时期，毛泽东经常读《国家与革命》，在书的封面上，毛泽东亲笔写上"毛泽东　一九四六年"，在扉页上注明"1946 年四月廿二日在延安起读"①。在"阶级社会与国家"一章中，几乎每句话旁边都画着杠杠，讲暴力革命的地方画的杠杠特别引人注目。毛泽东读这本书的时候，国民党正在积极准备发动全面内战，国内革命战争已不可避免，用革命队伍的暴力推翻、消灭反动派的国家机器，已是决定中华民族前途和命运的头等大事。毛泽东正是在这样的历史背景下，结合中国共产党人肩负的历史使命，重温列宁的这部重要著作的。

《共产主义运动中的"左派"幼稚病》是列宁在 1920 年 4 月写成的。同年 5 月 12 日又增补了一部分。同年 6 月首先用俄文出版，7 月又以德、法、英等国文字相继出版。全书共 10 节，另加增补 5 节。列宁在书中总结了俄国 1905 年、1917 年 2 月、1917 年 10 月三次革命和苏维埃国家成立初期的历史经验，进一步发展了无产阶级政党和无产阶级专政的理论，阐明了马克思主义战略策略的基本原则以及布尔什维克党争取群众的经验。由于这本书内容特别丰富，颇富战斗性，因而成为世界各国共产党人反对"左"倾机会主义的强大思想武器。

毛泽东不仅自己认真读《共产主义运动中的"左派"幼稚病》，还将此书推荐给党内其他同志读，勉励他们也用书中的观点来指导实际的革命斗争。彭德怀在其自述中说，一九三三年，"接到毛主席寄给我的一本《两个策略》，上面用铅笔写着（大意）：此书要在大革命时读着，就不会犯错误。在这以后不久，他又寄给一本《"左派"幼稚病》（这两本书都是打漳州中学时得到的），他又在书上面写着：你看了以前送的那一本书，叫做知其一而不知其

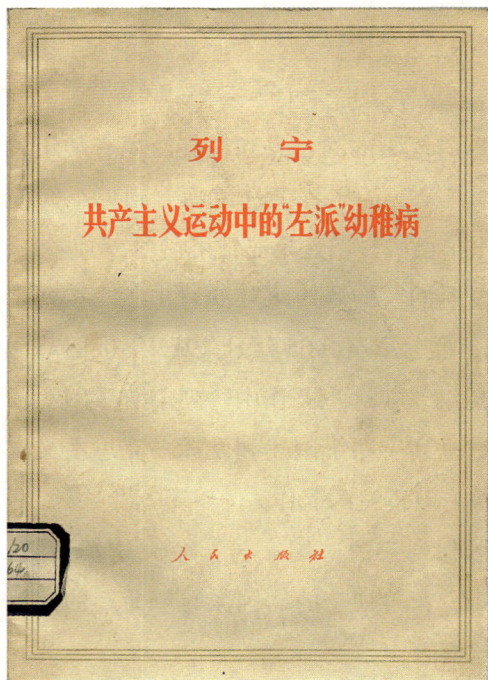

○《共产主义运动中的"左派"幼稚病》

---

① 龚育之、逄先知、石仲泉：《毛泽东的读书生活》，中央文献出版社 2003 年版，第 29 页。

二；你看了《"左派"幼稚病》才会知道'左'与右同样有危害性。前一本我在当时还不易看懂，后一本比较容易看懂些"①。从此可以看出，当时毛泽东结合中国革命的实践经验，对列宁的这两本书有了深刻的理解。一方面，他从理论上认识到大革命失败的原因，就主观方面说，是陈独秀犯了放弃无产阶级对民主革命领导权的右倾机会主义错误；另一方面，从理论上认识了王明"左"倾错误对革命的严重危害性，"左"倾同右倾一样危害革命事业。

　　毛泽东经常将他认为对中国革命和建设有用的马列书籍推荐给党内同志看。如，在党的七大上，毛泽东特别推荐大家读《共产党宣言》《社会主义从空想到科学的发展》《社会民主党在民主革命中的两种策略》《共产主义运动中的"左派"幼稚病》《联（共）布党史简明教程》五本马列著作；在七届二中全会上，毛泽东又提出干部必读的十二本书，即《社会发展史》《政治经济学》《共产党宣言》《社会主义从空想到科学的发展》《帝国主义是资本主义的最高阶段》《国家与革命》《共产主义运动中的"左派"幼稚病》《论列宁主义基础》《联共（布）党史》《列宁斯大林论社会主义建设》《列宁斯大林论中国》《马恩列斯思想方法论》，并"规定三年之内看一遍到两遍"，"如果在今后三年之内，有三万人读完这十二本书，有三千人读通这十二本书，那就很好"②。在现存的档案中，还有当时胡乔木写的这十二本书的目录，毛泽东在这个目录前面加了"干部必读"四个字，并请周恩来即刻印发给参加中共七届二中全会的全体同志。在两次推荐书目中都有《共产主义运动中的"左派"幼稚病》，可见毛泽东对此书的重视程度。

给中央、省市自治区、地、县四级党委委员的信

　　早在1949年6月，毛泽东在《论人民民主专政》中就指出："严重的经济建设任务摆在我们面前。我们熟习的东西有些快要闲起来了，我们不熟习的东西正在强迫我们去做。这就是困难。帝国主义者算定我们办不好经济，他们站在一旁看，等待我们的失败。"③

　　"我们不熟习的东西正在强迫我们去做"，怎么去做呢？那就是边学边做，同时吸取别人的经验教训。新中国成立后，为了加快经济建设，为了学习苏联建设社会

---

①　《彭德怀自述》，人民出版社1981年版，第183页。
②　《毛泽东文集》第5卷，人民出版社1996年版，第261页。
③　《毛泽东选集》第4卷，人民出版社1991年版，第1480—1481页。

主义的经验，毛泽东把读马列著作的重点放在了《资本论》《政治经济学批判》《列宁有关政治经济学论文十三篇》《苏联社会主义经济问题》《马恩列斯论共产主义社会》《政治经济学教科书》等经济学经典著作上。

为了帮助各级领导干部更多地了解马克思主义基本经济理论，纠正错误认识，以指导中国的经济建设，1958 年 11 月，毛泽东在第一次郑州会议期间，特地给中央、省市自治区、地、县四级党委委员同志们写信，号召他们努力读马列经济著作。信中说："不为别的，单为一件事：向同志们建议读两本书。一本，斯大林著《苏联社会主义经济问题》；一本，《马恩列斯论共产主义社会》。每人每本用心读三遍，随读随想，加以分析，哪些是正确的（我以为这是主要的）；哪些说得不正确，或者不大正确，或者模糊影响，作者对于所要说的问题，在某些点上，自己并不甚清楚。读时，三五个人为一组，逐章逐节加以讨论，有两至三个月，也就可能读通了。"并要求他们，"要联系中国社会主义经济革命和经济建设去读这两本书，使自己获得一个清醒的头脑，以利指导我们伟大的经济工作"。①

《苏联社会主义经济问题》一书是斯大林晚年的一部重要著作，是其经济思想的代表作。在世界社会主义运动的初步探索阶段，斯大林的这本书无疑会成为世界社会主义阵营必读的理论著述。该书总结了苏联 30 多年的社会主义经济建设经验，从而在理论与实践的结合上阐述了马克思主义经济学（主要是社会主义部分）中的一些基本原理，诸如政治经济学的研究对象、关于经济规律的性质、关于商品生产问题、关于价值规律、关于国民经济有计划按比例发展的规律问题、关于生产关系一定要适合生产力的规律等。斯大林在书中坚持和发展了马克思主义政治经济学中的一些原理。当然，也存在一些理论上的误区与不符合实际的思想观点。

毛泽东读了《苏联社会主义经济问题》，提出了一些很好的见解："《苏联社会主义经济问题》这本书，我认为正确的方面是主要的，一、二、三章中有许多值得注意的东西，也有一些写得不妥当，再有一些恐怕他自己也没有搞清楚。不要轻易否定这本书。书要从头到尾读，要逐章逐节读，并且进行讨论。单看《有关的经济问题的意见》，不看后边的几封信，有些问题不易了解。"②

毛泽东在给中央、省市自治区、地、县这四级党委委员的信中还说："将来有

---

① 《毛泽东文集》第 7 卷，人民出版社 1999 年版，第 432 页。
② 邓力群：《毛泽东读社会主义政治经济学批注和谈话》上，中华人民共和国国史学会清样本，1998 年，第 25—26 页。

时间，可以再读一本，就是苏联同志们编的那本《政治经济学教科书》。"此书为苏联科学院经济研究所集体编写，1954 年 8 月初版，1955 年 9 月出版第二版，1959 年 9 月出版第三版修订本。它的每个版本都有人民出版社出版的中译本。毛泽东读的是 1959 年 1 月出版的第三版中译本。

1958 年 11 月武昌会议期间，中宣部编印的《宣教动态》第 139 期刊载了《苏联政治经济学教科书第三版的主要修改和补充》一文，毛泽东看后于 11 月 20 日批示："此件值得一阅，印发到会各同志。"① 11 月 21 日，他又在会上说："苏联《政治经济学教科书》第三版的要点，你们看一下。我们这些人，包括我在内，社会主义经济规律是什么东西，过去是不管它的。现在我们真正搞起来了，全国也议论纷纷。斯大林的书，我们要看一下。《政治经济学教科书》也要看，每人发一本，把社会主义部分看一遍。"② 在 12 月召开的八届六中全会上，毛泽东进一步要求大家读苏联《政治经济学教科书》，在他的讲话提纲中，共有 12 个问题，其中第五个问题就是研究政治经济学问题，要求 "研究斯大林（他是第一个研究这个问题的人，虽然有许多缺点和错误）的社会主义政治经济学，苏联第一、二、三版政治经济学教科书，马恩列斯论共产主义社会这样几本书"，并指出 "在目前，研究这个问题有极大的理论意义和现实意义"。③ 1959 年庐山会议初期，在毛泽东拟定的会议要讨论的十八个问题中，头一个问题就是 "读书"，就是读苏联《政治经济学教科书》。他号召："中央、省、市、地委一级委员，包括县委书记，要读苏联《政治经济学教科书》（第三版）。时间三至六个月，或者一年。"④ "学习苏联，要读《政治经济学教科书》，教科书有缺点，但比较完整。"⑤

1960 年 1 月，在上海中央工作会议讨论国民经济计划时，毛泽东再次号召领导干部要学习苏联《政治经济学教科书》，并且肯定了读书小组的办法。毛泽东本人从 1959 年 12 月 10 日到 1960 年 2 月 9 日，就组织了一个读书组，先后在杭州、上海和广州读苏联《政治经济学教科书》。1959 年 12 月 30 日，毛泽东还给小女儿李讷写信，信中就谈及此事："我甚好。每天读书、爬山。读的是经济学。我下决心

① 《建国以来毛泽东文稿》第 7 册，中央文献出版社 1992 年版，第 551 页。
② 龚育之、逄先知、石仲泉：《毛泽东的读书生活》，中央文献出版社 2003 年版，第 154 页。
③ 《建国以来毛泽东文稿》第 7 册，中央文献出版社 1992 年版，第 638 页。
④ 《毛泽东文集》第 8 卷，人民出版社 1999 年版，第 75 页。
⑤ 《毛泽东文集》第 8 卷，人民出版社 1999 年版，第 76 页。

○ 1959 年毛泽东等在杭州研读苏联《政治经济学教科书》（第三版）

要搞通这门学问。"① 毛泽东当年的秘书林克也参加了这一读书活动，据他的日记所载，毛泽东于 1959 年 12 月 10 日在杭州开始读这本书，时间安排在每天下午，进度是每天边读边议 10 页左右，少则 5 页，多则 19 页，除星期天休息外，从未间断。到 2 月 5 日至 9 日，在广州读完了全书。②

过去人们以为毛泽东有个关于读苏联《政治经济学教科书》的读书笔记，其实毛泽东本人没有写读书笔记。只是在边读边议时，他发表了许多谈话，参加读书的同志将他的谈话整理成了笔记的形式。1960 年 3 月 7 日，周恩来致毛泽东的信中曾说："送上胡绳同志在我们学习时作辅导用的笔记二本，请阅。这里头的话，都是主席在阅读政治经济学教科书时讲的，现在用笔记形式写出，我们已告诉参加学习同志，只能在省、市委书记处和各部、委党组中学习使用，不下传。"③ 现在保存下来的谈话记录有两个本子，一本名为《读〈政治经济学教科书〉下册的笔记》，一本是《读苏联〈政治经济学〉社会主义部分的谈话记录稿》。前者将毛泽东的谈话

① 《建国以来毛泽东文稿》第 8 册，中央文献出版社 1993 年版，第 637 页。
② 龚育之、逄先知、石仲泉：《毛泽东的读书生活》，中央文献出版社 2003 年版，第 156 页。
③ 龚育之、逄先知、石仲泉：《毛泽东的读书生活》，中央文献出版社 2003 年版，第 179 页。

按问题做了归纳，加了小标题。后者以苏联《政治经济学教科书》的章节顺序，按边读边议形式，记录了毛泽东的谈话。

毛泽东读苏联《政治经济学教科书》时发表的意见，反映了毛泽东本人和党中央对中国社会主义经济建设问题的艰辛探索，提出了许多富有创造性的思想，是我们今天建设中国特色社会主义值得珍视的宝贵财富。

★给刘少奇的信

在中国革命和建设中，只要碰到不懂的问题，毛泽东就会虚心向书本学习。搞经济建设是如此，制定宪法更是如此。

随着国民经济的恢复和大规模经济建设的到来，进一步加强政治建设的任务被提到日程上来，那就是制定宪法。1953 年 12 月，过渡时期总线路宣传提纲审定工作一结束，毛泽东便立即投入宪法起草工作中来。

起草宪法，这是毛泽东平生第一次。为了把这项工作做好，毛泽东广泛阅读和研究了世界各国宪法，有中国的，有外国的；有社会主义国家的，有资本主义国家的；有进步的，有反动的。他认为制定中国宪法，参照别国宪法和中国历史上有过的宪法是完全必要的。人家好的东西，结合中国国情，加以吸收；不好的甚至是反动的东西，也可以引以为戒。

在学习过程中，毛泽东特别注意研究和借鉴 1918 年颁布的《俄罗斯社会主义联邦苏维埃共和国宪法（根本法）》、1936 年颁布的苏联宪法以及斯大林《关于苏联宪法草案的报告》，此外他还注意参考一些人民民主国家的宪法。据当时为宪法起草小组做资料工作的史敬棠回忆："社会主义类型的宪法，毛主席看了一九一八年苏俄宪法、一九三六年苏联宪法、东欧国家的宪法。一九一八年苏俄宪法，把列宁写的《被剥削劳动人民权利宣言》放在前面，作为第一篇。毛主席从中受到启发，决定在宪法总纲的前面写一段序言。"[①] "序言"这个形式，是中华人民共和国宪法的一个特点，一直保持到现在。

对于资本主义国家的宪法，毛泽东也做了比较研究。他对资产阶级宪法和资产阶级民主，采取历史唯物主义的态度，不是一笔抹杀。在几个主要资本主义国家的宪法中，毛泽东比较看重 1946 年《法兰西共和国宪法》，认为它代表了比较进步、

---

① 逄先知、金冲及：《毛泽东传（1949—1976）》上，中央文献出版社 2003 年版，第318—319 页。

比较完整的资产阶级内阁制宪法。

至于中国历史上的宪法，毛泽东对清朝末年以来的历次宪法，都进行了认真的阅读和研究，他评价说："从清末的'十九信条'起，到民国元年的《中华民国临时约法》，到北洋军阀政府的几个宪法和宪法草案，到蒋介石反动政府的《中华民国训政时期约法》，一直到蒋介石的伪宪法。这里面有积极的，也有消极的。比如民国元年的《中华民国临时约法》，在那个时期是一个比较好的东西；当然，是不完全的、有缺点的，是资产阶级性的，但它带有革命性、民主性。这个约法很简单，据说起草时也很仓卒，从起草到通过只有一个月。其余的几个宪法和宪法草案，整个说来都是反动的。"①

1953 年 12 月 24 日，毛泽东带着宪法起草小组的几个成员陈伯达、胡乔木、田家英等乘专列离开北京，于 27 日到达杭州。在出发前毛泽东还准备了有关各种宪法的书，装了两樟木箱子搬到杭州。当时负责安排毛泽东一行住所的浙江省委书记谭启龙回忆说："当时毛主席住在刘庄一号楼，每天午后 3 点，他便带领起草小组驱车绕道西山路，穿过岳王庙，来到北山街 84 号的办公地点。当时北山街 84 号大院 30 号是由主楼和平房两部分组成，主楼先前是谭震林一家居住的，谭震林调到上海后，我家搬进去了。我们让出后，毛主席就在平房里办公，宪法起草小组在主楼办公，往往一干就是一个通宵。"②

毛泽东不仅自己努力学习各国宪法，而且还要求参加讨论宪法稿的中央政治局委员也要努力学习各国宪法，1954 年 1 月 15 日，毛泽东就修改宪法问题给刘少奇写信，特地开列了一个关于中外各类宪法的书目，共 10 种，要中央政治局委员和在京的中央委员抽时间阅读。他在信中指出：为了在二月间政治局便于讨论计，望各政治局委员及在京各中央委员从现在起即抽暇阅看下列各

○ 1954 年毛泽东在杭州修改宪法草案

① 《毛泽东文集》第 6 卷，人民出版社 1999 年版，第 325—326 页。
② 浙江省毛泽东思想研究中心、中共浙江省委党史研究室：《毛泽东与浙江》，中共党史出版社 1993 年版，第 5 页。

主要参考文件：（一）一九三六年苏联宪法及斯大林报告；（二）一九一八年苏俄宪法；（三）罗马尼亚、波兰、德国、捷克等国宪法；（四）一九一三年天坛宪法草案，一九二三年曹锟宪法，一九四六年蒋介石宪法；（五）法国一九四六年宪法。①

第四节

★

持之以恒

持之以恒也是毛泽东读书的一个鲜明特点。早在 1938 年 8 月 22 日，毛泽东在中央党校讲话时就说："你学到一百岁，人家替你做寿，你还是不可能说'我已经学完了'，因为你再活一天，就能再学一天。"② 毛泽东常说的一句话是"饭可以一日不吃，觉可以一日不睡，书不可以一日不读"，可以说毛泽东是"活到老，学到老"的典范。

早在读私塾时，毛泽东除了白天学习，晚上帮父亲算完账后，还要躲在桐油灯下偷偷地看上一会儿书。特别是他停学务农期间，更是抓紧一切时间来读书。白天参加繁重的体力劳动，晚上还要记账、算数，可他总忘不了睡觉前要读点书。在革命战争年代，行军打仗是每天的主要任务，而且时刻处在被敌人偷袭和包围的危险之中，可就是在这段时间里，毛泽东为了革命的需要，还是坚持读了大量的马列著作，并写下不少理论著作，如《中国社会各阶级的分析》《湖南农民运动考察报告》《井冈山的斗争》《中国的红色政权为什么能够存在?》《星星之火，可以燎原》《反对本本主义》《论持久战》《抗日游击战争的战略问题》等。

新中国成立后，毛泽东每天都要处理党和国家的事务，工作十分辛苦，可就是在这种情况下，毛泽东仍然不忘"挤"时间来读书，他把读书当作一种休息，所以他挤吃饭的时间、挤睡觉的时间、挤节假日的时间、挤旅途中的时间，哪怕就是卧

---

① 《建国以来毛泽东文稿》第 4 册，中央文献出版社 1990 年版，第 437—438 页。
② 龚育之、逢先知、石仲泉：《毛泽东的读书生活》，中央文献出版社 2003 年版，第 18 页。

病在床，他都要争分夺秒，手里总是捧着心爱的书本。毛泽东之所以在任何情况下都能坚持读书，主要是靠他"挤"和"钻"的精神。在延安时期，毛泽东就提倡要在工作、生产的百忙之中，以"挤"的方法获得学习时间，以"钻"的精神求得问题的了解和深入。他还曾与一师的同窗老友萧三说："大家总是推忙得很，学习不可能……我自己过去也总是这样推诿，但近几年这种理论推倒了。忙就要挤，比之木匠在木板上钉钉子，就可以挤进去的……"在中国共产党第八届中央委员会扩大的第三次全体会议上的讲话中，毛泽东又指出："我们要振作精神，下苦功学习。下苦功，三个字，一个叫下，一个叫苦，一个叫功，一定要振作精神，下苦功。我们现在许多同志不下苦功，有些同志把工作以外的剩余精力主要放在打纸牌、打麻将、跳舞这些方面，我看不好。应当把工作以外的剩余精力主要放在学习上，养成学习的习惯。"①

就是到了晚年，毛泽东的身体日渐衰弱，病魔缠身，视力也减退了，可他读书的精神丝毫未减，追求知识的欲望也不见低落，仍然以惊人的毅力坚持天天读书。

★军用毛毯、提花毛毯

毛泽东的床不仅用来睡觉，还用来办公、看书，特别是晚年，毛泽东在床上办公、看书的时间比睡觉的时间长得多。据毛泽东的保健医生王鹤滨推断，主席睡硬板床可能是便于放书。因为睡软床时，由于床面的变动，那些书是无法有秩序地叠在那里的，人在床上翻身，叠好的书便会倒塌。同时，主席有躺在床上看书的习惯，软床是不能很好地完成这一任务的。②

毛泽东一生都睡木板床，他的床普通、宽大，而且一边高，一边低，高的一边睡觉，低的一边摆书，这些摆放在床上的书都是他平常最喜欢看的。据周福明回忆，床上那三摞书中紧挨主席睡觉那边的一排与主席是形影不离的，外出任何一个地方，无论路程远近，不管时间长短，不用开书单，周福明必须专门用个小箱子单独地把它们全部随身带上，每到一个地方首先把它们摊开，像在家一样摆在主席睡觉的床铺上。就连每次外出主席坐火车这段工夫，周福明也要把这些书按次序在卧铺上摆好。这排书从主席睡觉的枕头旁到脚底的顺序大致是这样的：枕头旁是摆地图，主席阅读古今中外的书籍时涉及地名的，他都要搞清楚地名的方位。《中国地图集》

---

① 《毛泽东选集》第 5 卷，人民出版社 1977 年版，第 478—479 页。
② 孙宝义：《毛泽东的读书生涯》，知识出版社 1993 年版，第 37 页。

《世界地图集》《中国历史地图集》《中国分省新地图》《中国分省新图》就是供他随时查找的；接下来是诗词方面的，像《诗韵》《诗韵释要》《词综》《杨万里七绝钞》《唐诗别裁》《宋诗别裁》《元诗别裁》《明诗别裁》《清诗别裁》《清诗评注读本》等；然后是鲁迅的书籍，像《朝花夕拾》《两地书》《野草》《书信》《故事新编》《且介亭杂文末编》；最后就是马、恩、列、斯的书和他自己的书，有《共产党宣言》《家庭私有制和国家的起源》《国家与革命》《怎么办》《论反对派》《毛泽东选集》《毛主席的四篇哲学著作》《毛主席诗词三十七首》《毛主席诗词三十九首》等等。①床上的书全部算起来大概有几百册，三排一摞一摞地摆放着，有的足有一二尺高。

看书的时候主席又把它们有的摊开，有的堆起，表面看起来似乎显得非常凌乱，其实在主席的头脑里书是怎么码放的，从哪拿这本，从哪拿那本，全都清清楚楚，井然有序。卫士在换床单时要特别仔细，对这些书籍一定要按着主席码放的样子，一本不差地恢复原样。②

○ 毛泽东用过的军用毛毯

长时间躺在床上看书、办公会感觉到疲累，为了增加些舒适感，毛泽东经常会在床头的位置垫上两块毛毯。一块是他战争年代用过的军用毛毯，纯绿色，羊毛质地，长212厘米，宽170厘米；一块是提花毛毯，为北京开源呢绒厂生产，"阳羊牌"商标，长209厘米，宽145厘米，正面中间为白色，四周有黄、绿、红、白相间的树叶图案。

○ 毛泽东用过的提花毛毯

---

① 亓莉：《毛泽东晚年生活纪事》，中央文献出版社2004年版，第106—107页。
② 亓莉：《毛泽东晚年生活纪事》，中央文献出版社2004年版，第108—110页。

★热水袋、暖手炉、护膝、大毛巾

冬天，毛泽东在家办公、看书，由于坐的时间长了也会感觉到冷。据周福明回忆，遇到这种情况，主席从不说拿件衣服穿在身上，而是用毛巾这搭一块，那搭一块，身上哪个部位感觉冷就往哪个部位搭。这样搭起来容易，拿下来方便，免了穿脱衣服的时间。为了让主席把毛巾搭在身上方便，周福明除在他的沙发上摆了不少的毛巾外，还把毛巾缝成二合一的和四合一的。[①] 除此之外，卫士们还想方设法，给他准备护膝、套袖，保护关节，或用热水袋、暖手炉来给他取暖。暖手炉为铁质的，内有铁夹和炭粉条，利用炭粉条发热取暖。热水袋由北京橡胶总厂出品，"双鹿"商标，绿色橡胶制成，长 37 厘米，宽 19 厘米。一般情况下，工作人员会为毛泽东准备三个热水袋，在脚、手、背上各用一个。

○ 毛泽东冬天看书时用的热水袋、暖手炉、护膝、大毛巾

★放大镜、大字本书

毛泽东晚年视力有所下降，为了坚持学习，他就借助眼镜、放大镜看书，后来还用自己的稿费排印了部分大字书。

毛泽东不喜欢戴眼镜，除了看节目看戏非戴不可，平时看书他习惯用放大镜。

---

① 亓莉：《毛泽东晚年生活纪事》，中央文献出版社 2004 年版，第 64 页。

20 世纪 60 年代周福明到毛泽东身边时，毛泽东用的还是 1951 年九三学社送给他的那把放大镜，镜框与镜把是用象牙精制而成的。1963 年"五一"前后，毛泽东带着这个放大镜来到上海。5 月的上海，气候湿润，毛泽东从北京带到上海的这把放大镜因

○ 放大镜

为温湿度变化过大而突然破裂了。当时，放大镜破裂处正在手柄上，手柄坏了就没法再用。这对于毛泽东身边的工作人员来说是一件大事，因为这将直接影响毛泽东的办公、看书。于是，卫士周福明马上通过上海警卫处与当地的仪表局取得了联系。

周福明后来回忆说：我们是利用主席睡觉的时间将放大镜拿去修理的。大概是上午 9 点来钟去的，主席已经睡觉了。到了厂里，我跟他们说，这是外宾的一个放大镜，今天下午外宾要坐飞机走。但是，放大镜上有字，可以说明是毛主席用的。怎么办呢？我就用白胶布缠了好几道。我担心主席起床后要用放大镜，就跟他们说外宾下午就要离开上海，我下午 2 点钟必须拿回来。他们说可以，能办得到。我走后他们把胶布打开了，一看是毛主席的，就把光测了，有一个仪表厂测。他们根据主席的年龄还把放大镜修正了一点。12 点多一点就来电话说修好了，我们取了回来，白胶布还包得好好的。

让周福明没有想到的是，四个多月后，也就是国庆节前夕，毛泽东收到了上海仪表局送来的一份国庆献礼——两个崭新的放大镜。上海工人师傅还给毛泽东写了一封信。这两个放大镜的镜框和镜把是用塑料做的，比起九三学社赠送的大出三分之二，两个放大镜大小相等，倍数也一样，只是在镜把上有所区别，一个圆形，一个葫芦形。毛泽东用上新放大镜，颇为满意。这两把放大镜，一把放在书房里，一把放在卧室里，毛泽东随手可以取用。

长时间用放大镜读书是很吃力的，为了更好地读书，毛泽东提出将他平时喜欢读的书印成 16 开的大字本。这样，他阅读起来就感到轻松多了。

毛泽东看过的大字本书籍，既有马列著作，也有中外哲学，还有中国古代文史典籍。1963 年 7 月 1 日，毛泽东在中南海颐年堂召集陆定一、萧华、许立群等开会，提出出版一批马恩列斯的经典著作，供干部阅读，并印一部分大字本。8 月 14 日，毛泽东又专门为印大字本书的问题指示周扬，嘱咐封面不要用硬纸，大书（例

如《唯物主义与经验批判主义》《反杜林论》）过去例作一卷或两卷，现应分装四卷或八卷，使每卷重量减轻。毛泽东的这些要求都来自于自身的经验和体会，是为了更方便所有老干部阅读。

★ 单腿眼镜

在毛泽东的遗物中，有两副非常奇特的老花眼镜，奇特在于一副没有左眼镜腿，一副没有右眼镜腿。

晚年的毛泽东身体大不如前，但他的学习兴致丝毫未减。然而戴着眼镜侧卧看书是很不舒服的，时间一长，太阳穴就被眼镜腿压出深深的凹痕。细心的工作人员为了减轻主席读书的痛苦，便找北京王府井大明眼镜房配制了两副单腿眼镜。为毛泽东制作单腿眼镜的师傅叫李权芳。因为市面上没有专门的单腿眼镜架，他只好选择了两副普通的眼镜架，拆掉了其中的一条镜腿。但是眼镜的镜片质量却很好，是从香港购买的。[①]

○ 单腿眼镜

从此，毛泽东用上了独具特色的单腿眼镜。这样，当毛泽东朝左侧躺时就戴没有左腿的眼镜，朝右侧躺时就戴没有右腿的眼镜，彻底解决了眼镜腿压迫太阳穴的问题。毛泽东试戴后非常满意。

★ 《容斋随笔》

20 世纪 70 年代，毛泽东的身体状况越来越差，到 1976 年，他说话已很吃力，只能从喉咙里发出一些含糊不清的词语，肺心病也在困扰着他，他已完全不能自己进食，只能在鼻子下面插上氧气管和鼻饲管，以此维持着他的生命。

就是在这样的情况下，他读书的热情也丝毫未减，追求知识的愿望也不见改变，仍然以惊人的毅力坚持天天读书。1976 年的毛泽东读书、办公基本上都卧床进行。他让工作人员找出他平时喜欢读的书，放在大木床上。一堆堆散发着阵阵墨香的书

---

① 韶山毛泽东同志纪念馆：《毛泽东遗物座谈会会议记录》，内部资料。

籍，陪伴着他度过了一个个不眠之夜。就这样，他卧床重读了部分《二十四史》《鲁迅全集》以及其他书刊，如《考古学报》《历史研究》《自然辩证法》等杂志。

1976 年 8 月下旬，也就是毛泽东辞世前半个月，他突然向工作人员提出要看《容斋随笔》。但书架刚刚调整过，工作人员一时找不到，只好向北京图书馆特借室求助。

北京图书馆特借室成立于 20 世纪 60 年代末，是专门为毛泽东等中央领导查找图书成立的办事小组。35 分钟后，北京图书馆特借室传来了好消息：已从柏林寺书库找到大字本《容斋随笔》。柏林寺书库在北京东城区北桥附近孔庙东侧，距中南海约 8 公里。10 时 50 分，大字本的《容斋随笔》就送到了毛泽东病床前。

然而当时毛泽东已无法独自阅读这本书，他的手颤抖得厉害，没有了力气，但还是想自己捧着书来看。此情此景，令工作人员不禁热泪长流。最后，还是由工作人员坐在床头，捧着这本书，为毛泽东一页一页地读着书中那无数精彩的篇章。同年 8 月 30 日，上海人民出版社的《容斋随笔》大字本也赶印了出来。8 月 31 日，这本书就送到了毛泽东的住地。这时的毛泽东已经病情危重，再也不能读这部还散发着油墨香的书了。

根据当时为毛泽东管理图书的徐中远回忆，毛泽东生前要的最后一本书就是《容斋随笔》，时间是 1976 年 8 月 26 日。毛泽东最后一次读书的时间是 1976 年 9 月 8 日，也就是临终前的那一天的 5 时 50 分，是在医生抢救的情况下读的，共读了 7 分钟。[①]

毛泽东最初从什么时候开始读《容斋随笔》还不太清楚，但从他 1944 年 7 月 28 日给谢觉哉的信里可以知道，他当时手里已经有一本《容斋随笔》了。当时信中这样写道："《明季南北略》及其他明代杂史我处均无，范文澜同志处或可找得，你可去问讯看。《容斋随笔》换一函送上。其他笔记性小说我处还有，如需

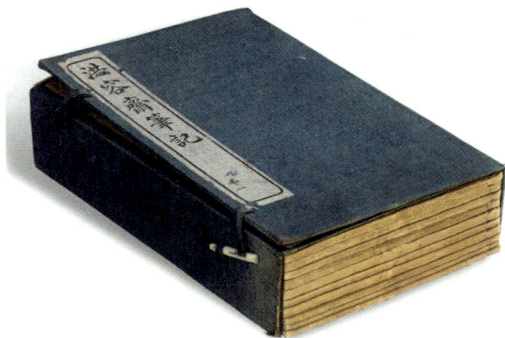

○《容斋随笔》

---

① 龚育之、逄先知、石仲泉：《毛泽东的读书生活》，中央文献出版社 2003 年版，第 19 页。

要，可寄送。"① 谢觉哉是湖南宁乡人，与毛泽东是老乡，在延安的中共高层领导人物中，他是中国古代文学修养最高的干部之一。范文澜则是著名的历史学家，当时正在中共中央宣传部工作，主要是从事著述。这两个人都是毛泽东在延安时期的朋友。

信中提到的《容斋随笔》是南宋著名文学家洪迈撰写的一本涉及经史百家、文学艺术及当时掌故、人物、世风等的笔记，实际上是"随笔"汇集，分《随笔》《续笔》《三笔》《四笔》《五笔》五集。此书融知识性、趣味性、思想性于一体，读起来轻松愉快，展卷有益。毛泽东一生对此书爱不释手。在战争年代毛泽东丢失了不少书籍，但这本书同他读过的马列著作、哲学书籍、鲁迅全集等书刊一起一直带在身边，后来辗转到了中南海丰泽园菊香书屋。

新中国成立后，毛泽东外出开会或视察工作时，还常在工作间隙读《容斋随笔》。如前面提到的 1959 年 10 月 23 日外出带出目录中就有《容斋随笔》《梦溪笔谈》等自宋以来的多种笔记小说。20 世纪 60 年代，毛泽东先后两次要过《容斋随笔》，一次是 1966 年 11 月，这一次是他让把他以前看过的那部《容斋随笔》两函 14 册全送上。一次是 1967 年 9 月 23 日，这一次要的不是全书，只要了《五笔》两册。② 到了 20 世纪 70 年代，他还几次看过《容斋随笔》。

看到他老人家留下的单腿眼镜、放大镜、大本书，我们会不由地想起他在延安的一段演说："我如果再过十年死了，那末就要学九年零三百五十九天。"③ 他以自己的实践，实现了五十多年前的诺言。直到心脏快要停止跳动的时候，才永远地告别了孜孜不倦的读书生涯……

---

① 《毛泽东书信选集》，人民出版社 1983 年版，第 235 页。

② 孙宝义：《毛泽东的读书生涯》，知识出版社 1993 年版，第 130 页。

③ 龚育之、逄先知、石仲泉：《毛泽东的读书生活》，中央文献出版社 2003 年版，第 19 页。

第四章

重情执理　公私分明

★

　　毛泽东挚爱亲友，尊老爱幼，把严格要求融入深深的关爱之中。他对同志充满无微不至的关怀，对战友有着风雨同舟、生死与共的情谊。他广交朋友，珍惜友谊，情深意切，有礼有节，堪为后世典范。

第一节
★
亲情依依

虽身为领袖，但毛泽东也和普通人一样，为子女的成长忧心。他曾语重心长地说："我很担心我们的干部子弟，他们没有生活经验和社会经验，可是架子很大，有很大的优越感。要教育他们不要靠父母，不要靠先烈，要完全靠自己。"① 他也为亲属的困难焦虑，用自己的稿费资助他们。他爱他们，但从不利用自己的权力去为他们谋取任何利益。

★给儿子的信及保存的岸英遗物

毛岸英、毛岸青和毛岸龙三兄弟，是毛泽东与杨开慧的儿子，这三个孩子出生的时候，毛泽东正在全身心领导开展革命活动。1922 年 10 月 24 日，长子毛岸英出生，他从小跟着父母四处奔波：1924 年到上海，1925 年回韶山，1926 年去广州。之后，又赴长沙、奔武汉。在动荡的岁月里，毛岸青和毛岸龙也相继出生。1927 年大革命失败后，毛泽东将杨开慧和三个孩子秘密送到岳父家——板仓杨宅。他曾十分感慨地说："为了革命事业，这些孩子从小就吃百家饭，走万里路啊！"②

1927 年，毛泽东率领部队到达井冈山，杨开慧则在家乡板仓继续开展地下斗争。1930 年 10 月，由于叛徒出卖，毛岸英随母亲一同被捕入狱。面对敌人的严刑拷打，杨开慧始终宁死不屈。敌人妄图从她身上搜出地下党人员名单和毛泽东的通信地址，并扬言"只要登报声明和毛泽东脱离夫妻关系，马上就可以放出去"。但杨开慧不为所动，大义凛然，严词拒绝。11 月 14 日，杨开慧在长沙浏阳门外识字

① 马玉卿：《毛泽东和他的百位亲属》，陕西人民教育出版社、陕西人民出版社 1998 年版，第 36 页。

② 毛新宇：《爷爷毛泽东》下，解放军出版社 2013 年版，第 451 页。

岭英勇就义，年仅 29 岁。杨开慧牺牲后，板仓杨宅依然受到特务的严密监视。失去母爱、失去家庭温暖、时时处在危险境况的毛家三兄弟，在叔叔毛泽民的安排下被送到了上海大同幼稚园（由中共地下党领导的中国互济会主办）。不久，毛岸龙不幸染上痢疾夭折。之后，随着上海地下党组织被破坏，大同幼稚园被解散，从此毛岸英、毛岸青两兄弟流浪于上海街头，靠卖报纸、拾破烂、帮助推人力车来维持生活。新中国成立初期，毛岸英一次看电影《三毛流浪记》时感叹道："那时我和岸青在上海的流浪生活，和三毛相比，除了偷和给资本家当干儿子外，其他几乎都经历过。"[1]

○ 毛岸英、毛岸青在苏联的合影

毛泽东时时牵挂着儿子，然而四处转战的他与儿子们音讯不通，无从知晓他们的艰辛经历。1936 年，上海地下党找到岸英和岸青，并将他们送往苏联。直到 1938 年春，毛泽东才见到了毛岸英、毛岸青在苏联的合影，这时毛泽东已经和儿子中断联系 11 年了，他一遍又一遍地看着照片，心情异常激动。

他不顾工作繁忙，立即给两个儿子写了一封信托人带去，信云："亲爱的岸英、岸青：时常想念你们，知道你们情形尚好，有进步，并接到了你们的照片，十分的欢喜。现因有便，托致此信，也希望你们写信给我，我是盼望你们来信呵！我的情形还好。以后有机会再写信给你们。祝你们健康、愉快与进步！"[2] 毛泽东

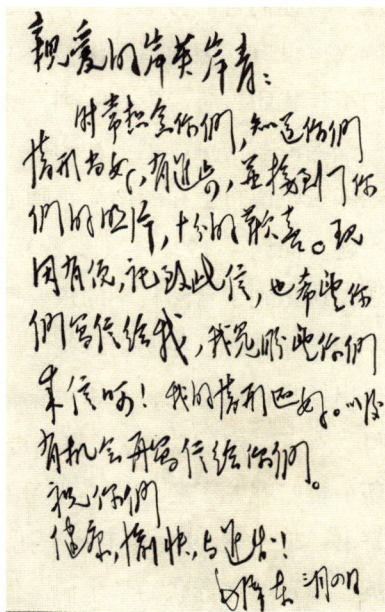

○ 1938 年 3 月 4 日写给毛岸英、毛岸青的信

---

[1] 马玉卿：《毛泽东和他的百位亲属》，陕西人民出版社、陕西人民教育出版社 1998 年版，第 26 页。

[2] 韶山毛泽东同志纪念馆馆藏资料。

的兴奋之情，跃然纸上。时隔一个月，4 月 4 日这天，他又迫不及待地托去苏联治疗眼病的刘伯承捎信给岸英兄弟俩，并附带上了自己的照片。信一开头就迫切地询问："早一向给你们的信收到没有？收到了，写点回信给我……"①

儿子的每封信，毛泽东必看几遍，回信时，他总是鼓励和指导他们。在 1941 年 1 月 31 日的一封信中，他针对儿子的学习方向和态度问题提出了殷切的希望："你们长进了，很欢喜的。岸英文理通顺，字也写得不坏，有进取的志气，是很好的。惟有一事向你们建议，趁着年纪尚轻，多向自然科学学习，少谈些政治。政治是要谈的，但目前以潜心多习自然科学为宜，社会科学辅之。将来可倒置过来，以社会科学为主，自然科学为辅。总之注意科学，只有科学是真学问，将来用处无穷。人家恭维你抬举你，这有一样好处，就是鼓励你上进；但有一样坏处，就是易长自满之气，得意忘形，有不知脚踏实地、实事求是的危险。你们有你们的前程，或好或坏，决定于你们自己及你们的直接环境，我不想来干涉你们，我的意见，只当作建议，由你们自己考虑决定。总之我欢喜你们，望你们更好。岸英要我写诗，我一点诗兴也没有，因此写不出。关于寄书，前年我托西安林伯渠老同志寄了一大堆给你们少年集团，听说没有收到，真是可惜。现再酌检一点寄上，大批的待后。"②

毛泽东博览群书，在读书方面很有自己的经验体会。和埃德加·斯诺谈话时，毛泽东曾说自己在湖南第一师范学校求学时专修社会科学，对自然科学并不特别感兴趣。而到了 1921 年，长沙新民学会会员召开新年会时，他已经改变了自己的看法，认识到了自然科学的重要性，并想方设法补足数学、物理、化学等自然基础科学知识。现在，他要把这些经验告诉儿子们以免他们走弯路。他给儿子们分阶段地提出了具体的意见，开始阶段，年纪轻要多向自然科学学习，少谈些政治。等自然科学有了一定的功底，"将来可以倒置过来，以社会科学为主，自然科学为辅"。他还一再叮嘱儿子要"潜心学习"，"只有科学是真学问，将来用处无穷"。信中所说寄书一事，是 1939 年毛泽东托当时中国共产党驻西安代表林伯渠买了一批书寄给岸英、岸青等在苏联的学生们，但战火纷飞，交通不便，书在途中丢失。毛泽东一直挂念着儿子的学习成长，这次寄书他亲自挑选了 60 本。从随信附寄的书单也可以看出毛泽东建议儿子们学习自然科学的苦心："精忠岳传 2、官场现形 4、子不语正续 3、三国志 4、高中外国史 3、高中本国史 2、中国经济地理 1、大众哲学 1、中国历

---

① 韶山毛泽东同志纪念馆馆藏资料。
② 《毛泽东书信选集》，中央文献出版社 2003 年版，第 180 页。

史教程1、兰花梦奇传1、峨眉剑侠传4、小五义6、续小五义6、聊斋志异4、水浒4、薛刚反唐1、儒林外史2、何典1、清史演义2、洪秀全2、侠义江湖6"①。这其中既有哲学、经济、历史书，又有古典文学和武侠小说，共21种类型。

　　1946年1月初，毛岸英从莫斯科回到延安。此时，父子离别19年了，看见儿子已长大成人，毛泽东格外高兴。他无微不至地关怀儿子，见岸英俄文学得好，但是中文，特别是古文基础比较差，就特地请了一个老师教岸英学习古汉语。在工作繁忙之际，他经常抽空和岸英交谈，一再嘱咐儿子要系统地学习哲学、历史，要坚持做学习笔记。1947年9月12日，他给岸英写信，又一次明确地给岸英指明学习方向："你要看历史小说，明清两朝人写的笔记小说（明以前笔记不必多看）"②。

　　回国后，岸英遵照父亲的教诲，背着行李来到距王家坪几十里的吴家枣园参加劳动锻炼。每天跟农民同吃同住同劳动，早出晚归，同甘共苦。1947年到1949年，岸英先后担任了中央宣传部文书、编辑助理、中央社会部秘书等职，前后到山西临县、山东的渤海地区参加土改和整党工作。1950年，毛岸英来到北京机器总厂，担任党总支副书记兼宣传委员。白天，他在轰隆的机器声中兢兢业业地工作，晚上就去宿舍，和工人谈心，宣传党的政策，为他们排忧解难。

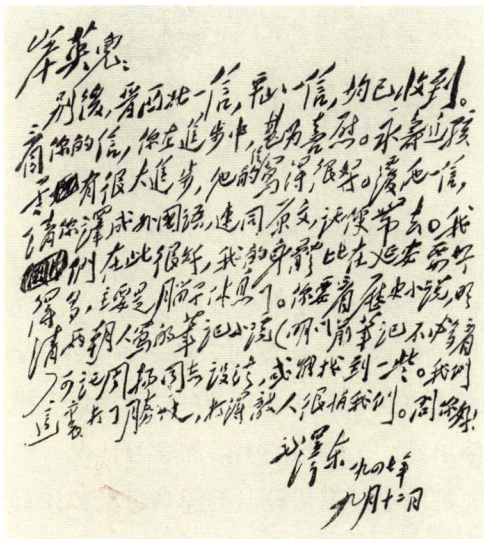

○ 1947年9月12日毛泽东给毛岸英信

　　1950年6月，朝鲜战争爆发，毛岸英主动要求去朝鲜前线，得到了毛泽东的积极支持和鼓励。很多同志和身边的工作人员都劝阻毛泽东，但他多次向劝说的人们解释："岸英有要求，我应当支持他。""谁叫他是毛泽东的儿子！他不去谁去！"

　　到朝鲜后，岸英被安排在志愿军总部担任俄语翻译和机要秘书。1950年11月25日，志愿军总部遭美军飞机轰炸，岸英不幸壮烈牺牲，年仅28岁。

　　在朝鲜平安道桧仓郡的志愿军烈士陵园里，增修了一座普普通通的坟墓，墓前

　　① 柳常青：《毛泽东家书品读》，红旗出版社2004年版，第44页。
　　② 《毛泽东书信选集》，中央文献出版社2003年版，第264页。

立着一块三尺高的花岗岩石碑，正面刻着七个大字"毛岸英同志之墓"，毛岸英长眠于朝鲜的土地上。毛泽东是位意志极其坚强的伟人，他将失去儿子的巨大悲痛埋藏在心灵深处，一个人默默地保存着岸英曾穿过的衬衣、戴过的帽子、用过的毛巾等遗物，整整 26 年，直至 1976 年逝世。

　　作为新中国的领袖，毛泽东压抑着老年丧子的巨大痛苦，表现出伟大的革命家情怀。他说："打仗总是要死人的嘛！志愿军已经献出了那么多指战员的生命。岸英是一个普通战士，不要因为是我的儿子，就当成一件大事。"①

○ 毛泽东保存的毛岸英遗物

　　毛岸英牺牲后，毛泽东一直瞒着岸英的妻子刘思齐②，不忍心让她知道这个不幸的信息。直到两年之后，刘思齐终于忍不住地问父亲，岸英到底去哪了，为什么那么长时间都没有一封信。毛泽东才不得不把事实告诉了她。刘思齐痛哭不止，细心的周恩来告诉她："你要节哀，你爸爸的手都冰凉啦。"刘思齐又哭着去安慰毛泽东，毛泽东却反过来安慰她说："今后，你就是我的大女儿。"③ 因为毛岸英的牺牲，刘思齐受到很大的打击，很长时间都无法平复心情。为了让她换个环境，毛泽东自己掏钱安排她去苏联学习。其间，毛泽东经常写信或回信给她，了解她的生活和学习情况。刘思齐无论生活上、学习上遇到什么困难或问题都向毛泽东请教。毛泽东每次都认真地提出自己的意见，像慈父一样鼓励她独立自主地处事，集中精力学习。1956 年 2 月 14 日，毛泽东在给刘思齐的回信中写道："亲爱的思齐儿：给我的信都收到了，很高兴。希望你注意身体，不使生病，好好学习。我们都好，勿以为念。国内社会主义高涨，你那里有国内报纸否？应当找到报纸，看些国内消息，不要和国内情况太隔绝了。"④

　　1959 年夏，刘思齐生了一场大病，毛泽东得知她的情况后，十分惦记，立刻写信问候，并希望她好好学习，不要与社会和祖国脱节，要多了解些国内的情况。后

---

① 《毛泽东年谱（1949—1976）》第 1 卷，中央文献出版社 2013 年版，第 305 页。

② 后改名刘松林。

③ 马玉卿：《毛泽东和他的百位亲属》，陕西人民教育出版社、陕西人民出版社 1998 年版，第 48 页。

④ 《毛泽东书信选集》，中央文献出版社 2003 年版，第 470 页。

来，他得知思齐学习方面专业不对口要转学，他写信鼓励说："下决心在国内转学文科。一切浮言讥笑，不要管它。全部精力，应当集中在转学后几年的功课上，学成为国服务。"①

毛岸英牺牲后，刘思齐的婚姻也成为毛泽东的心头大事。他多次规劝思齐"下决心结婚吧，是时候了"②。1962年，刘思齐与空军学院教员杨茂之喜结连理。毛泽东把刚创作的词《卜算子·咏梅》抄录了一幅作为贺礼，并送去三百元钱。

毛泽东对于儿子受苦的经历深感内疚，尤其是对岸青。新中国成立初期，他对身边的工作人员说："我很同情岸青，他从小就和岸英流落在上海街头，受尽了苦难，几次被警察打过，对他的刺激很大。"1946年，他有了岸青的消息，当即给岸青写信，称呼为"岸青，我的亲爱的儿"，又写道："收到你的信，知道你的情形，很是欢喜。"③

对于岸青的身体和个人问题，毛泽东经常询问。知道儿子因为"老问题"④ 没有解决，有些急躁，他劝儿子一定要安心。1957年8月，毛泽东得知岸青正在休养的青岛疗养院中有个女护士对儿子很照顾，两人有感情发展意向的消息后，安排了一名警卫人员了解女方的情况，结果发现两人不合适，他写信告诉岸青要慎重考虑。他开导儿子说："你谈恋爱找对象，就不要说你是毛泽东的儿子嘛！……我劝你找一个工人或农民出身的人，这对你可能还有些帮助。你要求条件高了，人家的能力强，看不起你，那就不好了，整天不愉快生闷气，那还有什么意思呀。"⑤ 1960年，毛泽东得悉儿子的身体大有好转，心情极为喜悦，立即写信给他："听说你的病体好了很多，极为高兴。仍要听大夫同志和帮助你的其他同志们的意见，好生静养，以求全愈，千万不要性急。"他又关切地问道，"听说你同少华通了许多信，是不是？你们是否有做朋友的意思？少华是个好孩子，你可以好好同她谈一谈。"⑥ 信中的"少华"即张少华，现名邵华，是刘思齐同母异父的妹妹。五岁和父母一起被关

---

① 《毛泽东年谱（1949—1976）》第3卷，中央文献出版社2013年版，第197页。

② 马玉卿：《毛泽东和他的百位亲属》，陕西人民教育出版社、陕西人民出版社1998年版，第51页。

③ 柳常青：《毛泽东家书品读》，红旗出版社2004年版，第50页。

④ 毛岸英1950年10月8日写给舅父的信中，提到毛岸青"就此老问题还没有解决是一个问题"。

⑤ 柳常青：《毛泽东家书品读》，红旗出版社2004年版，第229页。

⑥ 柳常青：《毛泽东家书品读》，红旗出版社2004年版，第228页。

进新疆监狱，1946 年 7 月才回到延安，因为处在紧张动荡的战争环境，邵华一直没有机会上学。后来在毛泽东的关怀下，她进入了中央直属机关办的育英小学。中学毕业后，1959 年考进北京大学中文系。毛泽东一生酷爱读书，尤其是喜欢历史和文学，常和邵华谈论历史和文学，给了邵华很多中肯的意见。有一次，邵华高兴地告诉毛泽东自己期末考试《中国通史》得了好成绩。毛泽东便要她谈谈楚汉战争中刘邦、项羽兴衰的原因。邵华依据教材说了一遍。毛泽东听后笑道："这是死记硬背，算是知道点皮毛。"① 他告诉邵华，学历史要多读史料，多思考，能将"为什么"都说清楚，这一课才算学好了。毛泽东的这一席话，令邵华受益匪浅。

毛泽东给儿女们的封封家书都饱含着挚爱，行行文字皆寄托着深情。这些书信，大到理想、前途、事业、婚姻，小到身体状况、日常生活、人际关系，处处是父亲给予孩子的无微不至的关心和指导。他始终以平等的态度与子女相处，像朋友一样与他们交流，言语不乏轻松、幽默，让爱如春雨般点点浸入他们的心头。

★ 小提琴、小手风琴

毛泽东曾动情地说："我们革命是为了造福下一代，而当时为了革命，又不得不丢下自己的下一代。"② 毛泽东共有十个子女，但长大成人的只有儿子岸英、岸青和女儿李敏、李讷。

李敏、李讷姐妹俩名字中的敏和讷，源于《论语·里仁》中的"君子欲讷于言而敏于行"。毛泽东希望女儿们能够少说话多做事。李敏曾经对自己姓李而父亲姓毛有点不理解，毛泽东告诉她："爸爸姓毛，这是不错的。但是，为了革命的需要爸爸曾有过好多名字。爸爸特别喜欢'李德胜'这个名字。"③ 接着他向女儿讲解转战陕北时改名"李德胜"的双重含意——谐音是"离得胜"，寓意是"离而得胜"。从此，李敏愉快地接受了这个名字。

和孩子们在一起的时间，是毛泽东最放松、最快乐的时光，他听孩子们拉小提琴、小手风琴，在香山别墅居住时，他还亲自教授她们中国的古文碑刻。

李敏是毛泽东和贺子珍的女儿，出生在保安。毛泽东亲切地叫她"娃"。李敏 4

---

① 孔祥涛：《毛泽东家风》，中国书籍出版社 2006 年版，第 233 页。

② 马玉卿：《毛泽东和他的百位亲属》，陕西人民教育出版社、陕西人民出版社 1998 年版，第 63 页。

③ 马玉卿：《毛泽东和他的百位亲属》，陕西人民教育出版社、陕西人民出版社 1998 年版，第 78 页。

岁被送往苏联陪伴妈妈，12 岁回到毛泽东身边。毛泽东非常关心这个"洋娃娃"的学习，总是抽空教她读古文诗，还亲自写字帖让她练字。

李讷是毛泽东和江青的女儿，1940 年出生。毛泽东非常喜欢这个小女儿，工作之余，常逗她玩，毛泽东喊李讷"大娃娃"，李讷则称父亲为"小爸爸"。李讷在父亲身边生活时间最长，直接感受到的父爱最多，受到的严格约束也最多。

毛泽东对两个女儿宠爱有加，但对她们的要求却是非常严格的。李敏后来回忆道："爸爸对我们是既爱又严。他处处事事时时严格要求我们，不许搞任何特殊；又处处事事时时流露出他对我们既丰富又细腻，充满温情的父爱。"[1]

○ 毛泽东的孩子们用过的小提琴、小手风琴

1958 年初，李讷得了急性阑尾炎，而且她小时候打针留下的一截针头还在肉里，一直没有取出，因此医生决定两个手术一起做。当时江青到广东去了，毛泽东得亲自安排李讷住院的事。他一边忙国事，一边忙家事，深夜了还给李讷写信，鼓励她说："念你。害病严重时，心旌摇摇，悲观袭来，信心动荡。这是意志不坚决，我也尝尝如此。病情好转，心情也好转，世界观又改观了，豁然开朗。意志可以克服病情。一定要锻炼意志。你以为如何？……李讷，再熬几天，就可完全痊愈，怕什么？我的话是有根据的。为你的事，我此刻尚未睡。……半睡状态执笔，字迹草率，不要见怪。有话叫小员来告我。"[2] 字里行间，充满着浓浓亲情。

尽管毛泽东对李讷的病情如此关心，但他并未在李讷手术住院期间，给她任何特殊的照顾，李讷从北京医院出院后，还补交了那几天的粮票。

李敏还曾回忆道："爸爸的严管，是要我们恪守本分，即办事、说话要有分寸，接人待物要懂得礼貌。爸爸要求我们扎扎实实地干事，堂堂正正地做人。要求我们

---

① 李敏：《我的父亲毛泽东》，辽宁人民出版社 2000 年版，第 67 页。
② 《毛泽东年谱（1949—1976）》第 3 卷，中央文献出版社 2013 年版，第 294—295 页。

生活上绝对不许有一点特殊。在外人看来，我们好像完全是那种衣来伸手，饭来张口，事事都有人照顾，只要我们一开口，好像什么东西都会有，什么事情都能办到一样。其实哪有那么好的事情呀！""我们家的伙食也极为简单，和一般家庭生活没有什么两样。""困难时期我们也和全国人民一样，咬紧牙关，勒紧腰带。"①

李敏和李讷上大学期间都住在学校，只有周末才能回家同父母吃顿饭。一个星期六下午，李讷从学校回来。饭前，她和父亲在卧室聊天，李讷向父亲诉苦："我的定量老是不够吃的，上课肚子老是咕噜噜叫。"毛泽东安慰她："困难是暂时的，要和全国人民共渡难关。要带头、要宣传、要相信共产党。"②

吃饭时，李讷顾不上饭烫飞快地向嘴里扒，连眼泪被烫出来了都没有放慢扒饭的速度。炊事员特意做了平常两倍的饭，谁知道她还没有吃饱，最后还用两个白面掺玉米面的馒头蘸着菜汤，把盘子涮了个干净。

晚上，卫士为李讷说情："主席，李讷太苦了。我想……"就在上一个星期，这个卫士路过李讷的学校，发现她因为饥饿面色不好，回来报告给卫士长李银桥，李银桥派人送了包饼干，结果被毛泽东知道了，他生气地问："三令五申，为什么还要搞特殊化？"卫士辩解说："别的家长也有给孩子送东西的……"毛泽东严肃地说："别人可以送，我的孩子一块饼干也不许送。谁叫她是毛泽东的女儿！"③

毛泽东知道卫士这次又是来说情的，还没等他说完，就告诉他："同全国人民比较来说，她还算好一些。""不要说了，我心里并不好受，她妈妈也不好受。我是国家干部，国家按规定给我一定待遇。她是学生，按规定不该享受就不能享受。""还是各守本分的好，现在这种形势尤其要严格。"④

毛泽东的严格要求给孩子们留下了深刻印象。多少年后，当毛泽东已经离他们远去，他们更深刻地意识到这种伟大的爱是他们最大的财富。李敏曾感慨地说："是父亲给了我知识和力量，练就了我迎难而上的意志。这是永恒的爱之光，令我和我的孩子们终生受益。"⑤

① 李敏：《我的父亲毛泽东》，辽宁人民出版社2000年版，第93、94、96页。
② 孔祥涛、孙先伟、刘翔宇：《毛泽东家风》，中国书籍出版社2006年版，第259页。
③ 孔祥涛、孙先伟、刘翔宇：《毛泽东家风》，中国书籍出版社2006年版，第259页。
④ 孔祥涛、孙先伟、刘翔宇：《毛泽东家风》，中国书籍出版社2006年版，第260页。
⑤ 孔祥涛、孙先伟、刘翔宇：《毛泽东家风》，中国书籍出版社2006年版，第275页。

★ 送给毛泽连的皮箱

毛泽东在韶山本家排行第三，新中国成立后，韶山的一些亲戚称呼毛泽东为"主席三哥"或"主席三公"。毛泽东这一辈，从曾祖父传下来的兄弟共有十人，除去夭折的，实际长大成人的，是毛泽东（排行第三）、毛泽民（排行第四）、毛泽覃（排行第七），外加他们的堂兄弟毛泽荣（排行第五）、毛泽华（排行第八）、毛泽连（排行第九）、毛泽青（排行第十）共七人。由于毛泽民、毛泽覃、毛泽华在战争年代牺牲，所以新中国成立后，毛泽连、毛泽青和毛泽荣便成了与毛泽东血缘关系最近的本家兄弟。

韶山毛氏族谱记载，毛泽连的爷爷毛恩农和毛泽东的爷爷毛恩普是亲兄弟。毛泽东的母亲还曾收养毛泽连的胞姐毛泽建。因此毛泽东与毛泽连的关系更是亲密，对毛泽连一家也是非常关心。1949 年 8 月，南下的中国人民解放军第四野战军一三八师解放了韶山，师长任昌辉派人四处寻找毛泽东的亲属，以便选出代表上京面见毛泽东。于是，毛泽连和毛泽东的堂表弟李祝华幸运地成为韶山第一批去北京的客人。1949 年 10 月 9 日，毛泽东为此致信谭政、陶铸二人，称"毛泽连、李祝华二人可许其来北京一看，但请你们对他们二人讲明是许其来京看一看，随即回到湖南乡下去。"随后，毛泽连一行到达北京。当时正值新中国成立初期，毛泽东十分繁忙，于是先安排毛岸英陪同他们游览了北京的名胜古迹。过了几天，就安排秘书迎接他们进了中南海丰泽园。兄弟见面，恍如隔世。一见面，毛泽东就伸出大手和毛泽连、李祝华紧紧地握在一起。他亲切地说："你是泽连——润发九弟吧。"他感叹地说："你们来了，多好啊，几十年没见面了，我多想念你们，想念家乡啊。"[①] 得知毛泽连得了眼疾，毛泽东当即嘱咐毛岸英陪叔叔去协和医院做检查。

毛泽连在协和医院做了左眼球摘除手术，住院治疗期间，护理和生活中的大事小事，都由毛泽东派家人照料。毛泽东嘱咐毛岸英、李敏、李讷轮流送饭，搀扶照顾。毛泽连的医疗费、住院费等也都是毛泽东用自己的工资支付的。毛泽连在医院治疗一个多月后，右眼视力明显好转。1949 年 12 月，毛泽连准备离开北京回韶山，临行前，毛泽东特别叮嘱他："你的困难我知道，我今后能帮助你接济一点就接济

---

① 马玉卿：《毛泽东和他的百位亲属》，陕西人民教育出版社、陕西人民出版社 1998 年版，第 309 页。

一点。你是我的亲戚，凡事要带个好头。可不能大事小事都去找政府解决啊！"① 并送了他不少东西，其中包括自己用过的一只旧皮箱，里面装满了蚊帐、棉裤和衬衣等物品。毛泽东还周到地给毛泽连的母亲带了一些衣物、药品和钱。

○ 毛泽东送给毛泽连的皮箱

1954 年、1956 年，毛泽连经毛泽东同意又两次进京医治眼疾，受到了毛泽东的热情接待。毛泽东还特地送了一口新皮箱给毛泽连，但朴实的毛泽连一直用着原来的旧皮箱。

1950 年 9 月，毛宇居等到北京见到毛泽东，在谈及乡亲们的生活时，特别提到了毛泽连一家的困难，请求是否可以给地方政府打个招呼给予适当照顾。

毛泽东说："泽连的困难我知道，我了解。不过，我是国家主席，我只能解决大多数人的困难，要为大多数人谋利益。如果只解决一个人的困难，只考虑自己的亲属，那么我这个主席就当不成了。"② 毛泽东无时无刻不在关心着毛泽连，连续十年委托中央办公厅秘书室从自己的稿费中给毛泽连寄钱，每次都二三百元不等。1971 年，重病在床的毛泽东内心仍在惦记着家乡穷困的亲属们，多次叮嘱女儿："家乡还有两个叔叔连饭都吃不饱，你们要经常回去看看。"③ 两个叔叔其中一个指的就是毛泽连。李敏、李讷都没有忘记毛泽东的嘱托。1977 年，李敏回韶山时便专程去东茅塘毛泽连家看望，并送给叔叔 100 元钱。后来，李讷、邵华、毛新宇等回韶山时，都会去看望毛泽连，并送给他一些钱物。正是毛泽东及其儿女无微不至的关怀，毛泽连才能渡过生活中的重重难关，不仅将儿女培养成人，而且得享 83 岁的高寿。

十弟毛泽青从小对毛泽东充满敬意。1937 年，毛泽青奔赴延安寻找堂哥毛泽东参加革命，被介绍到陕北公学学习，后被分配到延安解放印刷厂和抗大七分校工作。1938 年加入中国共产党。在部队，毛泽青遵照毛泽东的叮嘱，从不讲起自己与毛泽东的关系，也从不向领导要照顾。新中国成立初期，毛泽青调到东北工作，由于他当时的名字叫毛万才，他自己又从不露"风声"，因此单位的同事都不知道他是毛

---

① 孔祥涛、孙先伟、刘翔宇：《毛泽东家风》，中国书籍出版社 2006 年版，第 218 页。
② 孔祥涛、孙先伟、刘翔宇：《毛泽东家风》，中国书籍出版社 2006 年版，第 217 页。
③ 宋三旦、田烨：《毛泽东与他的亲友》，山西人民出版社 2003 年版，第 142 页。

泽东的堂弟。毛泽东知道毛泽青家庭负担重，工资低，一直过着很清苦的生活，很是惦记，常拿自己的稿费给他寄些钱物，予以接济。为此，毛泽青还曾因"经济问题"被打成"老虎"。

有一次，毛泽青忽然买了一块手表、一件大衣、一床毛毯，家里的旧账也都还掉了，毛泽青脸上也有了笑容。同事们为此议论纷纷。没多久，全国展开了"三反""五反"运动，在国家机关工作人员中进行"反贪污"教育。有人提出，毛万才收入不多，爱人又没有工作，全家人的生活都靠他那点微薄的收入来维持，哪来的钱买那些东西啊？群众议论纷纷，领导也没调查研究，毛泽青因此被打成"老虎"，要隔离审查，家也被抄了。毛泽青无奈之下才向领导汇报了实情，是堂哥毛泽东给他寄了300元（折合新币），并把毛泽东的亲笔信拿出来给大家看，这才免除了一场冤屈。①

1956年11月，毛泽青携全家上北京。毛泽青妻子庞淑谊第一次见到亿万中国人民的领袖，激动得说不出话来。毛泽东关心地对她说："东北那里很冷啊，你能习惯吗？"庞淑谊感动地回答："早就习惯了。"闲谈间，毛泽东要江青把孩子们叫了进来，亲戚们见了面。请他们吃饭时，毛泽东考虑到他们已是多年未回家乡，桌上摆的都是一些湖南菜。饭后，毛泽东、江青、李敏、李讷、毛远新与毛泽青一家人在餐厅前合了影。这张照片被毛泽青一家一直珍藏着。

○ 1956年11月毛泽东一家与堂弟毛泽青一家在北京中南海合影

---

① 马玉卿：《毛泽东和他的百位亲属》，陕西人民教育出版社、陕西人民出版社1998年版，第315页。

★送给表兄表嫂的皮箱、大衣、拐杖

毛泽东和外婆文家的亲戚们也有很深的感情。毛泽东的幼年、童年绝大部分时间都是生活在外婆家，与表兄弟们一起读书、游戏，度过了一段无忧无虑的日子。

文运昌是毛泽东八舅文玉钦（名正莹）的次子，排行十六，毛泽东称他为十六哥。毛泽东出生时，文运昌已9岁，是名副其实的大哥，文运昌与毛泽东关系极为亲密，对少年毛泽东的成长产生过重要影响。毛泽东13岁辍学，在家务农，他白天劳动，晚上自学，想方设法借阅各种书籍，文运昌家里有不少藏书，他常常到文运昌家里借书看。其中一本《盛世危言》，激发了毛泽东的爱国热情，让他开始意识到"天下兴亡，匹夫有责"，因而萌生了复学的强烈愿望。到了1910年，毛泽东面临失学时，又是文运昌给他指了一条出路：到湘乡东山高等小学堂去读新学。这是毛泽东跨出的关键一步，他第一次走出乡关，开阔视野，接触到外面的新世界。他以后多次说道："如果当年不去东山高小，恐怕后来进不了长沙城，我毛泽东就不会是今天这个样子。"

○ 毛泽东送给表兄文运昌的大衣

对文运昌的帮助，毛泽东铭记于心。1936年，他同美国记者斯诺谈话时，三次谈到他这位表兄给他推荐《盛世危言》和《新民丛报》，以及向他介绍湘乡东山高等小学的情况，并说："非常感谢我的表兄。"[①] 新中国成立后，文运昌曾六次上北京，每次都受到了毛泽东的热情接见。毛泽东非常念旧、重感情，文运昌每次进京，毛泽东都会用自己的稿费支付他的路费，赠送他衣物等物品，其中包括大衣、新皮箱和给表嫂杨达昌的拐杖。

在唐家坨外婆家，毛泽东还认识了常来外婆家的姨表兄王季范。王季范的母亲王文氏是毛泽东的亲姨妈。因为王季范在同辈兄弟中排行第九，毛泽东一直亲切地叫他九哥。毛泽东经常向知识

---

① 马玉卿：《毛泽东和他的百位亲属》，陕西人民教育出版社、陕西人民出版社1998年版，第190页。

渊博、古文功底扎实的王季范请教，而王季范也很喜欢这位好学的表弟，每次总是耐心解释。毛泽东就读于湖南第一师范时，王季范也在该校担任教员，他们既是表兄弟，又是师生，交情自然更深了。这个时期，王季范对毛泽东不仅在生活上尽心照顾，在经济上全力扶持，在学业上谆谆教诲，对他的进步活动也大力支持。当时，毛泽东等有志青年开始接触《新青年》等进步刊物，深受新思潮的影响，积极组织和领导革命活动。因此，也常惹出一些"祸"来，多是王季范出面予以保护，他才化险为夷，转危为安。以后，毛泽东在长沙从事工农革命运动，几次被反动军阀追捕，都得到了王季范的救援掩护，帮他渡过了难关。

1927 年，毛泽东领导秋收起义前，曾专程与王季范告别，没有料到的是，这次分别，竟然长达 20 余年。

1950 年的国庆节前夕，毛泽东在丰泽园住所设宴招待王季范，毛泽东亲自到门口迎接。宴会前，他拉着王季范的手对孩子们说："这是老家来的稀客，是你们的表伯父，也是我的老师。"又对夫人江青说，"这是我九哥，在我青年时期，给我好多帮助。没有他，就没有我毛泽东。"①

从新中国成立开始，王季范经常向毛泽东致电致函，就国家政治抒发自己的见解，提出许多诚挚而又中肯的意见，深受党中央和毛泽东的重视。他曾连续三次致电毛泽东，提出"用贤才、立法制、崇道德"三个治国重点供毛泽东参考。

在同毛泽东的书信往来中，他除了谨致问候和报告家乡情况外，还常常结合自己数十年来钻研经史所得到的感悟与启示，与毛泽东一起探讨安邦治国的谋略。王季范的这些"国是谏言"，深得毛泽东等中央领导同志的赞赏。为了让这位贤达之士在国家政治生活中发挥作用，经周恩来总理亲自提名，毛泽东同意，王季范于1952 年聘任中华人民共和国政务院参事，并定居北京。从此，他成为毛泽东家的常客，经常陪同毛泽东接见来自湖南家乡的父老乡亲和各界人士，他们谈古论今，叙述旧情。

1958 年，表姐文静纯和表兄文运昌、文梅清进京，毛泽东又请了王季范作陪，众人相谈甚欢。

无论是对韶山亲属，还是文家亲属，毛泽东都充满了深情。他爱他们，希望他们生活得很好，在写给亲属的几十封信中，他常常问候他们的身体和生活。他曾内

---

① 宋三旦、王小梅：《毛泽东与他的师长学友》，山西人民出版社 2003 年版，第 61 页。

○ 1958 年 10 月毛泽东与姨表兄王季范（右一）、表姐文静纯（左二）、表兄文运昌（左三）、表兄文梅清（右三）等合影

疚地发出感慨："过去，你们都受了我的连累，吃了不少的苦，我毛润之是无以相报啊！"①

★给亲友的信、给石城乡党支部和乡政府的信

毛泽东爱他的亲属们，但他的这种爱不是溺爱，不是纵容。正因为爱他们，他对他们的要求也就特别严格。

新中国成立初期，毛泽东接到不少亲属寄来的信件，他们中一些人提出了特殊要求：有些要求安排工作；有些要求介绍读书或入党；甚至有些要求谋取一官半职。这种现象在岳家亲属、韶山亲属和文家亲属中都有存在，无一例外，毛泽东都拒绝了。他致信亲属，予以劝导；对于多次提出无理要求的，他严厉批评。

杨开智，毛泽东恩师杨昌济的儿子，爱妻杨开慧的胞兄。对这位妻兄，毛泽东

① 谢柳青：《毛泽东家书》，中原农民出版社 1994 年版，第 5 页。

非常关心，多次写信，信中还一再问候岳母向振熙。1949 年，杨开智给毛泽东写了一封信，希望能帮他在北京安排工作。毛泽东对此事极为重视，他给当时湖南省军政委员会委员、长沙军管会副主任王首道写了封信："首道同志：杨开智等不要来京，在湘按其能力分配适当工作，任何无理要求不应允许。其老母如有困难，可给若干帮助。另电请派人转送。"①

"另电"指的是为此事同时给杨开智的信。信中，毛泽东果断地拒绝了杨开智的请求，信云："希望你在湘听候中共湖南省委分配合乎你能力的工作，不要有任何奢望，不要来京。湖南省委派你什么工作就做什么工作，一切按正常规矩办理。不要使政府为难。"② 恋亲，但不为亲徇私；念旧，但不为旧谋利；济亲，但不以公济私。这是毛泽东处理与亲友关系的三大原则。

韶山亲属一开始也有些错误想法，认为毛泽东当上了国家主席，天下姓毛。对于这种想法，毛泽东向家乡的亲友一再声明："我毛泽东是中国共产党的主席，不是韶山毛家的主席，家乡亲友要勤耕守法，好自为之。"③ 1951 年 12 月 11 日毛泽东在给堂弟毛泽连、堂侄毛远悌的信中，直接拒绝了他们去北京的要求，"蔚生六婶及泽连均不要来京，也不宜在长沙住得太久，诊病完了即回韶山为好。现在人民政府决定精简节约，强调反对浪费，故不要来京，也不要在长沙住得太久。"针对毛远悌想去北京学习的意图，他指出："远悌在印厂工作，可在工作余暇进行学习。"④ 后来毛远悌再次写信要求去北京学习也被毛泽东拒绝，但在信中对他的学习和工作非常关注："你的文字已通顺，用力学习，当会有更大进益。"⑤ 毛远悌收到伯父的来信，打消了去北京学习的念头，他牢记伯父的教导，安心在长沙从事印刷厂的工作。

外婆文家亲属经常到北京看望毛泽东或收到毛泽东的书信和礼物，久而久之，一些人飘飘然，提出了特殊要求。对毛泽东帮助很多的表兄文运昌曾给中央办公厅副主任田家英写了一封信，并随信开列了一张 14 人的名单，都是毛泽东外祖家的亲戚，要求照顾安排工作或保送上学。这封信和名单后来转到了毛泽东手里。他当即批示："许多人介绍工作不能办，人们会要说话的。"⑥ 1950 年，文运昌的胞弟文南

① 《毛泽东书信选集》，中央文献出版社 2003 年版，第 315 页。
② 《毛泽东年谱（1949—1976）》第 1 卷，中央文献出版社 2013 年版，第 8 页。
③ 丁晓平：《毛泽东的乡情世界》，中国青年出版社 2013 年版，第 2 页。
④ 《毛泽东年谱（1949—1976）》第 1 卷，中央文献出版社 2013 年版，第 435—436 页。
⑤ 柳常青：《毛泽东家书品读》，红旗出版社 2004 年版，第 120 页。
⑥ 柳常青：《毛泽东家书品读》，红旗出版社 2004 年版，第 114 页。

松又写信给毛泽东，请他出面为哥哥介绍工作。文南松是毛泽东外婆家最小的一个表兄，比毛泽东大三岁，按文氏大家族排行，文南松排二十，毛泽东为二十三，故称文南松为廿哥。收到文南松的请求信，毛泽东在 1950 年 5 月 12 日给他复信，郑重申明："运昌兄的工作，不宜由我推荐，宜由他自己在人民中有所表现，取得信任，便有机会参加工作。"看似"无情"的毛泽东，实际上十分关心表兄弟们，信中开头他就问道："运昌兄给我多次信，我回了一信，寄南县白蚌口，不知他收到没有？"又问道："十哥、十七哥还在否？十一哥健在甚慰。"当然，毛泽东最关心的是人民的生活疾苦，他听说乡下缺粮，迫切地问表兄："你说乡里缺粮，政府不发，不知现在怎么样？还是缺粮吗？政府一点办法也没想吗？来信时请详为告我。"①

得知文家亲戚中出现了不服当地政府管的苗头，毛泽东非常重视。为此，1954 年 4 月 29 日，他专门致信湘乡县石城乡党支部和乡政府，强调："我的亲戚唐家坨文家，过去几年常有人来北京看我。回去之后，有些人骄傲起来，不大服政府管，这是不对的。文家任何人，都要同乡里众人一样，服从党与政府的领导，勤耕守法，不应特殊。请你们不要因为文家是我的亲戚，觉得不好放手管理。我的态度是：第一、因为他们是劳动人民，又是我的亲戚，我是爱他们的。第二、因为我爱他们，我就希望他们进步，勤耕守法，参加互助合作组织，完全和众人一样，不能有任何特殊。"毛泽东还诚恳地表示，"如有落后行为，应受批评，不应因为他们是我的亲戚就不批评他们的缺点错误。"信末毛泽东建议，"并请你们将我这信及文炳璋的信给唐家坨的人们看，帮助他们改正缺点错误。我相信，只要我和你们都采取正确的态度，只要他们不固执成见，他们的缺点错误是可以改正，并会进步的。"②

正是因为毛泽东的严格要求与约束，毛泽东的亲属们都打消了依靠毛泽东取得特殊待遇或地位的想法，他们遵照毛泽东的叮嘱，在当地不摆毛泽东亲属的架子，在工作中起带头作用。

杨开智是北京农业大学毕业生，在农业科技等专业上有自己的特长。1950 年，安排在湖南省农业厅担任技师，夫人李崇德在湖南省儿童福利院工作。

---

① 《毛泽东书信选集》，中央文献出版社 2003 年版，第 339 页。
② 《毛泽东书信选集》，中央文献出版社 2003 年版，第 443 页。

毛泽连牢记毛泽东的叮嘱："你是我的亲属，在乡村中凡事都要带个好头。"①他一辈子在韶山务农，勤耕守法，家境困难也从不麻烦政府，真正起到了良好的带头作用。

文运昌也理解毛泽东，更没有辜负毛泽东对他的期望，通过努力，他赢得了当地人民群众的尊重，于1950年光荣地当上了县人民代表，1953年起担任湖南省文史馆馆员。

第二节
★
乡情眷眷

毛泽东浓浓的乡情里有老师的教诲与恩德，有与幼时好友相处的快乐，有家乡的山、家乡的田……过去的点点滴滴都在他的心头。领导人民进行新中国建设的他，在不违背原则的前提下，照顾着故旧的生活，关注着家乡的建设。

★给王首道的信

1952年11月8日，中南海又迎来了一批客人，毛泽东特意叫来自己的孩子，向她们介绍客人说："你们平时讲，你们的老师怎么好，怎么好，这是我的老师。我的老师也很好嘛！"他接着诙谐地说，"我的老师，你们要喊太老师。"②

毛泽东很激动，他叫来摄影师给他们照了张照片——他站在中间，客人分站两边，右边是李漱清、邹普勋，左边是罗元鲲和张干。拍完照片，毛泽东笑着说："这是我第一次和这么多老师一起照相，值得纪念！"

---

① 马玉卿：《毛泽东和他的百位亲属》，陕西人民教育出版社、陕西人民出版社1998年版，第311页。

② 尹高朝：《毛泽东和他二十四位老师》，中央文献出版社2001年版，第309页。

○ 1952 年毛泽东与好友邹普勋（左一）、老师李漱清（左二）、张干（右二）、罗元鲲（右一）在北京合影

张干、罗元鲲是毛泽东昔日在湖南一师读书时的老师。李漱清曾在韶山当塾师，少年毛泽东求教于他，并在他的推荐下阅读了大量进步书籍，所以毛泽东实际上是把李漱清当作老师看待的。邹普勋是毛泽东南岸私塾启蒙老师邹春培的儿子（此时邹春培早已去世）。无论是张干、罗元鲲还是李漱清、邹普勋，尽管身份不同，这张照片寄托的都是毛泽东对老师的怀念与感激。

老师们这次上京要从 1950 年说起。那年，毛泽东与曾经在一师任教的徐特立、同学周世钊等人谈论往事，说起老校长张干，周士钊告诉毛泽东：张干卧病在床，一家人生活困难。毛泽东听了很激动，说道："张干，这个人很有能力，三十岁就当了一师校长，很不简单。……解放前他吃粉笔灰，现在还在吃粉笔灰，这是难能可贵的！"又说，对张干应当照顾，应当照顾！"[1] 适逢他又收到了罗元鲲来信，讲

① 尹高朝：《毛泽东和他二十四位老师》，中央文献出版社 2001 年版，第 395 页。

述生活困难。于是，1950 年 10 月 11 日，毛泽东致函湖南省人民政府主席王首道："张次仑（张干别号）、罗元鲲两先生，湖南教育界老人，现年均七十多岁，一生教书未作坏事。我在湖南第一师范读书时张为校长，罗为历史教员。现闻两先生家口甚多，生活极苦，拟请湖南省政府每月每人酌给津贴米若干，借资养老。又据罗元鲲先生来函说：曾任我的国文教员之袁仲谦先生已死，其妻七十岁饿饭等语，亦请省政府酌予接济……并请派人向张、罗二先生予以慰问。张、罗通讯处均是妙高峰中学。戴住新化，问罗先生便知。顺致敬意！"①

王首道接信后，先后两次给他们各送去救济米 1200 斤和人民币 50 万（旧币）。后来毛泽东还多次用稿费资助他们。

1952 年，邹普勋、李漱清要上京向毛泽东汇报乡间诸事，毛泽东便写信邀请张、罗两位老师同去，以便路上有照料。到京后，毛泽东派人为他们检查了身体，拿稿费替他们购置衣物、被褥等物品，并亲自陪同参观中南海、看电影，多次邀请他们吃饭。几位老师受到开国领袖细心、周到的照顾极为感动，尤其是张干，他和毛泽东曾经发生过激烈的斗争。1915 年，湖南省议会决定要额外征收师范学生十元学杂费，一师校长张干执行这项决策时遭到家境贫寒的大多数学生的激烈反对，学生们纷纷罢课，毛泽东奋笔疾书写就的四千余言《驱张宣言》贴出去后，"驱逐张干"的口号响彻校园。张干知道后，决定"将毛泽东等带头闹事的十七名学生统统开除！"消息传出后，杨昌济、徐特立等一批进步老师为此专门召开全校教职员工会议，为学生鸣不平，共同向张干施加压力，迫使张干收回成命。与此相呼应，学生们不屈服校方的压力，不肯善罢甘休，继续发动罢课，坚决重申："张干一日不离校，我们一日不上课！"在强大的压力之下，张干为了平息事态，恢复教学秩序，终于做出让步，同意不开除毛泽东等"闹事"学生，但是，为了保全他的面子，还是给了毛泽东一个处分：记大过一次。第一师范的学潮总算平息了，但校长张干觉得没面子，主动向省府教育厅递交了辞呈，到别的学校谋事去了。

事情过去 30 多年，虽觉得师生久别重逢，气氛融洽，但张干内疚不安，如鲠在喉，他控制不住自己的感情，主动为当年的学潮作检讨，但心胸宽阔的毛泽东早已对当年的争执释然。他缓缓摆手，不让老校长再自责下去："我那时年轻，虎气太盛，看问题片面。过去的事，不要提它了。"②

① 《毛泽东书信选集》，中央文献出版社 2003 年版，第 361 页。

② 尹高朝：《毛泽东和他二十四位老师》，中央文献出版社 2001 年版，第 245 页。

当老师罗元鲲讲起自己的生活状况时，毛泽东听得非常认真。罗元鲲说自己用多年教书的积蓄买了一块地，结果划成分时却被划为地主，毛泽东不认可地说："您解放前一直是靠知识、靠教书吃饭的，还受了不少苦，属劳动人民，给您把成分定那么高不公道，您是自食其力嘛！"① 离京时，他专门给老师亲笔题写了"力食居"三个字，表明他是自食其力。

对于李漱清，毛泽东感激地称呼为"激进派"教师。1936 年，他曾对美国记者斯诺说："这时还有一件事对我有影响，就是本地的一所小学来了一位'激进派'教师，说他是'激进派'，是因为他反对佛教，想要去除神佛。他劝人把庙宇改成学堂。大家对他议论纷纷。我钦佩他，赞成他的主张。"② 李漱清比毛泽东大 19 岁，早年从师范毕业后即在韶山李氏族校等地教书。他思想开明进步，劝说人们不要求神拜佛，主张将庙宇、祠堂改成新式学堂，以开发乡间民智。毛泽东对私塾"读死书"不求甚解的学习方法极其反感，他被李漱清全新的办学理念所吸引，专程到五六里以外的李漱清家求教，常听李漱清讲授维新救国的往事和外地见闻。李漱清曾对怀有远大志向的毛泽东说："从今往后，你有时间就到我这里来读书习文，我这里新书不少，你想看什么，就尽管挑！"③ 1911 年到 1921 年，毛泽东在长沙读书和上海等地从事革命活动期间，每次回到家乡都要专程去看望李漱清。

这次会面中，毛泽东收到韶山乡党支部托李漱清呈送给他的汇报材料。毛泽东看完后，向李漱清说道："要组织起来搞合作化，单干不行，单干发展不起来。"又说，"当年你是主张拆祠堂，毁庙宇，办学堂的，是个激进派！现在搞合作化，你要带个头！"④ 李漱清连连点头，说："好！好！这个头我一定要带！"

临近回乡，几位老师想起此次进京该玩的玩了，该看的看了，美中不足的是觉得没坐过飞机，他们商量后给毛泽东写了个请求报告："余年八十，欲试航空，不知可否？请主席批准。"⑤ 毛泽东接信后批准了，让他们登上飞机鸟瞰长城风光，游览京城名胜，实现了老人们的夙愿。

① 尹高朝：《毛泽东和他二十四位老师》，中央文献出版社 2001 年版，第 310 页。
② 埃德加·斯诺：《西行漫记》，生活·读书·新知三联书店 1979 年版，第 111 页。
③ 尹高朝：《毛泽东和他二十四位老师》，中央文献出版社 2001 年版，第 81 页。
④ 尹高朝：《毛泽东和他二十四位老师》，中央文献出版社 2001 年版，第 95 页。
⑤ 尹高朝：《毛泽东和他二十四位老师》，中央文献出版社 2001 年版，第 97 页。

★给家乡好友的信及赠礼

毛泽东对昔日好友们的生活状况非常关心，对他们提出的要求，只要不违反国家政策的，都尽量满足，并以足够的耐心倾听他们的抱怨、牢骚和要求。

张有成是木匠出身，幼年时聪明活泼调皮，常与毛泽东一起砍柴玩耍，两人感情十分融洽。1925 年至 1927 年，张有成积极帮助毛泽东开展农民运动，并曾掩护毛泽东脱险，不富裕的他还送了毛泽东五块大洋。毛泽东一直记得这位老朋友，在他邀请的第一批到北京做客的三个人中就有张有成。毛泽东不仅派人陪他们游览了北京名胜，和他们合影留念，还赠送了礼物，有皮箱、衣服、鞋帽。关心好友、关心家乡的毛泽东在张有成返乡时，叮嘱张有成一年要给他写几封信，家中事、村里事、高兴的事和恼火的事都可以写，还送了老朋友一箱茅台酒。原来，毛泽东没有忘记老朋友嗜酒如命的特点，知道他每天不喝上几两浑身不好受。虽然他一再劝诫身边工作人员"喝酒误事"，自己一般情况下滴酒不沾，但是对这位没有什么文化的老朋友在喝酒方面还是特殊对待。1952 年，县政府贴出告示禁止蒸酒熬糖，嗜酒的张有成想，这不是要我的命吗？联系到粮亏猪贱，他一气之下，给毛泽东写信诉

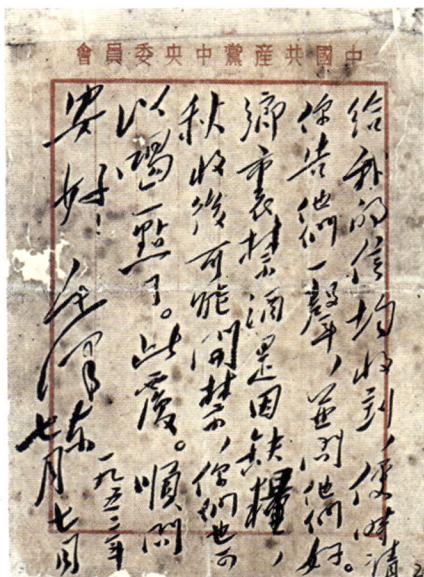

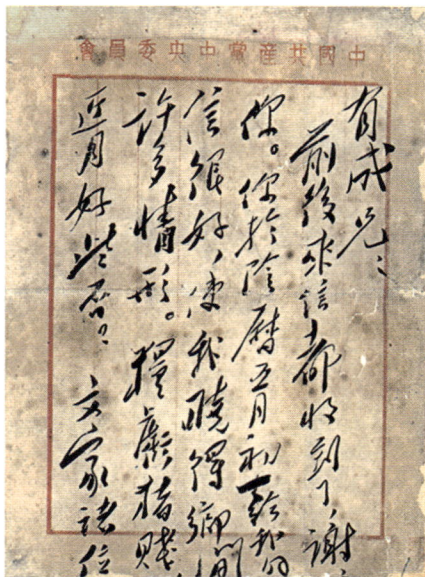

○ 1952 年 7 月 7 日毛泽东给张有成的信

苦。1952年7月7日，毛泽东亲笔回了这封信："有成兄：前后来信都收到了，谢谢你。你于阴历五月初一给我的信很好，使我晓得乡间许多情形。粮亏猪贱，近月好些否？文家诸位给我的信均收到，便时请你告他们一声，并问他们好。乡里禁酒是因缺粮，秋收后可能开禁，你们也可以喝一点了。"①

毛泽东在这封信中对当地政府因缺粮而禁酒的做法表示了肯定，同时也安慰这位嗜酒的老朋友不要发脾气，每月还定时给他寄去50元钱补贴家用。张有成用毛泽东寄来的钱常常买些腊猪耳朵做下酒菜。② 毛泽东还送过他皮箱、大衣和《毛泽东选集》第二卷。后来得知他去世，毛泽东在给张有成胞弟张四维的信中还特别提到："有成兄病逝，深为悼念。"③

郭梓材，世居韶山井湾里，毛泽东的私塾同学，毛泽东到井湾里私塾读书时，塾师除了堂兄毛宇居外，另一个是郭梓材的伯父郭伯勋。当时，毛泽东13岁，郭梓材9岁，毛泽东对这位比自己小的同学非常关心，白天一起学习，课后一起玩耍，夜晚常同睡一张床，关系非常好。1911年，毛泽东与郭梓材一起参加了湖南新军。这以后二人各奔东西，郭梓材在湘潭电灯公司就业，而毛泽东则奔走于安源、萍乡之间从事革命活动。巧合的是，郭梓材经常出差于安源一带，他们又见面了。毛泽后有困难，尚可设法帮助。"④

★给黄克诚的信

"一路景色，弥望青碧，池水清涟，田苗秀蔚，日隐烟斜之际，清露下洒，暖气上蒸，岚采舒发，云霞掩映，极目遐迩，有如图画。"⑤ 毛泽东对美丽家乡的思念之情通过这篇他一生中唯一的写景散文表达了出来。

毛泽东深深地眷恋着家乡，但他却绝不允许家乡亲友因为他个人的名望而搞特

① 《毛泽东致韶山亲友书信集》，中央文献出版社1996年版，第77页。
② 杨庆旺：《毛泽东和他的平民朋友》，中央文献出版社2001年版，第120页。
③ 《毛泽东致韶山亲友书信集》，中央文献出版社1996年版，第92页。
④ 东在得知郭梓材在电灯公司工作后，利用这一方便，开展党的地下工作，并在公司里设立了一个党支部。1927年，毛泽东又亲自介绍郭梓材加入了中国共产党。
新中国成立后，对郭梓材夫妇生活上的困难，毛泽东一直非常挂念，经常予以接济。1954年10月29日，他写信给他们："寄上人民币叁百万元（折合新币三百元，编者），为补助日用之费。嗣《毛泽东致韶山亲友书信集》，中央文献出版社1996年版，第103页。
⑤ 高菊村、龙剑宇、陈高举等：《毛泽东故土家族探秘》，西苑出版社1993年版，第11—12页。

殊。新中国成立后，世界各地人们出于对伟人的敬仰成群结队到韶山参观，当时韶山交通不便，当地政府计划从湘潭修一条通往韶山的公路，并建一个招待所，以方便人们参观。毛泽东得知此事后，立即表示反对。1950 年 9 月 20 日，他写信给中共湖南省委书记黄克诚和省委第一书记、省人民政府主席王首道，并请他们转告中共中央中南局第三书记邓子恢，叫他们立即停止此事。信云："据说长沙地委和湘潭县委现正进行在我的家乡为我建筑一所房屋，并修一条公路通我的家乡。如果属实，请令他们立即停止，一概不要修建，以免在人民中引起不良影响。是为至要。"①

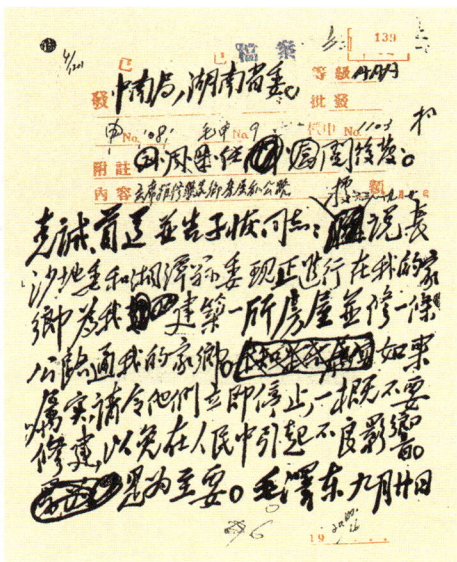

○ 给黄克诚的信

★吉姆轿车、草帽、纸扇、签名、橘饼缸

1927 年毛泽东回韶山考察湖南农民运动，在家乡短暂停留后即离开，从此投身于艰苦的革命斗争中，直到 1959 年才再次踏上家乡的土地，其间相隔了漫长的 32 年。

1959 年 6 月 25 日下午，毛泽东在罗瑞卿、王任重和周小舟等人陪同下，回到了阔别 32 年之久的家乡——韶山。看到熟悉而亲切的父老乡亲，毛泽东的心情是欢欣的。韶山人民更是喜出望外，消息不胫而走，迅速传遍整个韶山冲，一时间山欢水笑，像过节一样热闹。

这天晚上毛泽东住在韶山招待所②。第二天一大清早，毛泽东径自朝招待所附近的小山上走去。他来到父母亲墓前，接过身边工作人员采自路边的一束松枝，神情肃穆地敬献在墓前，恭恭敬敬地行了三个鞠躬礼，深情地说："前人辛苦，后人幸福。"当地干部问要不要把坟墓修一下，毛泽东说：不要了，添一下土就行了。后来，他对罗瑞卿说："我们共产党人是彻底的唯物主义者，不迷信什么鬼神。但

---

① 《毛泽东致韶山亲友书信集》，中央文献出版社 1996 年版，第 121 页。
② 毛泽东 1959 年回家乡住过的地方，现更名"韶山宾馆松山一号楼"。

○ 毛泽东1959年回韶山时戴过的草帽、
用过的纸扇

生我者父母，教我者党、同志、老师、朋友也。我下次回来，还得去看看他们二位。"

下了山到了土地冲，毛泽东一路上查看山上的树木、田里的禾苗，当时正值炎夏，烈日高照，毛泽东挥动着一把黑纸扇，还是汗流浃背，工作人员又从老乡家里找来了一顶大草帽。

毛泽东还走到附近老乡家里拉家常，他到了李文贵、谢家屋场毛霞生、毛乾吉家……每到一处，他都仔细地询问乡亲们家里的情况，听到那些相识的老人已经去世时，他神情黯淡。看到毛霞生，他高兴地说："你就是神六花①的儿子，你小时候我还抱过你哩！"每到一家，毛泽东都要向他们了解生活情况和田里水稻生产、粮食情况，他问得很详细："你们的粮食怎么吃的呢？"又问，"我们这里的水稻每亩能产多少斤？"

当得知粮食是按人定量，集体保管，如果想多吃一钵饭都没有时，毛泽东严肃地说："吃饭是件大事。没得饭吃，人就要饿死。你们当干部要做工作。"②

听说为了办集体食堂，毛霞生的房子挤了十几户人家，他马上告诉乡亲们说："我家的房子空着，可以架铺嘛！"③

6月26日晚上，毛泽东请乡亲们吃饭，有长辈、老师、亲友和当地干部，有老党员、老自卫队员和革命烈士的家属。席间，他给乡亲们敬酒、夹菜。他端着满满一杯酒来到毛宇居身边敬酒，老人激动得连忙起身相迎，并连声说道："主席敬酒，岂敢岂敢。"毛泽东应声答道："敬老尊贤，应该应该。"④ 这酒宴上的一幕，成了师生间的一段佳话。

毛宇居是毛泽东的堂兄，也是毛泽东的私塾老师。1906年，毛泽东到距韶山冲上屋场约五里的井湾里私塾跟随毛宇居学习。毛宇居对毛泽东非常严格，不准他看

---

① 神六花，毛霞生父亲毛福村的小名。
② 夏远生、马娜：《毛泽东的三湘情结》下，中央文献出版社2002年版，第475页。
③ 中共中央党史研究室科研局：《毛泽东的足迹》，中共党史出版社1993年版，第493页。
④ 尹高朝：《毛泽东和他二十四位老师》，中央文献出版社2001年版，第75页。

旧小说之类的"杂书",也不容忍他的偷闲和顽皮。在毛宇居的严厉督导下,毛泽东阅读了《春秋》《左传》等大量书籍,打下了坚实的古文功底。毛泽东虽然对先生的严厉有些不满,但内心还是非常感激他的,这种感激之情后来越发强烈。1919 年 10 月,毛泽东回韶山为母亲奔丧,回想起自己童年时在母亲身边的星点往事,回想起母亲对他的万般慈爱和一生中所付出的辛劳,写下了一篇情谊深切的《祭母文》和两副泣母灵联。毛宇居将其笔录下来,珍藏了 30 多年,直到新中国成立。1925 年,毛泽东回韶山开展农民运动,毛宇居等人

○ 1959 年 6 月毛泽东与毛宇居在韶山

积极参加。1927 年,毛泽东同杨开慧回韶山考察农民运动时,毛宇居在毛震公祠参加了盛大的欢迎大会,并在会上致了欢迎词:"毛君泽东,少年英雄;到处奔走,为国为民;今日到此,大家欢迎……"① 毛泽东非常尊敬和信任这位慈祥、敦厚的老人,曾托他照顾侄儿毛楚雄。由于毛宇居与毛泽东之间特殊的友谊,所以很多乡亲通过毛宇居将困难和要求上达毛泽东。毛泽东也十分信赖毛宇居,经常将给亲友的答复和馈赠托毛宇居转达和转交,或直接委托毛宇居为亲友办一些事情。这样,毛宇居就成了毛泽东与家乡人民联系的重要中介和信使。

饭后,有人提议要与毛泽东合影。毛泽东笑着说:"我举双手赞成。离开家乡这么多年了,今日回来能和乡亲们合个影,也是一件美事。"②

回到阔别 32 年的故乡,毛泽东的心情久久不能平静,深夜里,他挥笔写下《七律·到韶山》:

别梦依稀咒逝川,故园三十二年前。

红旗卷起农奴戟,黑手高悬霸主鞭。

为有牺牲多壮志,敢教日月换新天。

① 尹高朝:《毛泽东和他二十四位老师》,中央文献出版社 2001 年版,第 71 页。
② 尹高朝:《毛泽东和他二十四位老师》,中央文献出版社 2001 年版,第 75 页。

喜看稻菽千重浪，遍地英雄下夕烟。①

第二天，毛泽东下午就要离开的消息传遍了韶山冲。招待所所长请他题词留念，主席风趣地说："回到自己家里还要题字呀，题个什么字呢？签个名，报个到吧！"他拿起毛笔，蘸上墨，在留言簿上写下："毛泽东一九五九年六月二十七日。"

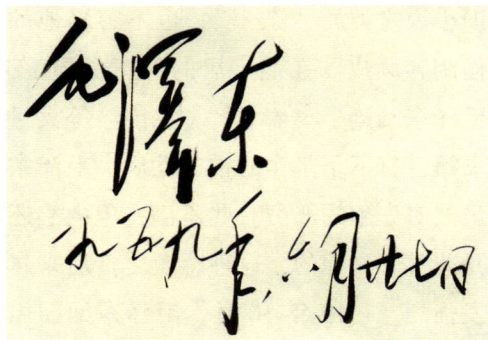

○ 毛泽东1959年回韶山签名手迹

乡亲们从四面八方赶来，送行的队伍从他居住的韶山招待所一直延伸到韶山公社机关，长达一公里。下午一点半，毛泽东从招待所出来，先和左边队伍里的人握手，从左队队首握到队尾，又从右队队尾握到队首，很多人在队首和毛泽东握了手后又飞快跑到队尾等着再次握手。这天，毛泽东和3000多名群众握过手，时间长达两三个小时。毛泽东感慨地对罗瑞卿说"这怕是我握手握得最多的一次，我的手都握劳（累）了"。

1966年6月17日，毛泽东于新中国成立后第二次回到家乡。这次，他在滴水洞住了12天。7月8日，毛泽东在湖北武汉给夫人江青的信中写道："自从六月十五日离开武林以后，在西方的一个山洞里住了十几天……"②他把滴水洞亲切地称为"西方山洞"。

1975年，毛泽东读汉代王粲的《登楼赋》，其中"情眷眷而怀归兮，孰忧思之可任"一句令他感慨不已。他对身边工作人员说：人对自己的童年，自己的故乡，过去的朋侣，感情总是很深的，很难忘记的，到老年就更容易回忆和怀念。

同样，家乡人民也一直惦记着毛泽东。1972年，毛泽东嗓子里有痰时常咳嗽，湖南乡亲知道后，特意为他制作了冰糖橘饼和金橘饼，密封在两只瓷缸里，用木箱装着送到北京，说是常吃可以化痰止咳。也许毛泽东坚信有时土单方可以胜过西药丸，也许可以寄托愈老愈浓的思乡情，总叫工作人员切碎橘饼泡水喝，一直坚持到临终。

---

① 《毛泽东诗词集》，中央文献出版社1996年版，第94页。
② 柳常青：《毛泽东家书品读》，红旗出版社2004年版，第247页。

第三节

★

友情挚挚

毛泽东对工作人员平等、爱护，对民主人士尊重、关心，对同志关注、携手同进。博大的胸怀、真诚的爱给毛泽东带来的不仅有与普通人的友情，更使他与国际人士结下了深厚的友谊。

★资助工作人员的记载

毛泽东曾对身边工作人员说："我和我的亲人，和我的孩子们一年也见不上几次面。你们在我身边工作，我们每天在一起，朝夕相处，你们比我的孩子还亲啊……"① 身为中国人民的领袖，无论是战火纷飞的革命岁月，还是日理万机的新中国建设年代，毛泽东像关心子女一样关心着身边的工作人员，把他们的冷暖、家事放在心上。

毛泽东身边的工作人员中有不少是从战争年代起就跟随着他的，当时没有时间和条件学习，文化水平低，很多人为此苦恼不已。在毛泽东的倡导和关怀下，中南海机关专门为卫士和身边工作人员办了一个业余学校，由毛泽东出钱买课本和本子、笔墨等，参加学习的70多人每人发一套，还以他的名义请来了5位老师，开了语文、数学、地理、政治、自然等课程。教室设在一个小平房里，除值班和外出者都坚持学习。经过几年的学习，文化低的同志都补习到了初中文化程度，与此同时，还选派部分同志到一些大学进修，掀起了一个持续数年的学文化高潮。

毛泽东对身边工作人员既严格要求，又尽可能地帮助他们解决生活上的实际问题。工作人员工资低，工作既辛苦又没有规律，还有的家庭负担沉重，毛泽东是体

---

① 李银桥：《在毛泽东身边十五年》，河北人民出版社1991年版，第274页。

谅他们、感激他们的。每当身边工作人员生活中遇到困难，毛泽东总是及时伸出援助之手。有一次，生活管理员吴连登老家的草房失火被烧，他很是着急，打算把自己不多的一点积蓄拿出来寄回去。不知道谁把这件事告诉了毛泽东，他派人送了300元钱给吴连登。1972年，毛泽东又一次听说吴连登家里出现了困难，于是马上派人送去200元钱。不仅是吴连登，毛泽东身边的工作人员大多接受过他的资助。

对于曾经在他身边工作过的人员，毛泽东时常牵挂。他一再交代身边的工作人员："在我这里工作过的人员来看我，一定要报告。我不忙时，就带到我这里。我忙的时候，你们就代我接见。"① 他的工资开销计划表上，帮助身边同志是一个专项。有时不够了，就动用稿费。②

毛泽东曾亲自帮助身边好几位工作人员解决生活问题。在这方面，他热心、细心，既讲大道理，又讲实际。李银桥、吴旭君、封耀松等的终身大事，都是毛泽东促成的。

1947年毛泽东在与身边工作人员逗乐时，瞅了个空子，话锋一转，悄声问李银桥："你看小韩这个人怎么样？"小韩是李讷的保姆。

李银桥当时没想到别的方面去，随口应道："不错。"

毛泽东望着他，颇有深意地说："你们可以多接触，多了解一些么。"

李银桥这才知道他的意思，低下头没有说话。

毛泽东的声调温和而亲昵，像父亲同孩子说悄悄话一样继续鼓励说："多谈谈，互相多关心，多帮助，那多好呀。"③

后来有一天，毛泽东忽然叫住前来请示工作的小韩和李银桥，他微笑着问李银桥岁数，李银桥回答说21岁。毛泽东又笑着对小韩说："小韩，你今年19了，对不对？"小韩正惊讶毛泽东怎么会记得这么清楚，就见毛泽东意味深长地一笑："那很好么，你们应该互相多帮助。"④

李银桥明白毛泽东的意思，心里十分感激。可又不知道怎样和小韩说。

最终还是毛泽东帮他得到一次"突破"的机会。一天，李银桥家里写信说要给他介绍对象，毛泽东指点他把信拿给小韩看。李银桥把信拿给小韩看后，试探地问：

---

① 宋一秀、杨梅叶：《毛泽东的人际世界》，中央文献出版社2000年版，第23页。
② 宋一秀、杨梅叶：《毛泽东的人际世界》，中央文献出版社2000年版，第24页。
③ 李银桥：《在毛泽东身边十五年》，河北人民出版社1991年版，第102页。
④ 李银桥：《在毛泽东身边十五年》，河北人民出版社1991年版，第104页。

"你看怎么办？如果，如果……不合适就推掉吧？"

"那就，那就推掉呗……"小韩脸都红了。

就这样相互明白了心意，李银桥和小韩开始交往起来。

毛泽东鼓励他："谈下去，银桥，要继续谈下去。你们都在我身边工作，又都是安平县老乡，走到一起来了。要说缘分，这就叫缘分。"①

1948年12月，李、韩二人申请结婚的报告批复下来。由于战争尚未结束，没有举行婚礼。1949年3月党中央机关进驻北京后的一天，毛泽东忙中抽空，喊来李银桥说："过去受条件的限制，你和小韩的结婚仪式一直未办，现在条件好些了，你们选个日子，把结婚仪式补办一下吧。"

李银桥连忙推辞，然而毛泽东坚持要补办。二人拗不过毛泽东一片好意，商定在"五四"青年节举办。毛泽东点头赞同："好，这个日子选得有意义。"②

收到两人的喜糖，毛泽东显得格外高兴。

在毛泽东的搭桥牵线下，他身边5位工作人员解决了婚姻问题。

毛泽东关心工作人员，与他们亲如一家。但毛泽东也像对待子女一样对他们要求严格，绝不允许他们搞特殊化，也不曾帮助任何人"飞黄腾达"做"大官"。身边工作人员调离时，他除了叮嘱他们"生活有困难就给我来信"外，临别赠言还总少不了这样几句话："安心搞生产"，"要夹着尾巴作人"。③

★还章士钊钱的记录

毛泽东与民主人士章士钊有着不一般的友谊。无人可以想象，在毛泽东的一生中有一笔长达十几年的还债记录。"债主"就是章士钊。

章士钊（1881—1973），字行严，湖南长沙人，我国近现代史上一位有影响的政治活动家、学者和律师。当过北洋军阀政府的司法总长、教育总长；解放战争后期曾任南京国民政府和谈代表团成员；新中国成立后，他曾任中央文史研究馆馆长，是毛泽东家中的常客。

1963年12月26日，毛泽东七十寿辰设了两桌饭，除了亲属外，只邀请了章士钊、程潜等四位湖南老乡作陪，章士钊带着女儿章含之出席。席间毛泽东得知章含

---

① 李银桥：《在毛泽东身边十五年》，河北人民出版社1991年版，第106页。

② 李银桥：《在毛泽东身边十五年》，河北人民出版社1991年版，第107页。

③ 宋一秀、杨梅叶：《毛泽东的人际世界》，中央文献出版社2000年版，第24页。

○ 1961 年 2 月 23 日毛泽东与身边工作人员合影。前排左起：杨颖、李敏；后排右起：李银桥、兰芳、吴旭君、胡秀云、封耀松

之在外国语学院英语系任教，便提出请她教自己学英语。于是 1964 年元旦过后，章含之开始教毛泽东英语。有一天，毛泽东读完英文后和章含之散步，闲谈中忽然提到自己 1920 年向章士钊借了两万银圆。他对含之说："你回去告诉行老①，我从现在开始要还他这笔欠了近 50 年的债，一年还 2000 元，十年还完两万。"没过几天，毛泽东的秘书果真送去了第一个 2000 元，并说以后每年春节送上 2000 元。②

原来，章士钊与毛泽东的恩师杨昌济是好友。1920 年，毛泽东、蔡和森为赴法勤工俭学运动，手持杨昌济的推荐信求见当时在上海的章士钊，希望他能资助。章士钊当即在上海积极募捐，将募捐到的两万银圆赠予毛泽东，毛泽东将其中的一万银圆资助湖南的赴法勤工俭学的学生，另一万元用于湖南革命活动。连章士钊都没料到，毛泽东居然要为 40 多年前的这笔募捐款还账。章士钊十分不安，要女儿转告毛泽东不能收此厚赠，当时的银元是募集来的，他自己也拿不出这笔巨款。

章含之把父亲的话带给毛泽东，毛泽东笑了："你也不懂我这是用我的稿费给

---

① 章士钊字行严，毛泽东经常称他行老。
② 中共中央文献研究室《缅怀毛泽东》编辑组：《缅怀毛泽东》下，中央文献出版社 1993 年版，第 575 页。

行老一点生活补助啊？他给我们共产党的帮助哪里是我能用人民币偿还的呢？你们那位老人家我知道一生无钱，又爱管闲事……我要是明说给他补助，他这位老先生的脾气我知道，是不会收的。所以我说还债。你就告诉他，我毛泽东说的，欠的账是无论如何要还的。这个钱是从我的稿酬中付的。"①

从此，每年农历正月初二这天，毛泽东总要让秘书送 2000 元到章士钊家中，章士钊推也推不掉。

直到 1972 年，毛泽东已经送满两万元人民币了。1973 年春节过后不久，毛泽东得知这年没有再送钱去，他告诉章含之："怪我没说清，这个钱是给你们那位老人家的补助，那里能真的十年就停！我告诉他们马上补送。" 又要含之回去告诉父亲："从今年开始还利。50 年的利息我也算不清应该多少。就这样还下去，行老只要健在，这个利息是要还下去的。" 毛泽东认真地说道："这个钱一直送到行老不在为止。他去世了，就停了。你们这一代要靠自己，不要靠父亲的遗产。"②

○ 毛泽东生活费收支报表中有关还章士钊钱的记录

章士钊深知毛泽东的用意，对家人说："主席想得真周到，他是要在经济上帮助我，怕我钱不够用。主席怕我好面子，不肯收，故意说是还钱，还利。"③

★鸭绒枕头、宋庆龄给毛泽东的信

毛泽东与宋庆龄有着极为深厚的诚挚友谊，且感人至深。毛泽东对宋庆龄始终保持着特殊的尊重。新中国成立后，虽然他们都在为党和国家大事日夜操劳，但他们依然保持着亲切的交往。

① 中共中央文献研究室《缅怀毛泽东》编辑组：《缅怀毛泽东》下，中央文献出版社 1993 年版，第 575 页。

② 中共中央文献研究室《缅怀毛泽东》编辑组：《缅怀毛泽东》下，中央文献出版社 1993 年版，第 576 页。

③ 李银桥：《在毛泽东身边十五年》，河北人民出版社 1991 年版，第 272 页。

○ 毛泽东和宋庆龄

毛泽东与宋庆龄早在第一次国共合作期间就认识了。毛泽东在 1936 年 9 月 18 日给宋庆龄的信中也写道："武汉分别，忽近十年。每从报端及外来同志口中得知先生革命救国的言论行动，引起我们无限的敬爱。一九二七年后，真能继续孙中山先生革命救国之精神的，只有先生与我们的同志们。"①

对于宋庆龄为中国革命作的贡献和她对中国共产党的关心，毛泽东铭记于心。1949年 1 月 19 日，中国革命胜利在望，毛泽东、周恩来联名邀请宋庆龄北上参加政治协商会议。宋庆龄由于身体等原因，未能成行。毛泽东说，新政协会议缺了孙夫人不行。② 6 月 19 日，新政协筹备会刚刚结束，中共中央便决定由邓颖超③携信专程前往上海迎接宋庆龄北上，参加新中国的筹建工作。在这封毛泽东的亲笔信中他热情地表示："仰望之诚，与日俱积。兹者全国革命胜利在即，建设大计，亟待商筹……敬希命驾莅平，以便就近请教，至祈勿却为盼！"④ 字里行间洋溢着对宋庆龄的敬佩、信任和期待。8 月 28 日，宋庆龄专列驶进北平。毛泽东一早就向工作人员打了招呼，要亲自去火车站迎接，他特意穿上那套平时不穿，只有迎接知名人士才穿的浅色衣服。尽管到火车站的路途不远，但在毛泽东的催促下，迎接队伍还是提前出发了，到达车站等待了半个多小时，宋庆龄的专列才到站。车刚刚停稳，毛泽东便走上车厢，亲自迎接宋庆龄下车。当晚，毛泽东专门设宴为她洗尘，欢迎她前来共商国是。

在通信中，毛泽东常以"亲爱的大姐"称呼宋庆龄，言语间满是和老朋友聊天时的幽默风趣。如 1956 年 1 月 26 日给宋庆龄的信中，毛泽东说："我仍如旧，十分能吃，七分能睡。最近几年大概还不至于要见上帝，然而甚矣吾衰矣。望你好生保养身体。"⑤ 毛泽东一次到上海，顺路看望宋庆龄，发现她的客厅在一楼，卧室在二楼，

① 《毛泽东书信选集》，中央文献出版社 2003 年版，第 53 页。
② 卢之超：《毛泽东与民主人士》，华文出版社 1993 年版，第 88 页。
③ 时任中共中央候补委员，中华全国妇女联合会副主席。
④ 《毛泽东书信选集》，中央文献出版社 2003 年版，第 298 页。
⑤ 《毛泽东书信选集》，中央文献出版社 2003 年版，第 469 页。

细心的毛泽东后来派人送去了一卷铺在楼梯上的红地毯，以保证宋庆龄行走安全。

宋庆龄同样非常牵挂毛泽东的身体与生活。她得知毛泽东喜欢躺在床上办公和学习，就特意派人送去一个高级的、柔软的鸭绒枕头，让毛泽东看书的时候可以枕得更舒服。毛泽东收下了这份礼物。但生性简朴的毛泽东比较"恋旧"，已经习惯了一直使用的荞麦枕，这个高级的软枕头只用了几天，便让工作人员将其收入储藏室，又用回了自己的荞麦枕。宋庆龄知道后，对此表示理解。

1957 年冬，我国北方贮菜时节，毛泽东派人给宋庆龄送去了一些山东大白菜，宋庆龄非常高兴，于 12 月 1 日回了一封热情洋溢的感谢信。"敬爱

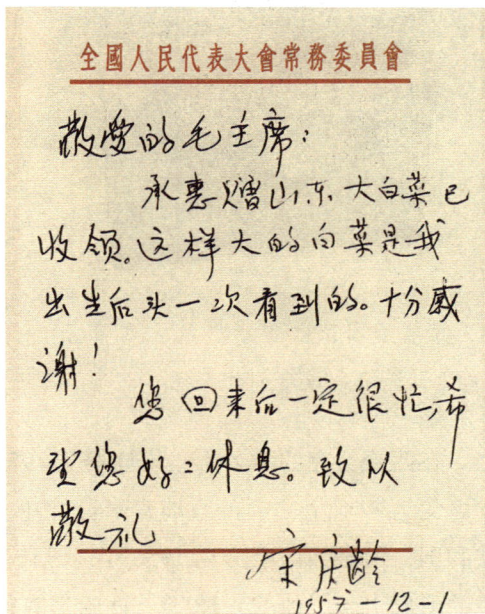

○ 1957 年 12 月 1 日宋庆龄给毛泽东的信

的毛主席：承惠赠山东大白菜已收领。这样大的白菜是我出生后头一次看到的。十分感谢！您回来后一定很忙，希望您好好休息。"[1]

★公文包、雪茄木盒、红领巾

作为党和政府的领袖，毛泽东每年都要收到很多国礼，但他都让工作人员登记后上交国库了。工作人员曾劝他留用一些，但毛泽东不允许这么做。在众多外国朋友送的礼物中，毛泽东只留下了极少几件，如公文包、雪茄木盒、红领巾等。之所以留下，那是因为其中饱含了太深太重的情谊。

柬埔寨国家元首诺罗敦·西哈努克是毛泽东的老朋友，他见毛泽东用的棕色公文包多处磨损、表皮脱漆、拉链提手断裂，就将自己正在使用的从法国买的黑色公文包送给了毛泽东。经不住老朋友的一番心意，在工作人员的再三请示下，毛泽东才接受了这件礼物。此后，毛泽东外出视察，工作人员便用这个公文包装文件、文

---

① 韶山毛泽东同志纪念馆馆藏资料。

○ 柬埔寨国家元首诺罗敦·西哈努
克亲王送给毛泽东的公文包

具、放大镜乃至牙粉之类的必备之物，俨然就是一个"百宝箱"。

毛泽东与西哈努克的友谊是从 1956 年第一次握手开始的。西哈努克后来回忆与毛泽东第一次见面时说："我的初次印象就使我觉得：在我面前的是人类中的一个伟大人物。他慈祥而富表情的面孔闪烁着智慧、沉着和坚毅。我很快对毛泽东产生了好感，他对我也这样，这是十分明显的。"①

在西哈努克的努力下，柬埔寨于 1953 年实现独立和统一，他在本国被称为"独立之父"。② 独立之后的柬埔寨奉行"中立政策"，在外交上并不公开承认中华人民共和国，但是当西哈努克 1956 年 2 月访问中国时，"很可能是因为我这个爱国的亲王的形象引起了他的兴趣"③，西哈努克得到了中国最高规格欢迎仪式的接待，而且毛泽东与他进行了三次单独交谈，这在毛泽东同其他国家首脑的交往中是没有第二例的。④

在之后的十多年中，中国还多次热情接待了西哈努克，毛泽东有时候与他在游泳池边交谈，有时到北戴河。一次柬埔寨的政变把两人的关系推向高潮，西哈努克对中国进行了一次长达多年的访问，这次访问中他与毛泽东的友谊更加深刻与感动人心。

1970 年 3 月，柬埔寨内阁首相朗诺发动军事政变，宣布废黜西哈努克。刚到达苏联访问的西哈努克在苏联得到的话是："如果您愿意，可以在莫斯科休息一夜，于明天早上飞往金边。"⑤ 苏联人委婉地下了逐客令。但随后西哈努克在中国却并没有因为地位的改变而受到冷遇，相反得到了热情的接待：带着毛泽东的重托，周恩来总理不但前往机场迎接，明确地告诉西哈努克："您仍然是国家元首。您是唯一

---

① 文显堂、郑巧临：《毛泽东与外国首脑》，中共中央党校出版社 1999 年版，第 304 页。
② 文显堂、郑巧临：《毛泽东与外国首脑》，中共中央党校出版社 1999 年版，第 303 页。
③ 文显堂、郑巧临：《毛泽东与外国首脑》，中共中央党校出版社 1999 年版，第 305 页。
④ 文显堂、郑巧临：《毛泽东与外国首脑》，中共中央党校出版社 1999 年版，第 299 页。
⑤ 文显堂、郑巧临：《毛泽东与外国首脑》，中共中央党校出版社 1999 年版，第 309 页。

○ 毛泽东会见西哈努克亲王

的国家元首，我们决不承认别人。"① 还特意邀请西哈努克同乘一辆汽车，并给予他长期居住的安置：把漂亮、宽敞的前法国驻中国大使馆作为西哈努克及随行人员的住宅。这一切都是根据毛泽东以国家元首的规格迎接西哈努克的指示而精心安排的。对一个落难者，毛泽东表现出理解与尊重。每次会见西哈努克，他都亲自起身接送。他还邀请西哈努克"五一"劳动节到天安门城楼观看焰火，公开向全世界表明支持西哈努克的坚决态度。正在建设中的新中国不仅承担了西哈努克一行 100 多名柬埔寨人的生活开支，而且承担了他们在国际上开展外交所需的费用。每当西哈努克提到偿还中国援助问题时，毛泽东总是摆摆手说："我们不是军火商。"毛泽东和中国给予的无私帮助让西哈努克感到十分过意不去："中国自己的负担很重，她给了第三世界许多帮助，而我连同我的随行人员、朋友和工作人员现在也成了额外的负担。"毛泽东却回答他："我请求你让我们多负担一点。相信你的人愈多，我就愈高兴。到你身边来的人愈多，我就越喜欢。没有什么了不起嘛！让尽可能多的人来支持你。如果他们不能去战场打仗，让他们来这里，六百、一千、两千或者更多，中国随时都准备支持他们，给他们提供一切便利。"②

中国和毛泽东做的这一切感动了西哈努克。他曾对记者说："要是中国不帮助

---

① 文显堂、郑巧临：《毛泽东与外国首脑》，中共中央党校出版社 1999 年版，第 311 页。
② 文显堂、郑巧临：《毛泽东与外国首脑》，中共中央党校出版社 1999 年版，第 313 页。

我，我连身上的衣服也没有着落……是中国承担了我们的一切费用。为了避免给人以有损我们尊严的印象，他们把我们当作一个现任政府，同它签订了明确的财政协议。协议规定向我们提供长期的无息贷款，偿还期是柬埔寨取得彻底解放后再过30年。"他激动地说道："中国不输出坦克和士兵，而是输出尊严和对别人的尊重。"①

毛泽东与西哈努克之间的深厚友谊已成为国际交往史上的一段佳话。而那个普通的公文包就是这份友谊的历史见证。

毛泽东对信仰不同的他国人的尊重与无私帮助也体现在我国外交政策方面。这种友好的态度和政策得到了其他国家领导人及人民的认可，也使新中国由建国初遭到帝国主义封锁发展到1976年与111个国家建立起了外交关系。

其中，古巴是拉丁美洲第一个与新中国建交的国家。中古建交不到50天，古巴第三位重要领导人格瓦拉就访问了中国。格瓦拉原本是一个家境富裕的阿根廷人，毕业于医学院，行医中意识到人民的苦难非药可治，在阅读了马列著作后决心从事政治斗争，从此以解放整个拉丁美洲为己任。格瓦拉曾读过西班牙文本的《毛泽东选集》，被其中关于游击战的理论深深吸引。在他的广泛传播下，毛泽东的游击战理论在古巴被称为"来自中国的粮食"。格瓦拉见到毛泽东，讲的第一句话是："我们在斗争中对毛泽东同志一向是很敬仰的。"当毛泽东称赞他是国际主义者时，格瓦拉恭敬地说："毛主席，你们革命的时候，我们还没有出生呢！"②

○ 古巴友人送给毛泽东的雪茄烟盒

对于古巴革命，毛泽东非常支持，在多种场合给予了高度评价。毛泽东也得到了古巴友人的尊敬与爱戴。得悉毛泽东爱好抽烟，古巴友人特意给他送来了雪茄和精美的雪茄木盒。

毛泽东崇高的爱国主义精神、大而无畏的气质与无私宽阔的胸怀让世界人民认识了他，让爱戴他的人充满了世界各个角落。有一条苏联少先队员送给毛泽东的红领巾，两腰边缘配有长120厘米，宽5.5厘米的深红色缎带，缎带上缝制有金黄色的俄文字体。它是1954年11月12日苏联梅其森中学的小朋友委托在苏联

① 文显堂、郑巧临：《毛泽东与外国首脑》，中共中央党校出版社1999年版，第312页。
② 刘万镇、李庆贵：《毛泽东国际交往录》，中共党史出版社2003年版，第458、459页。

访问的中华全国科学技术普及协会代表团送给毛泽东的。在 1955 年 2 月 15 日中华全国科学技术普及协会写给毛泽东的信中记载着："代表团在苏联期间到处都受到苏联人民热情的欢迎和亲切的招待。许多苏联朋友都委托他们转达对您的问候和敬意……莫斯科市的少年先锋队员们曾委托代表团交给您一条红领巾，以表达他们对您的热爱和敬意。"①

○ 苏联梅其森中学学生送给毛泽东的红领巾

★周恩来送的眼镜

毛泽东与战友之间则是风雨同舟、生死与共的情谊。他与周恩来总理的情谊就是最典型的例子。

毛泽东与周恩来在政治上相辅相成的默契延续到生活中。一个是主席，一个是总理，他们共同面对着衰老、疾病，甚至同时面临着死亡考验，两人像寻常百姓一样相互间有着细致的关心。

从 1971 年开始，毛泽东患上了帕金森症、支气管炎和肺气肿等疾病，体质逐渐衰弱，健康状况很不稳定。1974 年 8 月，在湖北武汉毛泽东又确诊患了"老年性白内障"，两只眼睛的患病程度轻重不一。这种病是在黑眼珠的瞳孔位出现白色反光，使晶状体变混浊，视力逐步下降，严重时可导致失明。当时并没有快速见效的治疗办法，只有做手术，而做手术的最佳时间要等到成熟期，待其成熟了才能采取手术措施。据张玉凤回忆：毛泽东患眼病，中央委员会乃至政治局成员都不知道，只有负责领导主席医疗组工作的周恩来和汪东兴等极少几个人知道。他们几个人了解情况后都很关心和支持主席这里的工作，特别是周恩来，非常着急。他除了及时了解病情和指导眼科专家的会诊外，还将自己使用多年的一副眼镜送给了主席，并给我写了一封信。他说："这副眼镜是我戴了多年，较为合适的一副。送给主席试戴，如果不合适，告诉我，给主席重配。"② 毛泽东非常感动，此后一直戴着周恩来送他的这副眼镜，直到做白内障手术。这副眼镜镜框为深浅不一的棕色，镜片为无色水

---

① 韶山毛泽东同志纪念馆关于红领巾的保管资料。
② 张玉凤：《毛泽东轶事》，湖南文艺出版社 1989 年版，第 16 页。

○ 周恩来送给毛泽东的眼镜

晶片。

　　周恩来还细心地想到，耀眼的闪光灯对毛泽东的眼睛有很大刺激，而当时是我国外交活动的高潮期，很多访问中国的外国元首总是要求见毛泽东，甚至见不到就不肯回国。周恩来于是一再地告诉负责拍摄的记者：拍摄时间必须严格限制在三分钟内，多一分钟也不行，时间一到要立即关灯。

　　总理对主席的关心细致入微，而主席对总理也是这样。毛泽东的工作人员为了解决他长时间坐沙发上容易下滑的问题，想方设法把比较高而大、坐垫比较硬的俄式沙发改制成了透气的、比较矮的软沙发。沙发做成后，毛泽东很满意，并嘱咐："总理现在生病，给总理送一个去。"①

　　1965 年，周恩来检查出心脏病，毛泽东随即关心地告诉他工作量减少一点儿，少看一点儿文件。周恩来患了癌症后，毛泽东又多次劝他"安心养病"，"节劳，不可大意"，并提出请邓小平出山，主持日常工作，以减轻周恩来的负担。1975 年 2 月，四届全国人大一次会议后，正饱受病痛折磨、在湖南长沙养病的毛泽东听说周恩来由于劳累过度病情恶化，每天便血不止时，他非常伤感，费力地、一字一句地对工作人员说："去打个电话问问总理现在的情况怎样了。"② 毛泽东要求能够让他及时了解、掌握周恩来的病情和手术情况，他身边的工作人员常常来不及通过中办秘书局，就直接从周恩来住处西花厅或者三〇五医院将病情报告呈送到了毛泽东处。一收到有关周恩来的病情报告，毛泽东总是非常认真地审阅，即便是患了眼疾不能亲自看，也指示工作人员念给他听，他总是听得格外认真、细致，听完之后又嘱咐关于周恩来的事情要"快去办"③。工作人员还惊讶地发现毛泽东居然能记住周恩来每天失血的数字以及施行手术的次数。他亲自指示由叶剑英、邓颖超、汪东兴和张春桥四人专门领导医疗组负责周恩来的身体治疗。毛泽东的关心让周恩来感动万分，他写信说："因主席对我病状关怀备至，今又突然以新的病变报告主席，心实不安，

---

　　① 张玉凤：《毛泽东轶事》，湖南文艺出版社 1989 年版，第 13 页。
　　② 张玉凤：《毛泽东轶事》，湖南文艺出版社 1989 年版，第 14 页。
　　③ 张玉凤：《毛泽东轶事》，湖南文艺出版社 1989 年版，第 14 页。

故将病情经过及历史病因说清楚，务请主席放心。"周恩来用颤抖的手述说着："主席：最近四年来，我的大便中偶有潜血出现，但因消化系统好，未进行肠胃检查。这两年又因膀胱癌出现，尿中有血，易于计量和检查，故医疗力量集中于治疗膀胱癌。现膀胱癌经过两次开刀，三次电烧，已经稍稍控制……今年开会①后，大便中潜血每天都有，大便也不通畅。因此利用三月间隙，进行食钡和灌钡检查，始发现大肠内接近肝部位有一肿瘤，类似核桃大，食物成便经此肿瘤处蠕动甚慢，通过亦窄……而这一大肠内的肿瘤位置，正好就是四十年前我在沙窝会议后得的肝脓疡病在那里穿肠成便治好的的。"②

1976年1月8日，几乎一夜未合眼的毛泽东正侧身卧床看着文件，工作人员张耀祠急匆匆地赶到了游泳池毛泽东卧室，将周恩来逝世的噩耗报告给他。

毛泽东听后许久一言未发，只是点点头表示知道了。从近几年的病情报告，毛泽东显然已料到周恩来的逝世，长期的伤感，使他的眼泪枯竭了，他已无法向这位患难与共的同志、战友表露他内心的痛苦和悲伤。几天后当周恩来追悼会召开时，工作人员问他"去参加总理的追悼会吗？"听闻此言，一直处于悲伤中的毛泽东，一只手举着还没来得及放下的文件，另一只手拍拍略微跷起的腿，痛苦而又吃力地说："我也走不动了。"③

毛泽东最后一次参加追悼会是在1971年，那是他的战友陈毅的追悼会。追悼会结束上车时，毛泽东双腿明显吃力，许久都登不上汽车，最后在工作人员的搀扶下才上了车，回去不久发生了休克，在医生极力抢救下苏醒过来的毛泽东身体更是大不如前了。周恩来逝世时，毛泽东已需要人搀扶着站起来。但这位曾经谈笑风生的老人又不愿意让人们看见他举步维艰、不能讲话的病态，从1973年党的十大开始，他开始回避出现在公众场合。这种复杂痛苦的心境一般人又岂能理解。

周恩来追悼会的前一天，工作人员念邓小平致的悼词的清样。毛泽东听着，不再是默默地流泪，而是失声痛哭。他无法参加追悼会，便派人送去一个花圈，放置在周恩来的遗像旁。周恩来逝世以后，毛泽东的情绪十分不好，烦躁，不愿讲话。只是借助刚刚治好的一只眼睛，不停地阅读。

---

① 指四届全国人大一次会议。
② 尹家民：《共和国风云中的毛泽东与周恩来》，中共中央党校出版社1999年版，第452页。
③ 张玉凤：《毛泽东轶事》，湖南文艺出版社1989年版，第21页。

★齐白石送的砚台、郭沫若送的手表、邓散木刻制的印章

新中国成立后，毛泽东总是收到各种礼物，有纪念性礼品，也有土特产。对于这些礼物，毛泽东常常要求全都退回去，退不了的就上交国库。湖南家乡送的土特产虽是例外，但他一定要算清价钱，分文不少地送去。当然，在众多礼物中，也有极少数毛泽东留下来使用的，如齐白石送的砚台、郭沫若送的手表和邓散木刻制的印章等。保存使用这几件礼物，不仅因为它们蕴含着毛泽东对文化的挚爱，更见证了毛泽东和民主人士、文化界人士的友谊。

出生在湘潭韶山冲的毛泽东比出生在湘潭县白石铺杏子坞的老乡齐白石小29岁，两人以前并没有见过面，直到新中国成立后，他们才开始成为亲密的忘年交。1949年人民解放军进入北京后，86岁高龄的齐白石收到了毛泽东的一封亲笔信，字里行间充满着敬老尊贤的谦和之情。信中还邀请齐白石以无党派民主人士身份参加新政治协商会议，共商国家大事。白石老人高兴得一夜没有合眼。不久，他应邀出席了周恩来主持的各界人士招待会。

开国大典前夕，齐白石抑制不住内心的喜悦，为新中国的胜利诞生而欢欣鼓舞。为了表达对人民领袖的爱戴，齐白石精心镌刻了朱、白两纹寿山石名章托人呈献毛泽东。

1950年4月的一个下午，毛泽东派人派车将白石老人接到中南海，两位同乡终于见面，他们从家乡的山水、风俗，谈到他们相识的许多友人的往事，谈到绘画艺术上的继承与创新，谈到白石老人的生活情况，一直延续了好几个小时。接下来的晚宴在家人般的亲切气氛中进行，还特邀了朱德总司令出席作陪。席间，毛主席、朱总司令不断举杯祝愿老人健康长寿，毛主席还频频为白石老人夹些烧得软的菜。回到家，齐白石抑制不住内心的喜悦，把见到毛主席的情景和他的心情，每一个细节都告诉家人："毛主席和我口音一致，每个字都听得入耳，十分亲切……""这一天，是我一生中最难忘的一天。我一辈子见过有名望有地位的人，不计其数，哪有像毛主席这样诚挚待人、和蔼可亲的。何况他是人民的领袖、国家的元首。"[1] 让家人也跟他一起分享这幸福的时刻。

为了感谢毛泽东主席的知遇之恩，1950年国庆前夕，齐白石从自己珍藏多年的

---

① 林浩基：《中国现代传记系列丛书——齐白石》，中国青年出版社1987年版，第406页。

国画精品中，选出一幅立轴《鹰》和一副对联，赠给毛泽东。这两件作品均是齐白石十多年前的佳作。同时，齐白石还把自己用了近半个世纪的一方石砚送给了毛泽东。这方砚台现陈列在韶山毛泽东同志纪念馆里，被鉴定为国家一级文物。砚台为不规则长方形，四角稍圆，长 24.8 厘米，上宽 15.5 厘米，厚 2 厘米，下宽 14.6 厘米，整砚配有一个精致楠木匣。砚台表面一半面积微陷，用于研墨。左、前两端及背面左下角小部分刻有云状浮雕纹，砚台右侧有一行雕刻小字："片真老空石也，是吾子孙不得与人，乙酉八十九岁，齐白石记于京华铁栅屋。"

○ 齐白石送给毛泽东的砚台

　　齐白石知道毛泽东喜爱他的画，几乎每年都有新作送给毛泽东。1951 年他画了《松鹤旭日》巨幅画，歌颂共产党和毛泽东，把毛泽东比作太阳。同年还送去一幅《菊花图》。1952 年 9 月，为庆祝国庆 3 周年，齐白石与人联合创作了巨幅国画《普天同庆》赠给毛泽东。毛泽东高兴地收下这份礼物，立即回函致谢："白石先生：承赠《普天同庆》绘画一轴，业已收到，甚为感谢！并向共同创作者徐石雪、于非闇、汪慎生、胡佩衡、溥毅斋、溥雪斋、关松房诸先生致谢意。" 1954 年，齐白石又与毛泽东在湖南第一师范读书时的同学高希舜、章适园等老画家一起共同创作了《和平幸福图》，倾吐了自己对社会主义新生活的热爱和对人民领袖的爱戴。①

　　1953 年白石老人生日过后不久，毛泽东特意送上四件寿礼：一坛湖南特产茶油寒菌、一对湖南王开文笔铺特制长锋羊毫书画笔、一支东北野参和一架鹿茸，祝老人福寿康宁，百岁期颐。

　　毛泽东和郭沫若的交往则比较早，在 20 世纪 20 年代两人已数次谋面。当时，郭沫若提出"革命文学"的口号，是一位蜚声文坛的诗人。1926 年 3 月，郭沫若经瞿秋白推荐、中共组织安排，出任广州大学（即今中山大学）文科学长。到达广州

---

① 殷理由：《毛泽东交往百人丛书——民主人士篇》，山西人民出版社 1993 年版，第 60 页。

后，郭沫若去林伯渠家拜访，不料林伯渠不在，却在他的书房遇见了毛泽东。两位久闻大名而从未见过面的名人，在这里偶然相遇，惊喜不已。这就是毛泽东和郭沫若的第一次会面，他们从此开始了整整持续半个世纪的交往。对于这次会面，1937年郭沫若回忆对毛泽东的最初印象："太史公对于留侯张良的赞语说：'余以为其人计魁梧奇伟，至见其图，状貌如妇人好女。吾于毛泽东亦然。人字形的短发分排在两鬓，目光谦抑而潜沉，脸皮嫩黄而细致，说话的声音低而委婉。"① 之后二人还有几次会面，直到郭沫若流亡日本，毛泽东上了井冈山。郭沫若回国后，为了抗战需要，创作了大量作品，他将战国时期"四君子"之一魏信陵君窃符救赵的故事改编成话剧《虎符》，以此宣传爱国主义思想，并托人把剧本带给了毛泽东。毛泽东读后，回信云："收到《虎符》，全篇读过，深为感动。你做了许多十分有益的革命的文化工作，我向你表示庆贺。"②

1944 年 3 月，郭沫若又写了《甲申三百年祭》，文章叙述了明末李自成领导的农民起义军攻入北京推翻明朝后，由于领导内部发生宗派斗争以致起义最终失败的历史故事。这篇文章在重庆《新华日报》上发表，毛泽东读后深有感触，指示将郭沫若的《甲申三百年祭》和《屈原》印成单行本，供党员干部学习。后来郭沫若收到这两本小册子，非常感激，当天给毛泽东、周恩来等写信感谢他们的鼓励。毛泽东接信后，回信说："武昌分手后，成天在工作堆里，没有读书钻研机会，故对于你的成就，觉得羡慕。你的《甲申三百年祭》，我们把它当作整风文件看待。"信中可以看出毛泽东对郭沫若殷切的希望，"此次抗日战争，应该是成熟了的吧，国际条件是很好的，国内靠我们努力。我虽然兢兢业业，生怕出岔子，但说不定岔子从什么地方跑来；你看到了什么错误缺点，希望随时示知。你的史论、史剧有大益于中国人民，只嫌其少，不嫌其多，精神决不会白费的，希望继续努力。"③

自从 1927 年武昌分手后，两人已经十多年没有见面了。毛泽东希望能见到郭沫若，郭沫若也渴望能见到毛泽东和延安的朋友们。

1945 年，毛泽东和郭沫若终于有机会再次相见。抗战胜利后，蒋介石玩弄"假和平、真内战"阴谋，三次电邀毛泽东到重庆谈判。为了揭露蒋介石的真面目，毛泽东置生死于度外，毅然接受邀请，赶赴重庆与蒋介石谈判。在重庆，毛泽东受到

① 张浩宇：《毛泽东与郭沫若》，湖北人民出版社 2013 年版，第 40 页。
② 《毛泽东书信选集》，中央文献出版社 2003 年版，第 198 页。
③ 《毛泽东书信选集》，中央文献出版社 2003 年版，第 217 页。

了社会各界人士的热情欢迎。

8 月 28 日下午，当毛泽东、周恩来、王若飞等人乘坐的飞机在重庆九龙坡机场缓缓降落后，欢迎的人群从四面八方拥来，其中就有郭沫若、于立群夫妇。当毛泽东和郭沫若两双手紧握时，郭沫若激动得两眼都湿润了。

毛泽东在重庆谈判的 43 天中，除主持谈判外，还同各界朋友进行了广泛的接触。桂园是他接见各界人士最多的地方。在重庆，郭沫若有幸与毛泽东多次会面。

据郭沫若的妻子于立群回忆，那是 9 月 3 日，他们接到通知说，毛主席下午要到天官府来看望各界人士。后因当天有胜利大游行，车辆无法通行，聚会地点临时改为毛主席的住处——桂园。郭沫若和于立群立即动身，步行赶到主席住处。毛泽东接见的还有翦伯赞、邓初民、冯乃超、周谷城等。毛泽东与大家谈笑风生，气氛格外融洽。谈话时，郭沫若就坐在毛泽东的左边。毛泽东对他说："你写的《反正前后》，就像写我的生活一样。当时我们所到的地方，所见到的那些情形，就是同你所写的一样。"郭沫若双耳重听，听力不好，只能侧耳倾听着毛泽东的每一句话，注视着毛泽东的每一个神情和动作。谈话中，他看到毛主席用的是一只旧怀表，会后便把自己的欧米茄手表取下来送给了毛泽东。一块手表，承载的是一段不平凡的历史，记录着一段难忘的岁月，同时更凝聚着一位民主人士对中国共产党及其领导人不同一般的情谊。也许正是因为这个原因，在此后的 30 余年时间里，尽管毛泽东有许多更换新表的机会，但他都不肯换，一直戴着这块

○ 郭沫若送给毛泽东的手表

手表到临终。手表戴久了，镀层脱落，表带泛黄，还经常坏，每次坏了便拿到亨得利钟表店修理。最后一次修理是在 1973 年，换了表盘，前后花了三四十元钱。

邓散木是我国著名的金石篆刻家，当年印坛所谓"北齐南邓"，指的就是齐白石与邓散木。邓散木篆刻初学浙派，后师秦汉玺印，形成了章法多变、雄奇朴茂的风格。1931—1949 年间，曾在南方连办十二次展览，有书坛的"江南祭酒"之称。

邓散木虽未能像齐白石等艺术名家一样与毛泽东有直接交往，但他却发自内心地崇敬毛泽东，热爱新中国。1963 年 8 月的一天，章士钊派秘书王益知到邓散木家

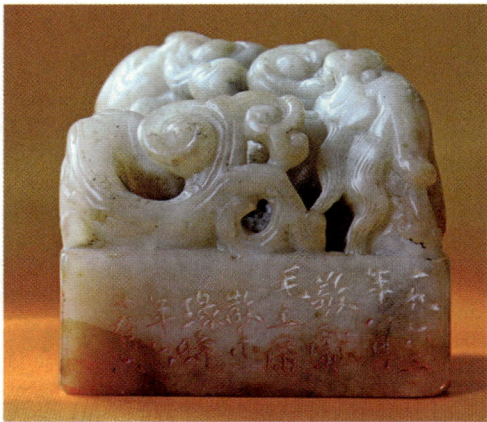

○ 邓散木为毛泽东治的印章

拜访。王益知向邓散木转达了章士钊有意请他为毛泽东治印写字的想法。当时邓散木因病身体十分虚弱，但他听说是为毛泽东治印，十分高兴地答应了。随后，他寻觅金石，裁纸打格，并精选寿山田黄石，刻就"毛泽东"一印。此印长6厘米，高5.5厘米，宽6厘米，呈立方体，明黄色，顶部镂空琢双龙，因此又称"龙纽大印"。印的一侧刻有"1965年8月，敬献毛主席，散木缘时六十有六"。

邓散木的治印成为毛泽东藏印中的精品。毛泽东喜欢这方印章，主要是因为此印在章法上独具匠心。印文中，繁体"毛泽东"三字从右往左依次排列，"泽"字三点从左边挪到了右下端，从而使详略更为得当、结构更为严谨、布局更为优美；笔画较少的"毛"字的最后一笔反向倒旋以寓"反手掌乾坤"之意，同时在布局上可填补"泽"字右上端空白，这样一来，"毛"字虽然不大符合阅读习惯，但从印文布局上看，整体感觉更加美观协调了。

第五章

雅情逸趣　坦荡情怀

★

　　毛泽东爱好众多：他喜爱登山游泳，祖国的许多名山胜水都留下了他伟岸的身影；他喜欢诗词书法，其诗豪迈奔放，雄冠古今，其书笔走游龙，别具一格；他听戏、踏雪、赏梅……雅情逸趣中无不体现出伟人的率真性格与浪漫情怀。

第一节
★
喜爱的体育运动

毛泽东一生倡导体育锻炼，早在青年时期，他采用的锻炼项目很多，如冷水浴、日光浴、风雨浴、游泳、登山、长途跋涉等。1917 年 4 月 1 日，在著名的《新青年》杂志上，他署名"二十八画生"发表论文《体育之研究》，认为：身体是知识和道德的载体，体育锻炼有强筋骨、增知识、调感情、强意志等许多好处。对于体育运动，毛泽东不仅把其作为锻炼身体的好方法，而且视其为磨炼意志的重要方式。

★登山用的拐杖

《论语·雍也》："智者乐水，仁者乐山。智者动，仁者静。智者乐，仁者寿。"毛泽东是智者又是仁者，他对青山有着特殊的情结。毛泽东喜欢山，这与他早年成长经历密不可分。毛泽东从小生长在群山环抱的山区——韶山，他是山里的孩子。童年时代，毛泽东时常在山里放牛和玩耍，山给了他无穷无尽的乐趣和灵感。青年时代的毛泽东也常登山，经常和好友攀登岳麓山，有时在半山腰的爱晚亭中读书和畅谈人生，有时则登上峰顶，眺望湘江两岸的美丽风光，他甚至曾在雷雨交加的黑夜，登岳麓山。一个夏天的晚上，狂风暴雨，雷鸣电闪，毛泽东独自一人，顶狂风，冒大雨，爬上岳麓山顶，借以锻炼自己的胆量①。当然这是有讲究的，据《尚书·尧典》记载：远古时的尧打算传帝位给舜，但同时设置了艰险的考验——在暴风雨的天气里，他把舜蒙眼送到原始森林深处，然后看他能否顺利走回来，不迷路。这叫作"纳于大麓，烈风雷雨不迷"②。毛泽东喜欢体验这种感觉。毛泽东喜欢山还与他的战争经历有关。在硝烟弥漫的战争年代，毛泽东戎马倥偬，常年与山打交道，

---

① 高菊村、陈峰、唐振南等：《青年毛泽东》，中共党史资料出版社 1990 年版，第 50 页。
② 逄先知、金冲及：《毛泽东传（1893—1949）》，中央文献出版社 2004 年版，第 36 页。

这使得他对山的感情愈加浓厚。

新中国成立后，每当外出巡视，毛泽东都要抽时间去登山。毛泽东一生究竟到过多少名山大川，恐怕已无法准确统计。总之，他的习惯是每到一地都要打听和了解当地自然名胜、历史古迹、风土人情，稍有余暇，就要亲临胜境仔细领略、品味大自然的博大情怀。

毛泽东登山有几个特点：一是不喜欢走回头路。1954 年春，毛泽东在杭州主持起草新中国第一部宪法时，闲暇中便去登杭州附近的山峰。一次，登到半山腰时，已是傍晚，同去的人说：再往前走，没有路了，天黑了就什么也看不见了，提出下山往回走，毛泽东说：

○ 毛泽东登山用过的拐杖

"你们是累了吧，不能累了就不干了，路是人走出来的嘛，我们往前走，绝不下山，不走回头路。"二是登山时坚持不坐轿子。有一年在长沙，毛泽东邀请程潜等湖南名流同游岳麓山。登山前，工作人员为毛泽东等岁数大些的人准备了小轿，准备从山下坐轿上云麓宫。然而，毛泽东坚持不坐轿子，他说："轿子我不能坐，还是给老先生们坐吧！"程潜与湖南大学的一位考古学教授坐轿上了山，而毛泽东则拄着拐杖慢慢登上了云麓宫。① 还有一次，毛泽东与张治中同行到安徽，张治中请他上黄山看一看，毛泽东一辈子没上过黄山，他也想去，问："公路修到哪里了？"张治中说："修到了山下，上山可以坐轿。"毛泽东听说要坐轿，便不打算去："那就不去了，我不坐轿。"后来，毛泽东再到安徽，张治中旧事重提，毛泽东依然问："公路可修到山顶了？"张说："还没有，山下轿子很多。"结果，毛泽东还是没有登上黄山，他宁愿不去黄山也不坐轿。② 三是喜欢走自己的路。1954 年春，工作人员王芳陪同毛泽东到钱江果园，看完果园后，毛泽东意犹未尽，不想下山，又带头登上了狮子峰。登完狮子峰，毛泽东依然兴致勃勃，又继续往高处走，登上了五云山。在整个登山过程中，王芳多次提出要为毛泽东带路，可毛泽东坚决不赞成，一直按

① 龙剑宇：《毛泽东家居》，中共党史出版社 2013 年版，第 341 页。
② 龙剑宇：《毛泽东家居》，中共党史出版社 2013 年版，第 341 页。

自己的意思走。①

在毛泽东遗物中，他登山用的拐杖共有五根，其中有根未经雕琢的竹杖倍受毛泽东的青睐。这根拐杖是毛泽东在杭州登山时工作人员就地取材制成的，为了防滑，还特意在底部绑了一块蓝色的橡胶。当时，临到上山前，人们才发现没带拐杖，于是有人到附近农家砍了一根竹子。毛泽东拄着这根散发着清新竹香的拐棍，突然问："这根竹子有没有付钱？"工作人员说："老乡本来不收钱，但我们还是付了。"毛泽东赞扬他们做得对。登山途中，毛泽东兴致很高，还跟大家开玩笑说："你们也要弄根拐棍嘛，三条腿上山比两条腿稳当呢！"②事后，毛泽东带着这根竹杖回到了北京。后来，毛泽东在中南海散步和外出视察时经常使用它，对这根竹杖愈来愈喜爱。有一天，越南共产党主席胡志明提出要与毛泽东交换拐杖，毛泽东看了看胡志明手里那根精致的拐杖，扬起自己手中的这根，说："就用我这根打狗棍跟你换？换不得，换不得，换了你就太吃亏了！"胡志明决意要换，毛泽东说："用金子换竹子，不合算呦，我不能让你吃这个亏。"③

登山经常激发毛泽东的创作灵感，如三次登临杭州北高峰后，毛泽东创作了

○ 1954 年 2 月毛泽东登杭州北高峰

《五律·登北高峰》一诗：

三上北高峰，杭州一望空。

飞凤亭边树，桃花岭上风。

热来寻扇子，冷去对美人。

一片飘飘下，欢迎有晚莺。④

北高峰位于浙江灵隐寺后，与南高峰相对峙，是西湖群山之一，海拔三百余米。山上树木葱葱郁郁，曲折三十六弯。在北高峰的附近有飞凤亭、桃花岭、扇子岭、美人峰等名胜，根据作者自注，诗中

①　李敏、高风、叶利亚：《真实的毛泽东——毛泽东身边工作人员及有关同志的回忆》，中央文献社 2006 年版，第 17 页。

②　龙剑宇：《毛泽东家居》，中共党史出版社 2013 年版，第 340 页。

③　龙剑宇：《毛泽东家居》，中共党史出版社，2013 年版，第 341 页。

④　胡国强：《毛泽东诗词疏证》，西南师范大学出版社 1993 年版，第 398 页。

的"扇子"指扇子岭,"美人"指美人峰。

在杭州,毛泽东登过许多山,如丁家山、玉皇山、北高峰、莫干山、五云山等。他几乎把杭州市周围所有的山都登遍了,有的地方还去过多次,差不多每个星期出去一次。此诗在毛泽东生前并没有发表,直至1990年,才由其秘书林克透露。①

在毛泽东诸多的诗词作品中我们还可以觅到许多有关山的踪影,如《西江月·井冈山》《念奴娇·昆仑》《清平乐·六盘山》《七绝·莫干山》《七绝·五云山》《七律·登庐山》等。

★游泳裤、洗眼杯

除了登山,毛泽东还酷爱游泳,少年时代就是游泳好手。家旁边的池塘便是天然的游泳池,毛泽东经常与小伙伴们一起游泳。

到长沙求学后,湘江成了毛泽东游泳的理想场所。每年5月到10月,毛泽东和几个同学经常到湘江游泳。到了冬天,许多人都不敢下水,毛泽东和几个伙伴还坚持冬泳。1917年9月20日,毛泽东的同班好友罗学

○ 毛泽东穿过的游泳短裤

瓒在日记里写道:"今日往水陆洲头泅渡,人多言北风过大,天气太凉。余等竟行不顾,下水也不觉冷,上岸也不见病。坚固皮肤,增进血液,扩充肺腑,增加气力,不得谓非运动中之最有益者。人言固足信哉?"毛泽东自己后来回忆说:"那时初学,盛夏水涨,几死者数。一群人终于坚持,直到隆冬,犹在江中……"②

毛泽东畅游湘江时还曾发出"自信人生二百年,会当水击三千里"的豪言壮语。"人生二百年"他无法做到,"击水三千里"却是他始终没有放弃的梦想。

1925年,毛泽东又来到了湘江边,这一回,他是来告别的:"独立寒秋,湘江北去……恰同学少年,风华正茂;书生意气,挥斥方遒……曾记否,到中流击水,浪遏飞舟?"可以说,游泳之于毛泽东不仅仅是一种爱好,更是一种磨炼意志的方式。"到中流击水,浪遏飞舟",正是这种奋发向上的自信,使得他一次次勇于挑

---

① 胡国强:《毛泽东诗词疏证》,西南师范大学出版社1993年版,第398页。
② 逢先知、金冲及:《毛泽东传(1893—1949)》,中央文献出版社2004年版,第36页。

战，并成功地搏击风浪。

这次告别湘江后，毛泽东全身心投入中国革命的洪流中，直到新中国成立后，他才又重新开始游泳。

1954年夏，毛泽东来到北戴河。一天工作之余，毛泽东想要去游泳，可天气不佳，海面上狂风咆哮，波涛汹涌。毛泽东见到翻腾的大海，游兴大发。随行的工作人员担心他的安全，劝他别游，可毛泽东却坚持要游。此时的毛泽东虽已六旬高龄，却镇定自如，先侧泳，后仰泳，他像一位勇者无畏地征服着这一切……

毛泽东喜欢仰泳和侧泳，畅游之前，他习惯在水里打几个滚。毛泽东不仅潜在水里的时间长，还能既不浮出水面，又不沉入池底，摆出类似打坐的姿态静止不动地悬在水中间。他还能直立在水中，一动不动。

上岸后，毛泽东诗兴大发，写下气势恢宏的——《浪淘沙·北戴河》：

大雨落幽燕，白浪滔天，秦皇岛外打鱼船。一片汪洋都不见，知向谁边？往事越千年，魏武挥鞭，东临碣石有遗篇。萧瑟秋风今又是，换了人间。

游过大海的毛泽东，仍然意犹未尽，想征服比海更险的激流，于是他选择了长江。长江是我国的第一大河，它江宽、水深、流急、浪高、漩涡四布、暗流汹涌，江面上还经常有4~5级的风，因此很少有人敢横渡长江。可它对于毛泽东来说，却充满着无限的魅力。

1956年5月31日，毛泽东畅游长江的夙愿终于实现了。他从蛇山北边游到汉口的淡水池附近，历时两小时，全程约15公里。从此，毛泽东一发不可收拾，波澜壮阔的长江，成了他最喜爱的畅游之地。6月3日，毛泽东再次畅游长江一小时。

古人云："仁者乐山，智者乐水。"水以它的清明和变化莫测，给无数智者以启迪。但古今中外，没有哪一位智者比毛泽东更善于从水中吸取力量和智慧，并引发澎湃的诗情。在畅游长江期间，毛泽东为横渡万里长江的豪情所激荡，有感于社会主义建设的良好形势，纵笔写下了《水调歌头·游泳》这一名篇：

才饮长沙水，又食武昌鱼。万里长江横渡，极目楚天舒。不管风吹浪打，胜似闲庭信步，今日得宽余。子在川上曰：逝者如斯夫！

风樯动，龟蛇静，起宏图。一桥飞架南北，天堑变通途。更立西江石壁，截断巫山云雨，高峡出平湖。神女应无恙，当今世界殊。

毛泽东喜欢征服大风大浪，1955年6月，毛泽东回湖南调研考察。初夏将至，湘江水涨，泥沙枯枝俱下，毛泽东来到湘江边。他的老同学、时任湖南省教育厅副厅长的周世钊陪同。面对波涛滚滚的湘江，毛泽东竟然要下水游泳。周世钊劝阻："水中泥沙多，江面又宽又深，不适合游泳。"毛泽东笑道："你不要说外行话！庄子说过：'水之积也不厚，则其负大舟也无力'，水越深，浮力越大，游起来当然更便利，你怎么说不便呢？"[①] 毛泽东执意要游。也许是为了寻找那段珍贵的回忆吧，毛泽东心情特别激动。四十多年前，毛泽东在一师读书时，曾无数次畅游这里。如今，那个"风华正茂"的少年，在历经磨难后，已成为开国领袖，带领全党全国各族人民，扬眉吐气，建设新中国。"漫江碧透，百舸争流"，毛泽东心潮澎湃、思绪万千，正是这种思绪点燃了他再度畅游湘江的激情。此次畅游，毛泽东从城北七码头乘船至猴子石下水，横渡湘江，在河西牌楼口北面登岸，共畅游一个多小时。湘江正值涨水，水质浑浊，为了不让泥水伤到眼睛，工作人员还特意为毛泽东用洗眼杯洗眼。据毛泽东身边工作人员吴旭君回忆，洗眼杯是用于毛泽东外出游泳后专门清洗眼睛的，由保健医生随身携带。毛泽东喜欢游泳，经常与水打交道，但有时水的质量无法保证，特别是在南方游泳时，常遇上涨水，眼睛很容易被感染。这时，保健医生就会用4%硼酸水为毛泽东清洗眼睛。

○ 毛泽东用过的洗眼杯

毛泽东不爱喝酒，但冬天游泳前为了暖身，也会喝上一点茅台。据毛泽东的卫士张木奇回忆，1958 年 1 月，毛泽东曾在广西南宁邕江冬泳。静谧的江水荡漾着袭人的寒气，就连年轻人也会冻得直打哆嗦，可 65 岁的毛泽东却豪气不减当年，连续地在水中表演着几种游泳方式，侧泳、仰泳都是他的拿手好戏，舒展自如，使人感觉这不是在冬天……[②]

晚年的毛泽东依然钟情那一泻千里的江水。在繁忙的工作之余，他总是找机会到奔腾的江水、咆哮的大海中畅游一番。1966 年，73 岁高龄的毛泽东再一次乘风破浪，畅游长江。

7 月 16 日的武汉晴空万里，长江两岸万众欢腾。武汉市五千游泳健儿，正在举

① 龙剑宇：《毛泽东家居》，中共党史出版社 2013 年版，第 199 页。
② 参见冯瑛：《毛泽东卫士忆毛泽东冬泳》，《党史文汇》2002 年第 12 期。

行第 11 届横渡长江游泳比赛。毛泽东神采奕奕地站在甲板上检阅与江水搏斗的游泳大军。就在人欢水笑、群情沸腾的时候，毛泽东乘坐的快艇开到武昌大堤口附近。他迈着稳健的步伐，从船舷的扶梯走下来，先在水里浸了一下，然后便伸开双臂畅游起来。这时是上午 11 时整。

汛期的长江，水流湍急，浪涛滚滚，拍打江岸。毛泽东在浩瀚的江面上，时而挥臂侧游，拨开层层波涛，破浪前进；时而仰卧水面，看万里碧空。陪同游泳的中共中央中南局第二书记、湖北省委第一书记王任重，和一群矫健的男女青年，紧跟在毛主席身边。

○ 1966 年 7 月 16 日毛泽东在武汉畅游长江

毛泽东一面击浪前进，一面同周围的同志们谈笑风生。一位女青年告诉毛主席："我这是第二次在长江里游泳了。"毛泽东笑着对她说："长江又宽、又深，是游泳的好地方。"陪同毛泽东游泳的另一位女青年，只能游一种姿势，毛泽东发现了，便亲切地教她仰游。毛泽东说："长江水深流急，可以锻炼身体，可以锻炼意志。"[1]

将近 12 点，辽阔的江面上刮起 5 级风，浩浩江面波涛滚滚。停候在江心的快艇向毛泽东开来，准备迎接毛泽东上船。

王任重几次请毛泽东上去休息。毛泽东问：游了多少时间？周围同志说：45 分钟了。毛泽东兴致勃勃地说："还不到一个小时嘛！"接着又继续向前游去。游过 1 小时零 5 分，王任重再一次请毛泽东上船休息。毛泽东风趣地说："你是这里的省委第一书记，我听你的命令。"[2]

毛泽东一直保持着对游泳的迷恋。到了 1974 年，毛泽东的身体已经日渐衰弱，当时他正在长沙，他已不能再去湘江畅游了。为了能游泳，他只能选择长沙游泳馆，在这里，毛泽东穿着他喜欢的红色游泳裤进行了生平最后一次游泳。

---

① 参见王谦：《毛泽东的游泳爱好》，《文史天地》2004 年第 2 期。

② 参见王谦：《毛泽东的游泳爱好》，《文史天地》2004 年第 2 期。

第二节
★
缓解压力的休闲方式

公务极为繁忙的毛泽东，有着自己独特的娱乐休闲方式。工作之余，他喜欢打打乒乓球，也偶尔打打纸牌、下下围棋、搓搓麻将，通过这些轻松的方式来放松头脑，理清思路，真正做到"劳逸结合"。

★乒乓球拍、球网

工作余暇，毛泽东喜欢用打乒乓球来放松自己，这种休闲方式始于延安。

解放战争时期，陕北的生活条件非常艰苦，娱乐休闲活动极度贫乏。毛泽东工作繁忙，医护人员想帮助他放松头脑，于是常邀他一起打乒乓球。没有标准精致的球台，总后勤部的木匠们，便找来两块木板，自己刨平，做好了土球台；球网由自己编制；而乒乓球则是缴获敌人的战利品，打球的设备就这样七零八凑地齐全了。毛泽东时常与工作人员打球，尽管球艺不精，却起到了放松头脑的作用，他乐此不疲。①

1946年，大雪过后的一天，毛泽东和往常一样从窑洞里走出来，只见他头戴棉帽，身着棉衣，脸上带着几分疲惫。战士们早就把积雪清扫完，搭起了球台，在那里等候了。从照片上可以看出，此时的毛泽东采用的是直板握法，球拍是"光

○ 1946年毛泽东在延安打乒乓球

---

① 参见陈情：《毛泽东与体育运动》，《文史月刊》2006年第1期。

板"，虽然条件简陋，但毛泽东依然兴致盎然。发球、接球，毛泽东快乐无比……

新中国成立后，生活条件改善了很多，毛泽东依然喜欢用打乒乓球来缓解压力、放松情绪。无论是在北京还是外出调研期间，工作间隙，稍有余暇，工作人员就请他打乒乓球，一般情况下他都会欣然应允。

毛泽东打乒乓球有个特点，那就是在打球之前，他会将上衣袋装满球，让陪打的人也将衣袋装满球，这样既可免除捡球的麻烦，又保持了运动的连续性，等到袋子里的球打完了，运动也就随之结束。毛泽东球技不高，无论是高低正歪的球，他都一律推挡。身边工作人员总是给他好球，他有时也声东击西，左推右挡，使对方难于招架。每逢打个好球，他也会高兴得像个年轻人。

★围棋、麻将

中国有句古话说得好：文武之道，有张有弛。毛泽东就是这样的人，他兴趣爱好广泛，有时也喜欢大众化的娱乐方式，例如下围棋和打麻将。毛泽东遗物中就有围棋和麻将。围棋是北京市宣武区金属文具厂出品的；两副麻将，一副为牛骨质地，橙色，另一副为塑料质地，呈淡绿色，均出自澳门的三友麻雀象牙庄。

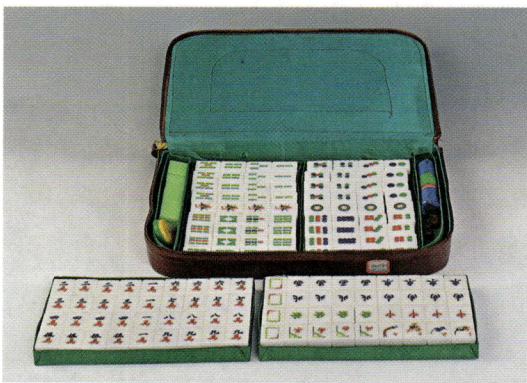

○ 毛泽东用过的麻将

毛泽东青少年时期就玩过扑克、打过麻将。特别是1925年回乡开展农民运动时，他还在旧居横屋以打麻将、玩扑克做掩护召集各种会议。

在延安时期，由于工作繁忙，毛泽东不再打麻将了。后来，由于患肩周炎，经过一段时间的治疗后，病情不但没见成效，反而转为慢性。这让卫生处领导很着急，他们召集医务人员想办法，最后，领导交给朱仲丽①一个任务，要她说服毛泽东打麻将，以此活动肩膀关节，缓解肩周炎。不过毛泽东一般情况下都只打四圈，打完之后就起身朝自己办公室走去。

有一天，朱仲丽趁毛泽东心情好时，走进办公室，毛泽东叫她坐下。朱仲丽说：

————————

① 王稼祥的夫人。

"想不想陪我打麻将?"毛泽东无可奈何地说:"你的嘴就是厉害。好嘛,医院开来处方一个,打麻将四圈,目的是帮助肩关节功能的恢复。"① 朱仲丽马上吩咐卫士拿来麻将,就在毛泽东窑洞里的小方桌上打起来,大家有说有笑,气氛非常活跃。

新中国成立后,毛泽东在身边工作人员的再三邀请下,也会偶尔打打麻将,玩玩扑克牌,但这都是为了放松脑筋,理清思路。他常常在打麻将中思考问题,换换思维。有时打到半路,他会突然起身,大步流星地走进办公室,伏案工作,这让陪他娱乐的工作人员很扫兴。

毛泽东打麻将还有另外一个显著的特点就是喜欢"借题发挥"。一次,叶剑英等人与毛泽东一起玩麻将。第一盘开始时,毛泽东就风趣地说了一句:"咱们今天搬砖头喽!"见大家都没作声,毛泽东便解释道:"打麻将好比面对着这么一堆大砖头。这堆砖头好比一项艰巨的工作。对这项艰巨的工作,不仅要用气力一次次、一摞摞地把它搬完,还要开动脑筋,发挥智慧,施展才干,就像调兵遣将,进攻敌人一样,灵活运用这一块块砖头,使它们各得其所,充分发挥作用。你们说对不对?"几圈后,毛泽东似乎又悟出许多哲理,他说:"打麻将嘛,这里边也有辩证法呢。有人一看手中的牌不好,就摇头叹气,这种态度,我看不可取。世界上一切事物都不是一成不变的。打麻将也是一样,就是最坏的牌,只要统筹调配,安排使用得当,也会以劣代优,以弱胜强。相反,胸无全局,调配失利,再好的牌拿在手里,也会转胜为败。最好的也会变成最坏的,最坏的也会变成最好的,事在人为!"说到这里,毛泽东一边爽朗地笑着,一边向牌友告退,疾步走进办公室。显然,他又想到了另一个问题……②

---

① 夏佑新:《偶尔涉之的麻将牌》,《新湘评论》,2010 年第 3 期。
② 龙剑宇、夏佑新:《毛泽东遗物故事》,大象出版社 2002 年版,第 183 页。

第三节
★
独特的生活习惯

毛泽东的生活习惯很独特，他曾对保健医生徐涛说：我的生活里有四味药：吃饭、睡觉、喝茶、大小便。能睡、能吃、能喝、大小便顺利，比什么别的药都好。

★兰花茶杯

○ 毛泽东用过的茶杯

喝茶是毛泽东除吸烟外的又一大嗜好。他喝茶有几个特点：一是喜欢喝浓茶。据毛泽东的保健医生徐涛回忆：毛泽东每日睡醒后第一件大事就是喝茶、看报纸。他喝绿茶，尤喜龙井，要浓、要热。二是喜欢嚼茶叶。每次喝完茶，毛泽东总喜欢用手指把茶叶掏出放到嘴里全吃了，他认为茶叶像青菜一样也有营养，全吃下去似乎是理所当然的事①。1957年初春，毛泽东在中南海菊香书屋批阅文件。值夜班的卫士轻轻走过来，准备给毛泽东的茶杯里续水。照规律，一个小时左右要续一次水。可就在这时，毛泽东伸出左手端起了茶杯。糟糕，杯里没水了。毛泽东眼皮耷拉着，目光顺着鼻梁而下，往杯子里望去。他右手放下那支红蓝铅笔，忽将三个指头插入茶杯，一抠，杯里的残茶进了他的嘴巴。他顺势用手背擦了一下沾湿的嘴角，咀嚼起来。这一连串的动作自然熟练，像个老农。卫士目瞪口呆，赶紧拿起空杯出去换茶。"主席吃茶

---

① 中共中央文献研究室《缅怀毛泽东》编辑组：《缅怀毛泽东》下，中央文献出版社1993年版，第609页。

叶了，是不是嫌茶水不浓？"卫士小声报告卫士长李银桥。李银桥对此似乎司空见惯，根本不当回事，说："吃茶怎么了？在陕北就吃。既然能提神，扔掉了不是浪费？"① 三是爱喝隔夜茶。毛泽东睡前喝的那杯茶，他从不倒掉，总是在第二天起床后加点开水又喝。

茶是世界三大饮品之一，是"万病之药"。从传统意义上说，茶有驱散疲劳、清思明目、生津止渴、利尿止泻、清热解毒、镇咳平喘和消食减肥等作用。《淮南子》称"神农尝百草，日遇七二毒，得茶而解之"。现代医学研究表明，茶叶中含有咖啡因、茶碱、胆碱等生物碱，属于碱性饮料，可中和因过食肉食美味等导致的酸性体质，维持血液的酸碱平衡，起到消除疲劳、提神醒脑的作用。

1947 年 3 月 18 日，毛泽东率领党中央机关主动撤离延安，开始转战陕北，领导西北和全国的解放战争。西北战场上，继青化砭、羊马河、蟠龙镇三战三捷后，8 月，毛泽东又策划了对西北战局有决定意义的沙家店战役。战役打响后，毛泽东一根接一根地抽烟，茶水更是不断。还是老习惯，泡过水的茶叶用手一抠便进了嘴，嚼一嚼咽下去。头一天是一包茶叶冲三次水后才吃掉茶叶，到了第三天已经是冲一次水就吃掉茶叶。沙家店战役打了三天两夜，毛泽东一直不出屋，不上床，不合眼。算起来，他一共抽掉 5 包半烟，喝掉几十杯茶，喝掉三分之一瓶酒。② 终于，捷报传来，全歼钟松的三十六师，俘敌 6000 余人。

毛泽东晚年喜欢喝绿茶，绿茶中的儿茶素含量高达 25% 以上，研究证实，绿茶能明显降低血清胆固醇水平、降低冠状动脉粥样硬化几率，从而起到预防冠心病的作用。因此，毛泽东喜欢喝茶也有其养生保健的道理。

毛泽东不但喜欢喝茶，而且对茶的历史、文化、作用都非常熟悉。他说，最早种茶、饮茶都在中国，可能在 9 世纪首先传入日本，后来才传到欧洲、印度。他也知道唐朝陆羽著的《茶经》是世界上第一部茶的专门著作，常说："这也是中国人对世界做的贡献。"毛泽东了解茶能提神、健脑，所以他不仅把茶当作一种饮品，更视为一服"良药"。他还引经据典："茶可以益思、明目、少卧、轻身"，"这些可是你们的药学祖师爷李时珍说的。"③

---

① 权延赤：《红墙内外——毛泽东生活实录》，昆仑出版社 1997 年版，第 3—4 页。
② 参见李银桥：《在毛泽东身边十五年》，河北人民出版社 1991 年版，第 35—37 页。
③ 中共中央文献研究室《缅怀毛泽东》编辑组：《缅怀毛泽东》下，中央文献出版社 1993 年版，第 609 页。

关于毛泽东的茶具，种类比较多，但他最钟情的应属景德镇制造的兰花茶杯。这种茶杯是汪东兴与江西景德镇联系特别设计的。因为毛泽东喜欢兰花，所以茶杯就采用了兰花的图案。

★葡萄糖

毛泽东晚年依然喜欢喝茶。为了保证毛泽东每日能吸收到充分的营养，工作人员开始在茶水中掺兑葡萄糖、柠檬汁。毛泽东常吃的葡萄糖是北京果脯厂生产的，十分普通；柠檬汁则产自海南。毛泽东喝过加有葡萄糖的茶后觉得味道上还过得去，便没有再反对。于是葡萄糖便成了毛泽东生前吃过的最高级的"补品"了。

○ 葡萄糖

毛泽东喜欢粗茶淡饭，反对"进补理论"，对于人参、鹿茸、灵芝之类的补品，他的观点是："补品能少吃就少吃，当然，最好不吃。战胜疾病，保持健康，主要还得靠自己身体的力量……这叫做自力更生为主，争取外援为辅。"① 护士孟锦云还曾专门问毛泽东："主席，您为什么不吃些补品呢？吃了确实有用呢。"毛泽东笑着说道："你常吃补药吗？"孟锦云笑着摇头说："我还年轻嘛。"毛泽东说："年轻的不必要吃，年老的最好也不要吃。有些所谓高级的东西，我可并不认为有何特殊之处，只不过物以稀为贵罢了。还有一些人有一种很特殊的心理，比如皇帝皇后吃过的什么东西，某某名人常吃的东西，他们就认为十分名贵起来，甚至名贵到高不可攀，神乎其神。所以那些有了权、有了钱的人是绝不肯放过它的，仿佛吃了皇帝吃过的东西自己便成了皇帝，吃了名人吃过的东西，自己也成了名人。这叫做沾光，这些东西便叫做很稀罕的高级补品。"②

① 龙剑宇、夏佑新：《毛泽东遗物故事》，大象出版社2002年版，第202页。
② 龙剑宇、夏佑新：《毛泽东遗物故事》，大象出版社2002年版，第202页。

第四节
★
看戏、听曲

毛泽东喜欢看戏听曲，但他一直公务繁忙，很少有时间能像普通人一样坐下来安心地看戏听曲。据他身边的工作人员回忆，毛泽东在 20 世纪 60 年代很少有机会坐在电视机前观看文娱节目。

★电视机、电视节目单

新中国成立后，毛泽东每天公务缠身，他无暇享受那份由电视带来的娱乐，但他却非常关心身边工作人员的生活。为丰富工作人员的文化娱乐生活，毛泽东曾自掏腰包为他们购买了一台"金星"牌黑白电视机，这让工作人员特别感动。

晚年，毛泽东由于行动上不方便，很少外出活动，心理上难免有些孤寂。这段时期，他便迷恋上原本很少看的电视、电影。他的客厅也改装成电视室、电影室。毛泽东常常一个人坐在电视机前，一看就是好几个小时。①

后来，毛泽东重病在身，在沙发上也很难看电视了，工作人员只好把电视机搬进卧室，让毛泽东躺在床上看。不久，彩色电视机进入中国市场，毛泽东也买了一部。但毛泽东的眼睛因患白内障，视力大不如前。他躺在床上看电视时，视线与电视画面不在同一水平线上，观看时间一长，眼睛就会感觉难受。后来，毛泽东的侄子毛远新来到他的身边工作。这位从哈军工毕业的工科生为毛泽东制作了一个可以让电视机自由活动的支架，电视机固定在支架上不仅可以左右移动，而且可以上下倾斜。这样，躺着看电视，无论是哪种姿势，眼睛与电视画面都可以保持同一水平线。②

---

① 龙剑宇、夏佑新：《毛泽东遗物故事》，大象出版社 2002 年版，第 162 页。
② 龙剑宇：《毛泽东家居》，中共党史出版社 2013 年版，第 194 页。

○ 毛泽东用过的"北京"牌黑白电视机

据毛泽东身边工作人员回忆，这台"北京"牌黑白电视机是毛泽东看得最早和用得最久的电视。毛泽东看电视最初是看看新闻，后来才转为戏曲节目。为方便毛泽东观看节目，工作人员为其定制了电视节目单，这些电视节目单现陈列在韶山毛泽东同志纪念馆。这些戏曲节目以京剧和湘剧目居多，如京剧《甘露寺》《扈家庄》，湘剧高腔《访白袍》《琵琶上路》，湘剧弹腔《落花园》《拦马》等。

★ **手摇留声机、收录放三用机、常听的磁带和唱片**

韶山毛泽东同志纪念馆保存的毛泽东遗物中有大量唱片和磁带。据初步统计，毛泽东生前听过的唱片有 1680 张，磁带有 448 盒。毛泽东并非收藏家，他之所以购买这些唱片、磁带，不过是满足欣赏的需求。毛泽东算得上是一位不错的鉴赏家。

○ 毛泽东听过的部分磁带和唱片

毛泽东购置唱片、磁带的花费大多来自他的稿费，也有不少是别人赠送的。这些唱片、磁带的内容包罗万象，从戏剧、相声到国内外各种舞曲、古典音乐，应有尽有。其中，各种戏剧，尤其是京剧、昆曲占了绝大多数。因为毛泽东偏爱中国传统艺术。

毛泽东对戏曲的爱好，始于延安时期。那时，在毛泽东居住的窑洞里，这架手摇留声机是他唯一的"奢侈品"，它是美国女记者史沫莱特访问延安时送的。有时，毛泽东工作累了，就会用这台留声机放上几张京剧唱片。《空城计》《草船借箭》是毛泽东转战陕北时最喜欢听的段子，他经常会自己哼唱一小段。①

1949 年北平解放后，毛泽东又带着这个宝贝进入了中南海。为了丰富毛泽东的娱乐文化生活，工作人员为毛泽东买来不少唱片磁带，从京剧、昆曲到河北梆子、湖南花鼓戏，乃至相声，内容五花八门。毛泽东的录放设备共有6 部，其中最钟爱的一部录放设备应当属"熊猫"牌收录放三用机，它是南京无线电厂生产的，因为是国产货，毛泽东对它更是喜爱有加。

○ 毛泽东用过的手摇留声机

晚年的毛泽东由于重病缠身，情绪上难免有些低落。有关方面召集了一批艺术家，为毛泽东和其他首长录制了大量的戏曲磁带和唱片。毛泽东的磁带和唱片数量也正是在这一时期到达顶峰。为了方便管理，及时地放上毛泽东亲自点的剧目，工作人员特意对这些磁带和唱片进行编号，制作相关的目录，并用特定的记号标出毛泽东常听的剧目。这样，当毛泽东要听剧目时，便可立即欣赏了。②

毛泽东钟情京剧，喜欢徜徉在京剧的音乐世界里，他每次听到高潮处，总会情不自禁地跟着高声唱上几句。可能是年纪大了，他时常忘词。这时候，工作人员就会为他报词。但毛泽东只允许工作人员提示几个字，不让他们跟着唱下去。③ 毛泽东一直保持湖南人的"口味"，非常迷恋家乡的湘剧、花鼓戏等。在他的磁带唱片中，湘剧和花

---

① 龙剑宇、夏佑新：《毛泽东遗物故事》，大象出版社 2002 年版，第 169 页。
② 龙剑宇、夏佑新：《毛泽东遗物故事》，大象出版社 2002 年版，第 170 页。
③ 龙剑宇、夏佑新：《毛泽东遗物故事》，大象出版社 2002 年版，第 171 页。

○ 毛泽东用过的"熊猫"牌收录放三用机

鼓戏占的分量不少，如《刘海砍樵》《八百里洞庭》《昭君出塞》等。

毛泽东的戏剧审美观原则是偏于京剧、不废百家，不排斥其他地方剧种。在他的遗物中有种类繁多的地方戏唱腔资料，其中包括湘剧、晋剧、越剧、昆曲、豫剧、秦腔等等，甚至还有广东潮剧、江西采茶戏、闽南高甲戏等很小的剧种。

第五节

★

诗词、书法

毛泽东的诗词博大精深，志远情烈，偏于豪放，不废婉约，彰显着匡世济民的宏伟抱负，洋溢着百折不挠的豪迈气概，见证着中国革命和建设艰苦卓绝的历程，是一首首感人肺腑的史诗，是一幅幅宏大瑰丽的画卷。

毛泽东酷爱古典诗文、历代法帖，观摩了不少碑帖，抄写了不少古典诗词。毛泽东手书古诗词大都是由感于心，信手写来，不经意间展现了其博大情怀和书法艺术的巨大魅力。

★手迹《沁园春·雪》《浪淘沙·北戴河》《忆秦娥·娄山关》

毛泽东喜欢写诗填词，无论是少年壮志的抒发，还是中年的马背哼诗，抑或壮年、晚年的"经纶外，诗词余事"，[①] 毛泽东创作的每首诗词都是有感而发，是伟人

---

① 江建高：《毛泽东诗词、诗论与中国现代诗歌》，湖南师范大学出版社 2001 年版，第 5 页。

内心情感的真实写照。

　　毛泽东的诗词迄今为止共发表了 78 首。这些作品，标新立异，引领潮流，成为中国现代诗歌的永恒话题。国内外出版的毛泽东诗词作品很多，如 1963 年的《毛主席诗词三十七首》、1963 年 12 月人民文学出版社的《毛主席诗词》、1976 年文物出版社的《毛主席诗词 39 首》、1976 年人民文学出版社的《毛主席诗词》（再版）、1986 年人民文学出版社的《毛泽东诗词选》、1996 年中央文献出版社的《毛泽东诗词集》。这些作品都代表着毛泽东在诗坛中的辉煌成就。毛泽东不只是驰骋政坛，策马疆场，他还是才气纵横的诗人，他在浩瀚的诗词王国创作出雄奇瑰丽的诗篇。

　　然而，毛泽东并非一开始就会写诗。毛泽东先是读诗，从别人的诗中汲取养料，然后引发写诗的冲动，从而走上诗词创作之路的。从毛泽东手书曹操的《步出夏门行·观沧海》《步出夏门行·龟虽寿》中，我们似乎可以探寻到毛泽东喜欢读诗的细节。

　　早在湖南第一师范读书时，毛泽东就喜欢诵读、抄写屈原的《离骚》和《九歌》，直到晚年仍百读不厌。唐代诗人李白、李贺、李商隐的作品，也是毛泽东十分喜爱的。据贺子珍回忆，在井冈山的艰苦岁月中，毛泽东以读书为最大乐趣，特别是读古诗词。《唐诗三百首》他全部能背下来。还有人说他能背诵 400 首古诗词。可惜的是，随着岁月的流逝，特别是战争年代，有关毛泽东读诗的珍贵史料大都流失。所以，毛泽东一生究竟读过多少诗，笔者已经无法统计。20 世纪 50 年代末 60 年代初，在中南海为毛泽东做图书管理工作的张贻玖同志在其专著《毛泽东和诗》中，开列了一份长长的毛泽东圈画、批注过的诗词目录。其中包括诗 1180 首、词 378 首、曲 12 首、赋 20 篇，四者总计为 1590 篇，涉及诗人词家 429 位。[①] 这还不包括他读过而散失在各地的诗词和读过而未留下印记的诗词。

　　毛泽东读诗词有两个特点：一是博，从《诗经》《楚辞》到唐诗宋词，毛泽东广泛阅读，在读诗中取其精华，使得自己的诗词神采飞扬。一是反复读，喜欢圈点。毛泽东喜欢读诗，即便他成为诗人之后，也一如既往地爱读诗，许多诗都是反复读，并加圈点、批注。他的藏书中有许多诗词集，每套的封面上都有他画过的一个大圈，或两个大圈，在韶山毛泽东同志纪念馆内保存的藏书中，有他读过遍数的记号。读诗丰富了毛泽东的业余生活，也使毛泽东的诗思长盛不衰。他很多时候喜欢引用、

---

　　① 　江建高：《毛泽东诗词、诗论与中国现代诗歌》，湖南师范大学出版社 2001 年版，第 136 页。

点化古人诗句入自己的诗文。

另外，老一辈无产阶级革命家中，有朱德、陈毅、董必武、叶剑英、吴玉章、谢觉哉等诗人，毛泽东与他们都有不少诗交。①

陈毅是毛泽东的战友，也是诗友。毛泽东喜欢陈毅诗作，称其"大气磅礴""豪放奔腾""有的地方像我"；并常与之谈诗论文。②

这封 1965 年 7 月 21 日毛泽东写给陈毅的信，是因陈毅请毛泽东改诗而起，它是毛、陈两人诗交的最好见证。陈毅与毛泽东的诗交并非是从这时才开始的，而是始于井冈山时期。1929 年夏，陈毅作五言诗《反攻下汀州龙岩》，至 9 月请重返前线的毛泽东"雅正"，毛泽东将末两句"败军气犹壮，一鼓下汀龙"的前句改为"铁军真是铁"。1930 年初，毛泽东连赋两词《如梦令·元旦》《减字木兰花·广昌路上》，抄示陈毅。陈毅连声叫好，由是毛泽东诗名冠于四军。③

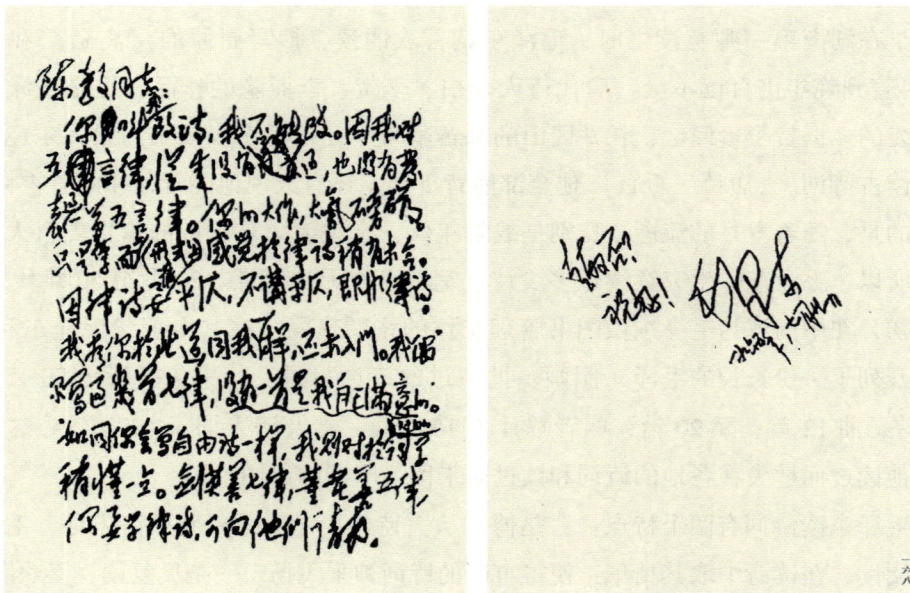

○ 1965 年 7 月 21 日毛泽东写给陈毅的信

---

① 龙剑宇、胡国强：《毛泽东的诗词人生》，中央文献出版社 2011 年版，第 487 页。

② 江建高：《毛泽东诗词、诗论与中国现代诗歌》，湖南师范大学出版社 2001 年版，第 297 页。

③ 江建高：《毛泽东诗词、诗论与中国现代诗歌》，湖南师范大学出版社 2001 年版，第 296 页。

毛泽东赴重庆谈判，《沁园春·雪》一词被公开发表，轰动一时，陈毅于1946年2月作《沁园春·山东春雪压境，读毛主席柳亚子咏雪唱和词有作》[①]："两阕新词，毛唱柳和，诵之意飘。想豪情盖世，雄风浩浩；诗怀如海，怒浪滔滔。……"字里行间洋溢着陈毅对该词的赞颂。

毛泽东没有想过自己要成为诗人，但他却成了中国最杰出的诗人之一。为什么？除了自然赋予他的灵感、内心的激情，更多的是源于对生活的反映。毛泽东的诗词创作离不开他的革命背景。五四运动的爆发，中国共产党的诞生，风起云涌的大革命，如火如荼的土地革命战争，艰苦卓绝的二万五千里长征，挽救中华民族

○ 毛泽东手迹《沁园春·雪》

危亡的抗日战争，决定中国命运的解放战争，中华人民共和国的成立，轰轰烈烈的社会主义革命和建设……这些事件，毛泽东都亲身经历，或参与，或领导，可以说，是革命激情点燃和成就了毛泽东的诗情。

1927年到1936年是毛泽东革命生涯中最为波澜壮阔的10年，毛泽东用他的激情豪迈、浩然正气，纵笔挥毫，记录下了许多雄壮的革命画卷。这段时期，毛泽东写下了许多脍炙人口的史诗：《西江月·秋收起义》《清平乐·蒋桂战争》《采桑子·重阳》《如梦令·元旦》《减字木兰花·广昌路上》《蝶恋花·从汀州向长沙》《渔家傲·反第一次大围剿》《沁园春·雪》《忆秦娥·娄山关》……毛泽东曾自豪地称自己为"马背诗人"，因为他用诗词记录了自己的戎马生涯，记录了一场场惊心动魄的战争场面。

《沁园春·雪》是毛泽东一生诗词创作的巅峰，也是早期最杰出的一首词章。1936年，中国工农红军万里长征胜利后，又从陕北出发，渡河东征，奔赴抗日救国第一线。在这个时候，毛泽东创作了这首《沁园春·雪》，高度概括了中国革命完

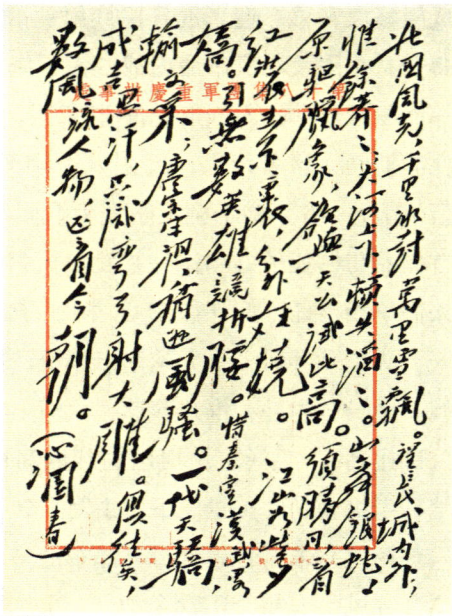

---

① 江建高：《毛泽东诗词、诗论与中国现代诗歌》，湖南师范大学出版社2001年版，第297页。

成战略大转移、迎来抗日民族解放战争新时期的政治形势。1945 年，抗战胜利后，蒋介石企图发动反革命内战。为了掩饰其阴谋，蒋介石一面邀请毛泽东赴重庆谈判，一面积极反共，不断制造军事摩擦。毛泽东高瞻远瞩，不顾个人安危，亲赴重庆。在渝期间，著名诗人、民主人士柳亚子先生向毛泽东求词，于是毛泽东就将这首《沁园春·雪》赠予柳亚子先生。同年 11 月 14 日，重庆《大公报》把毛泽东的这首作品与柳亚子的和作一并发表。《沁园春·雪》在重庆一经发表，立即引起轰动，人们争相传诵，好评如潮。① 柳亚子甚至将它称为"千古绝唱"，谓"虽东坡、幼安，犹瞠乎其后，更无论南唐小令、南宋慢词矣"。"北国风光，千里冰封，万里雪飘。望长城内外，惟余莽莽；大河上下，顿失滔滔。山舞银蛇，原驰蜡象，欲与天公试比高。"毛泽东从祖国的壮丽河山、纷纷扬扬的大雪着笔，描绘出一派白雪皑皑、生机勃勃的美景。下阕由写景转入抒情，赞扬了数千年来中国众多的英雄豪杰，虽赞扬但并未盲目崇拜，毛泽东的最后落脚点还是歌颂现在的民族精英——"俱往矣，数风流人物，还看今朝。"历史上那些功名显赫的英雄，都比不上当前战斗在民族革命战争前线的无产阶级英雄，展示了诗人毛泽东对革命前景的信心。这首词是写景、抒情和议论相结合的典范。气势恢宏，感人至深，让人读后心气豪爽，精神奋发。

《忆秦娥·娄山关》一词则雄浑刚健、豪迈悲壮。1935 年 1 月遵义会议后，为了继续长征，红军经娄山关北上，准备于泸州与宜昌之间渡长江，遇到阻碍后，毛泽东果断决定二渡赤水，折回遵义，于是再次跨越娄山关。

2 月 26 日拂晓，红军向娄山关挺进，在红花园与黔军遭遇，毛泽东、中央军委电示各部：必须坚决消灭娄山关之敌，乘胜夺取遵义，并令彭德怀为娄山关战斗的战场指挥。经过激烈的战斗，红军终于全面占领娄山关。紧接着又占领黑神店、板桥，并连续兼程疾进，奔袭遵义。② 娄山关战役是毛泽东指挥的一个漂亮仗，也是遵义会议后以毛泽东为代表的正确的军事路线取得的一个重大胜利。此仗意义重大，所以毛泽东心情无比激动，在战斗结束不久即挥笔写下了这首不朽之作。

"西风烈，长空雁叫霜晨月。"这是对娄山关环境的描写，也是红军大部队开始行动时的景色。西风的肃杀，雁鸣的凄厉，寒霜的色重，晓月的淡白，这些景物相

---

① 龙剑宇、胡国强：《毛泽东的诗词人生》，中央文献出版社 2011 年版，第 256 页。

② 邢崇智、蒋顺学、廖盖隆等：《毛泽东研究事典》上，河北人民出版社 1992 年版，第 136 页。

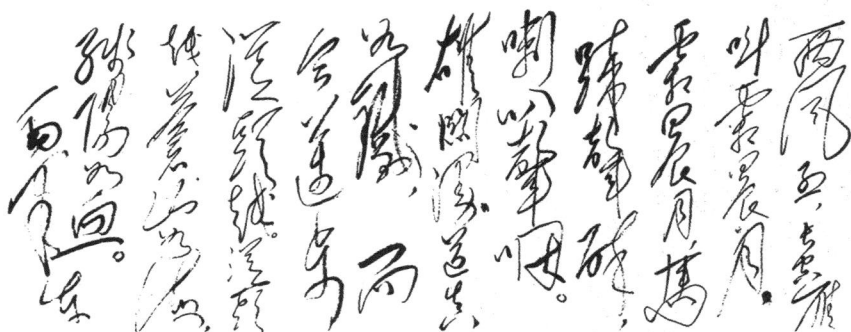

○ 毛泽东手迹《忆秦娥·娄山关》

互烘托，呈现出一种黯淡、悲凉的意境。"霜晨月、马蹄声碎，喇叭声咽。"诗人没有直接描写红军战斗的场面，而是通过马蹄声、喇叭声，从侧面衬托出战斗的激烈。"雄关漫道真如铁，而今迈步从头越。"诗人直书战争胜利后带着喜悦的心情跨越娄山关，表现了红军藐视困难、敢于战胜困难的英雄气概。"从头越，苍山如海，残阳如血。"毛泽东用群山苍翠、残阳殷红的壮丽晚景，预示革命的光辉前景。全词只写了中央红军的一次战斗，却是对红军长征这一重大历史事件的真实折射，篇幅虽短，分量很重。它使人在获得强烈感染的同时，欣赏到高超的艺术技巧。

　　毛泽东的诗词创作还有一个顶峰时期，那就是新中国成立后。很多人认为国家安定，工作和生活相对稳定，毛泽东的诗情也会随之消退，但事实并非如此。1949年至1956年这段时期，毛泽东的杰作仍然接连不断，如《五律·看山》《七律·莫干山》《浪淘沙·北戴河》《水调歌头·游泳》……

　　《浪淘沙·北戴河》一词是1954年毛泽东在惊涛骇浪的北戴河中游泳过后挥笔写下的名篇。上阕即景抒情，"大雨落幽燕，白浪滔天，秦皇岛外打鱼船。一片汪洋不见，知向谁边。"狂风暴雨中，波涛汹涌的海上，渔民们正在驾驶着渔船，撒网捕鱼，但风浪太大，一会儿就不见渔船的影子。下阕作者将思绪引向遥远的历史，即三国时代魏武帝曹操建功立业，东临碣石，以观沧海的时候。与古代英雄豪杰类比，毛泽东与曹操有着许多相似，此词中"白浪滔天"与曹操诗中的"洪波涌起"有异曲同工之妙，而毛泽东词中的"萧瑟秋风"是对曹诗《观沧海》中"秋风萧瑟"的倒用。曹操的诗句是描写特定季节的真景色，而毛泽东用来表达特殊天气下的感觉，其真正用意为歌颂新时代、新社会，因为毕竟"换了人间"。这首词意境

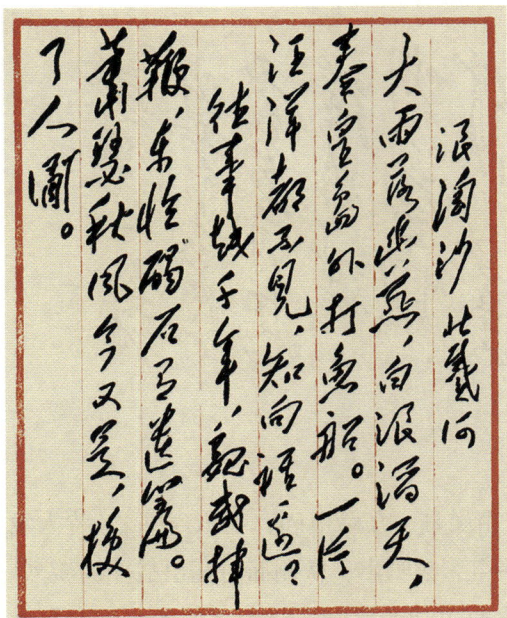

○ 毛泽东手迹《浪淘沙·北戴河》

壮阔，气势磅礴、风格豪迈，是诗人毛泽东的又一篇佳作。1962年4月21日，毛泽东本人谈到该词缘起时说："李煜写的《浪淘沙》都属于缠绵婉约一类，我就以这个词牌反其道行之，写了一首奔放豪迈的，也算是对古代诗坛靡弱之风的抨击吧。"①

纵观毛泽东创作诗词的成功之路，我们不得不被诗人的魅力所折服。毛泽东诗词之路始于读诗，由读诗到创作，在创作的过程中又读诗。对于毛泽东来说，诗词的阅读和创作，始终是二位一体，贯穿终生的。

臧克家说："毛泽东心中装着整个世界，但始终没有忘记诗。他写诗，关怀诗，与革命实践同始终，也是和他的内心活动密切联系着的。诗，不只是他的兴趣所在，而且是他真实的心声表露。"②

★手迹《商鞅徙木立信论》、文房四宝

毛泽东还有一个爱好，就是喜爱书法。他的书法造诣很深，行草皆备，极富个性，笔走龙蛇，豪放不羁，继古创新，自成一家，③被人们称之为"毛体"。一直以来，"毛体"因其独特的风格被人们所推崇和喜爱。目前，正式出版的毛泽东墨迹有《毛泽东书信手迹选》《毛泽东题词墨迹选》《毛泽东手书古诗词选》《毛泽东诗词墨迹》等。其中，《毛泽东诗词墨迹》，因其诗词和书法交相辉映，更是备受青睐。

毛泽东书法手迹种类繁多，风格迥异。在书体上，大致经过一个由楷至行，由

---

① 龙剑宇、胡国强：《毛泽东的诗词人生》，中央文献出版社2011年版，第302页。

② 江建高：《毛泽东诗词、诗论与中国现代诗歌》，湖南师范大学出版社2001年版，第161页。

③ 中共中央文献研究室《缅怀毛泽东》编辑组：《缅怀毛泽东》下，中央文献出版社1993年版，第617页。

行至草的过程。

毛泽东 8 岁进私塾后，对毛笔字的书写就产生了极大的兴趣，据毛泽东的弟媳王淑兰回忆，毛泽东小时候练习书法非常有趣。在私塾里，先生要求填红蒙字，但毛泽东从来不填，他总是要按自己的意思放手写，他每次写得比一般学生照着填的还要好些。由于天资聪颖，不需要老师劳神，大家给他取了个诨名，叫"省先生"。①

毛泽东早期的书法艺术即得力于钟王②，在汉魏、隋碑、章草、晋唐楷书等前人碑帖的基础上下了较深的功夫，为他一生书法风格的形成打下了坚实的基础。③1910 年，毛泽东到东山学校求学，他以一篇《言志》和一手好字，赢得了老师的赞赏，并被破格录取。1912 年毛泽东在长沙省立一中读书时，写下有名的《商鞅徙木立信论》一文，此文墨迹锋利而不失圆润，是毛泽东早年楷书的代表作。从 1917 年

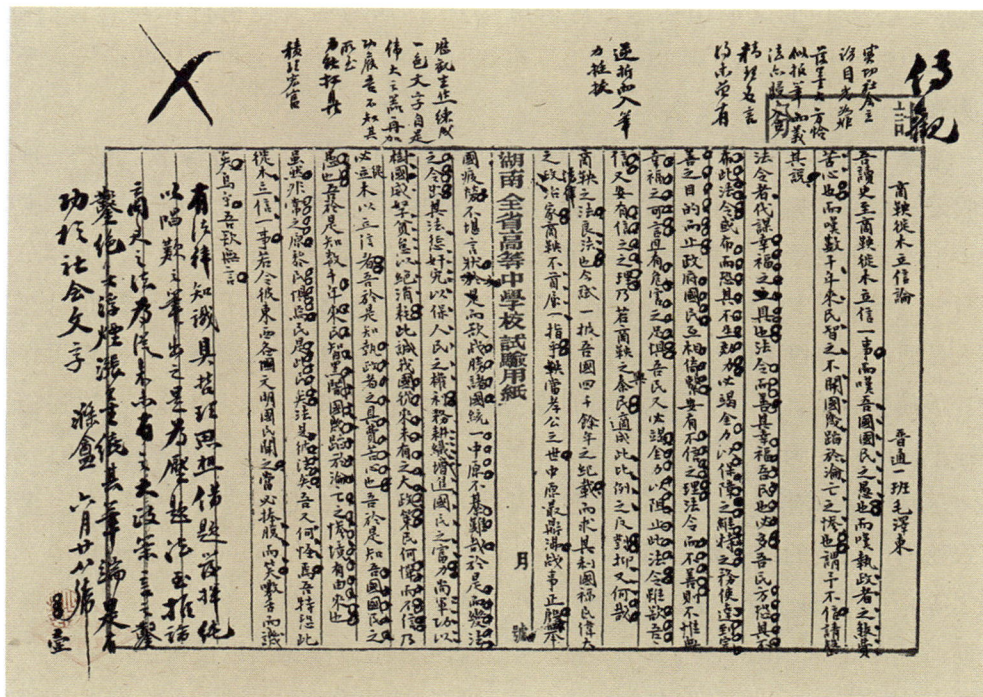

○ 毛泽东《商鞅徙木立信论》

---

① 高菊村、陈峰、唐振南等：《青年毛泽东》，中央党校资料出版社 1990 年版，第 9 页。
② 钟王：钟繇、王羲之。
③ 李树庭、王跃、谢柳青等：《书家毛泽东》，湖南文艺出版社 1994 年版，第 38 页。

至 1919 年，因湖南省立第一师范学校规定"宜习隋碑"，毛泽东的书法开始受到汉魏碑的影响。从 1921 年 1 月毛泽东写给彭璜的书信手迹，我们可以清楚地看到，毛泽东的书法已经摆脱了规矩、拘谨的字体，转为灵活的风格。

此后，毛泽东一直不忘他的书法练习，时常披览碑帖，从中央革命根据地到延安，毛泽东身边别无长物，却一直把晋唐小楷等他阅读临写过的法帖带在身边。

1950 至 1969 年是毛泽东书法创作的鼎盛时期，前期以行草为主，后期趋于大草和狂草，他研读临写了大量历代书贴，对前人的书法作品进行了巧妙的取舍和再改造，形成自己独有的风格。① 这个时期是"毛体"形成的主要时期。他的书法墨迹激情似火，线条自由流畅，节奏时快时慢，意境浪漫而深邃。这段时期的手书代表作很多：如《七律·长征》《清平乐·六盘山》《减字木兰花·广昌路上》《忆秦娥·娄山关》，诗书交烁，相得益彰。此外，他还手书大量的古诗词，如王昌龄的《从军行》、李白的《庐山遥寄卢侍御虚舟》、白居易的《琵琶行》与《长恨歌》等，透过这些作品，我们可以看到毛泽东驾驭草书线条的能力可谓登峰造极，令人叹为观止。

毛泽东的书法成就与他的博览群帖息息相关。毛泽东说："学字要有帖"。他喜欢收藏和借阅字帖，从贴中吸取精髓，融入自己的书法艺术中。在中国书法的殿堂中，毛泽东最喜爱的是草书。而在草书中，毛泽东又最喜欢怀素的草书。毛泽东对怀素的《自叙帖》《论书帖》《苦笋帖》等百读不厌，爱不释手。据毛泽东身边工作人员回忆，在卧室的茶几上、床上、办公桌上，到处都放着字帖，毛泽东工作之余、饭前会后，只要有空，他就会阅览、揣摩字帖。有时，他一边欣赏一边还用手在腿上揣摩、比画。②

尽管毛泽东有很多字帖，可他还经常找人借帖阅习。1958 年 10 月 16 日，毛泽东致秘书田家英的信中说："请将已存各种草书字帖清出给我，包括若干拓本（王羲之等），于右任千字文及草诀歌。此外，请向故宫博物院负责人（是否郑振铎？）一询，可否借阅那里的各种草书手迹若干，如可，应开单据，以便按件清还。"③ 此信就书体而言，是一幅流畅的草书珍品；另外，信的内容也非常珍贵，信中透露出一个重要信息，毛泽东要自学草书艺术创造了，而且王羲之、于右任都是他的研习

① 李树庭、王跃、谢柳青等：《书家毛泽东》，湖南文艺出版社 1994 年版，第 14 页。
② 孙宝义、刘春增、邹桂兰：《毛泽东的读书人生》，中央文献出版社 2006 年版，第 248 页。
③ 《毛泽东书信选集》，中央文献出版社 2003 年版，第 504 页。

对象。

纵观毛泽东一生的书法创作轨迹，我们会发现，毛泽东最辉煌的作品几乎全在60年代，而这段时期，也是以草书为主的时期。草书灵动狂放，意境深远，飘洒自在，它代表着书法家毛泽东追寻的一种自由驰骋、放松和休闲的感觉。对于书法，毛泽东不只是兴趣，还把它当作工作之余的休息，他曾对工作人员说："练习书法也是很好的休息，是积极的消遣娱乐，也是养神健脑的健身之法。"①

笔墨纸砚历来被称为"文房四宝"，是书法家必备的书写工具。毛泽东也不例外，他的"文房四宝"常伴左右。战争年代条件艰苦，毛泽东的"文房四宝"主要来源于缴获的战利品，无论是工作还是扎营住宿，警卫员的首要任务是将毛泽东的"文房四宝"摆好。毛泽东曾向警卫员陈昌奉交代说："我到哪里，不吃饭、不洗脚也要把'文房四宝'摆好，随时可以工作、看书、学习。"② 新中国成立后，毛泽东依然把"文房四宝"摆在办公桌的显要位置，用它批阅文件、撰写大作、创作书法。

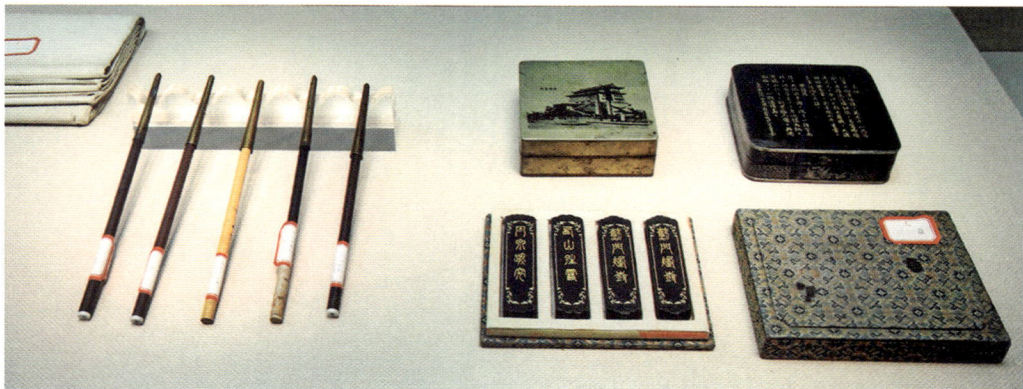

○ 毛泽东用过的笔墨纸砚

一般来说，书法的临习和创作与文房四宝的优劣关系甚大。然而毛泽东从不在意这些，他用的全是普通毛笔，并且十分反对工作人员为他购买名贵的毛笔。在毛泽东遗物中，遗存的毛笔有长锋狼毫、羊毫、鸡狼毫、紫毫等，其中狼毫是他情有

① 中共中央文献研究室《缅怀毛泽东》编辑组：《缅怀毛泽东》下，中央文献出版社1993年版，第616页。

② 孙宝义、刘春增、邹桂兰：《毛泽东的读书人生》，中央文献出版社2006年版，第283—284页。

独钟的。毛泽东遗物中的墨盒均为铜制，呈正方形，正面或为北京万寿山等风景画，或为北齐时颜推之的家训。毛泽东练习书法多用宣纸，但也用信纸或其他纸张，有时兴致来了，随便拿几张纸也可以尽情挥洒。毛泽东有许多的砚台，但很少用，因为经常外出调查，携带不方便。

第六章

戏曲音乐鉴赏

★

    毛泽东不是戏曲家，也不是音乐家，但他像千千万万普通的中国人一样，把欣赏戏曲和音乐当作繁忙工作之余的一种消遣。他看戏听曲，思接千载，感受历史，品味文化，从中获得无穷无尽的乐趣。

    毛泽东不是收藏家。他凭兴趣购唱片买磁带，日积月累，收集戏剧、曲艺、歌舞等唱片 1600 多张、磁带 400 余盘，其中不仅有大量中国戏曲和音乐，还有不少外国音乐作品。这些唱片和磁带反映了毛泽东的个人情趣、欣赏习惯和生活志趣，也体现了毛泽东对戏曲音乐等社会主义文化建设和发展的关心与支持。

第一节

★

京剧收藏

京剧之名始见于清光绪二年（1876）的《申报》，历史上曾有皮黄、二黄、黄腔、京调、京戏、平剧、国剧等称谓，由"西皮"和"二黄"两种基本腔调组成它的音乐素材，也兼唱一些地方小曲调（如柳子腔、吹腔等）和昆曲曲牌。它形成于北京，时间是在1840年前后，盛行于20世纪三四十年代，时有"国剧"之称。

毛泽东衷情京剧，可谓"票友"。无论是居家还是外出，紧张工作之余，欣赏京剧成为他生活中必不可少的内容。毛泽东收藏的京剧唱片有400张、磁带近200盘，几乎涵盖了各个时期、不同流派的京剧唱腔，他熟悉京剧，对剧目和角色、唱腔和流派颇有见地，兴之所至还能有板有眼地唱上几段。

毛泽东收藏的民国时期的京剧名角的唱片有：刘鸿声的《斩黄袍》《辕门斩子》，林树森的《扫松下书》《战长沙》《二进宫》《追韩信》，常立恒的《乌龙院》《捉放曹》《法场换子》，露兰春的《斩黄袍》《逍遥津》，时慧宝的《朱砂痣》《马鞍山》，筱月红的《哭祖庙》，章遏云的《游龙戏凤》《汾河湾》等。

毛泽东收藏的京剧唱片涵盖了高派、谭派、马派、余派、麒派、言派、杨派、梅派、程派、荀派、尚派、张派、龚派等十余种京剧流派，并同这些流派的艺术家均有交往。

京剧高派老生艺术流派，由高庆奎创立。演唱神定气足，一气呵成；念白铿锵有力，顿挫有致；做工深刻细致，精于表情。尤善用"满宫满调"、长腔拖板唱法抒发人物感情，以求声情并茂的艺术效果，风格重甜脆宽亮，高亢激越，以阳刚之美著称。

毛泽东喜欢高派的高亢奔放和阳刚之美，他收藏了高庆奎的《斩马谡》《失街亭》《钓金龟》《珠帘寨》《逍遥津》等剧目。高庆奎最有代表性的作品是《逍遥津》，这出戏的内容是：汉献帝写血书给伏皇后之父伏完，嘱其邀约孙权、刘备里应外合除掉曹操，不意事机泄露，曹操杀害了伏皇后、伏完及其二子。这是一出悲剧戏，格调苍凉悲凄，撼人心魄。毛泽东保存的该戏的磁带和唱片有两种，一种是高庆奎和李和曾的原唱，一种是闵惠芬的二胡独奏。毛泽东时常要听这出戏，工作人员为了查找方便，特意在两种磁带和唱片上打上了红色标记。

1961年5月1日，毛泽东在上海过五一国际劳动节。据当时在上海市委机关从事接待工作的张玉华回忆：当天早上，我们几个人接到通知，说毛主席请我们同桌吃饭，一起欢度节日。当时，餐桌上放了粽子，毛主席说，我把关于屈原的故事讲给你们听，然后你们每人吃两只粽子，不然我就吃亏了嘛。当毛主席讲完故事，我们把粽子吃掉后，毛主席很高兴地说，看来你们的饭量都不小，为了帮助消化，我再唱一段京戏助助兴。随即他唱了一段高庆奎的《逍遥津》。[①]

毛泽东还收藏了高派传人李和曾的《李陵碑》《辕门斩子》《逍遥津》《智斩鲁斋郎》等剧目。

毛泽东第一次看李和曾演戏是在1949年党的七届二中全会期间，当时华北京剧团前往西柏坡做慰问演出，剧团团长是李和曾。毛泽东观看了两场演出。

第一出戏是《坐楼杀惜》，李和曾扮演宋江，毛泽东看起来很兴奋："唱得不错。我很多年没有看到这种高派须生的戏了。"

之后，李和曾又主演了《失空斩》，毛泽东对这出戏是非常熟悉的，还喜欢唱《空城计》中诸葛亮的唱段（"我正在城楼观山景，忽听得城外乱纷纷。旌旗招展空翻影，原来是司马发来的兵……"）。他越看越带劲，不停地鼓掌，一边说："唱得真好啊！……像这样的艺术人才，应当多培养一些。"

○ 李和曾《逍遥津》

① 中共上海市委党史研究室：《毛泽东在上海》，中共党史出版社1993年版，第232页。

接着，毛泽东又情不自禁地谈起了自己的感受："他这是高派。高派唱腔的最大特点就是高亢激昂，热情奔放。看了这出戏，给人一种刚强奋力的感觉。""我是很喜欢听高派戏的，越听越爱听。"①

毛泽东还常与人讨论京剧。有的同志说起他只知道梅兰芳、马连良，不知道京剧还分那么多的派。毛泽东说："戏剧界的流派，都有他们自己的独到之处，不一定打乱仗闹对立。越是自成一派的，越是注意总结经验，提高艺术水平。各种流派，他们都培养自己的艺术家。"②

毛泽东十分关心李和曾的艺术创作。新中国成立后，李和曾经常参加中南海的周末活动，表演清唱。毛泽东说："解放以后的演员应当高歌，黄钟大吕，不要阴沉沉的。高派的唱法是好的。所有的流派，包括高派，都是好的，都要继承，又要发展。"③

还有一次，毛泽东在看了李和曾演的《李陵碑》后，同他提到戏中的一句唱词。他说："你唱的《李陵碑》里有一句唱词是'方良臣与潘洪又生机巧'。我查了资料，没有查到方良臣这个人。是不是改成'魍魉臣贼潘洪又生机巧'？"④

京剧谭派老生艺术流派，由谭鑫培创立，对京剧影响巨大，有所谓"无腔不学谭"之说，后世老生诸多流派均从谭派演变而来，为京剧有史以来传人最多、流布最广、影响最大的老生流派，以技艺全面、精当，注重刻画人物性格为主要特色。

毛泽东收藏了谭鑫培的《卖马》，谭富英的《洪洋洞》《战太平》，谭小培的《二进宫》，谭富英、谭小培、金少山的《捉放曹》，贯大元的《战长沙》《浣纱记》，王又宸的《连营寨》，罗小宝的《捉放曹》，谭元寿的《打渔杀家》等剧目。

毛泽东爱听谭派京剧，对服装道具也看得很仔细。

一次，他看完谭富英演的《失街亭·空城计·斩马谡》，问起他在扮演诸葛亮时胸前佩戴朝珠的来历。谭富英向毛泽东介绍，他的祖父谭鑫培进宫演戏，扮演诸葛亮，由于天气炎热，额头沁出了汗珠。慈禧把一串檀香木佛珠赏赐给了他，说炎热季节闻到檀香木香气，能消暑辟邪。从此谭鑫培每饰演诸葛亮必戴朝珠。别的艺人也纷纷仿效，朝珠便成了扮演诸葛亮的必有饰物。

---

① 盛巽昌：《毛泽东与戏曲文化》，广西人民出版社 1998 年版，第 36—37 页。
② 盛巽昌：《毛泽东与戏曲文化》，广西人民出版社 1998 年版，第 38 页。
③ 冯彩章：《毛泽东与他的友人》，中国青年出版社 1996 年版，第 297 页。
④ 冯彩章：《毛泽东与他的友人》，中国青年出版社 1996 年版，第 297 页。

毛泽东听后点了点头说："朝珠是清代的叫法，明朝称佛珠。明朝皇帝信佛，拜佛时多把佛珠垂挂胸前。到了清朝，皇帝常把佛珠赏给有功之臣。因为是皇帝所赐，获赏的大臣都把佛珠佩在胸前，所以又称为朝珠。"毛泽东讲完后，又以商讨的口吻对谭富英说，"诸葛亮是三国时的大丞相，当时佛教还没有传入中国，他怎么能戴佛珠呢？当年令祖演戏佩戴，是表示对慈禧感念，并不是剧中人物诸葛亮应该佩戴。前人事出有因，情有可原，后人也如法炮制，是不是于理不通？"①

京剧马派老生艺术流派，20 世纪 20 年代由马连良博采谭派、余派等众家之长而自成一派。唱腔巧俏清新，善用鼻腔共鸣；做工于洒脱中寓端庄，飘逸中含沉静，毫不夸张而具自然渗透的力量；扮相华贵，台风潇洒。

毛泽东保存的京剧马派的唱片有马连良的《一捧雪》《南天门》《借东风》等剧目。

1961 年初，《海瑞罢官》在北京工人俱乐部正式演出，由马连良饰海瑞。《海瑞罢官》一剧公演以后，毛泽东很高兴，在家里接见了主演海瑞的马连良，同他一起吃饭，请他唱海瑞，还对他说：戏好，海瑞是好人。②

沈阳京剧院演员尹月樵是马连良的弟子，她曾两次受到毛泽东的接见。

1950 年，毛泽东在沈阳中共中央东北局剧场观看了沈阳京剧院创作演出的新京剧《美人计》。第二天，毛主席接见了剧团的主要演员。尹月樵等给毛主席表演了两段京剧清唱。毛主席听后和她们唠家常，问她们叫什么名字，家里都有什么人，还对《美人计》提出了具体修改意见。

1959 年，尹月樵等从福建慰问演出归来，途经杭州，又一次受到毛主席的接见。这一次，尹月樵等人又给毛主席表演了两段清唱。毛主席看着她们问："你不是秦友梅吗？你是尹月樵！啊，你们是东北的。"然后，毛主席亲切而郑重地对她们说，"你们是共产党员，要按党员标准要求自己，作一个优秀的党员艺术家。"③

京剧余派老生艺术流派，由余叔岩在谭派艺术基础上发展而成，善用唱腔表达人物思想感情，唱念格调清雅，韵味纯厚。

毛泽东收藏有余叔岩的《渔阳剑》《洪羊洞》《沙桥饯别》，孟小冬的《捉放曹》，林树森的《扫松下书》《战长沙》，谭富英、王芸芳的《赶三关》，谭富英、

① 陈晴：《毛泽东与中国戏曲》，《文史春秋》2005 年第 6 期，第 36 页。
② 于俊道、李捷：《毛泽东交往录》，人民出版社 1991 年版，第 204 页。
③ 李树谦：《毛泽东的文艺世界》，辽宁教育出版社 1993 年版，第 36—37 页。

裘盛戎的《捉放宿店》，李少春的《空城计》等部分唱片和磁带。

有一次，毛泽东看谭富英与裘盛戎合演的《捉放宿店》。《捉放宿店》又名《捉放曹》，是传统京剧剧目，据《三国演义》改编。写汉末曹操谋杀董卓没有成功，逃亡他乡，途中在中牟县被捕，但县令陈宫却弃官与曹同奔，路遇曹父故友吕伯奢，在他家留宿，吕家磨刀杀猪款待，曹操闻刀声误会，竟杀死吕全家和吕伯奢，陈宫怨曹操残忍，夜投宿憩息，拟杀曹操，又觉不忍，遂题诗而去。戏中陈宫有一段流水板的唱腔："休流泪来免悲伤，忠孝二字挂心旁，同心协力把业创，凌烟阁上美名扬。"戏后，毛泽东问谭、裘两位知不知道凌烟阁的典故，两人都答不上来。毛泽东告诉他们："凌烟阁建于唐太宗时期，是纪念开国功臣的地方。问题是汉朝的陈宫怎么唱出几百年后才有的凌烟阁呢？"两人一时语塞。毛泽东建议他们只要修改唱词的末一句，问题就解决了。此后，谭富英、裘盛戎两人按毛泽东的意见进行了修改，把最后一句改为"匡扶汉室美名扬"。

京剧麒派老生艺术流派，由周信芳（又名麒麟童）创立。演唱富有感情，挺拔苍劲，气出丹田；念白清晰，讲究喷口，咬字顿挫富有音乐性；善于通过外部动作，表达人物内心感情和思想变化；善于在韵白中适当运用口语，对白中插进语助词，给人铿锵悦耳、亲切生动之感。

毛泽东收藏的京剧麒派的唱片有周信芳的《逍遥津》，高百岁的《哭祖庙》《追韩信》等。麒派创始人周信芳多次为毛泽东等中央领导表演，并受到毛泽东的接见。

○ 1960 年，毛泽东与著名京剧表演艺术家周信芳在一起

1961 年 5 月 1 日，毛泽东在上海锦江饭店会见周谷城、周信芳、金仲华等文化、教育、科学界的知名人士。毛泽东与周信芳亲切握手之后，便问他："你今年多大岁数了？"周信芳答道："68 岁。"主席笑着说："和我的岁数差不多。"

毛泽东与周信芳谈到了

京剧的"海派"艺术，并带着鼓励的口气说："你一直坚持海派，这很好啊！"接着，毛泽东又说起他曾看过周信芳与梅兰芳合演的《宝莲灯》，认为他们在艺术上有自成一派的独创精神，随后又鼓励大家在艺术创造上要百花齐放，百家争鸣。①

京剧言派老生艺术流派，由言菊朋创立。演唱风格精巧细腻、跌宕婉约，轻巧中见坚定，朴拙中见华丽。唱腔强调"腔由字而生，字正而腔圆"，字清而不飘不倒，声音清润响亮而不焦不暴，腔高苍劲圆柔富于变化。表达感情真切细腻，尤其擅长表达悲苦、凄凉的感情。

毛泽东保存有言菊朋的《法门寺》《打金枝》等剧目。

《法门寺》是京剧传统剧目，以刘瑾随太后赴法门寺进香演起，至捕捉一行人犯、大审结案止。对《法门寺》这出戏，毛泽东多有评论。

毛泽东看过《法门寺》四遍，每当戏演到太监刘瑾叫贾桂坐下，贾桂说"我站惯了"时，毛泽东总是哈哈大笑。②

1949年4月，在长安大戏院看《法门寺》的演出时，毛泽东集中评论了《法门寺》剧情。他说，《法门寺》里有两个人物很典型，一个是刘瑾，一个是贾桂。刘瑾从来没有办过一件好事，唯独在法门寺进香时，纠正了一件错案，这也算他为人民办了一件好事。贾桂在他上司的面前，一举一动，一言一行，都是十足的奴才相。我们反对这种奴才思想，要提倡独立思考，实事求是，要有自尊心。③

新中国成立后，毛主席在讲话和写文章时还多次提到这个戏。1956年4月25日，毛泽东在中共中央政治局扩大会议上作《论十大关系》的讲话，提出：有些人做奴隶做久了，感觉事事不如人，在外国人面前伸不直腰，像《法门寺》里的贾桂一样，人家让他坐，他说站惯了，不想坐。在这方面要鼓点劲，要把民族自信心提高起来。④

1958年5月16日，毛泽东在为中共八大二次会议印发第二机械工业部党组关于同苏联专家关系的报告写的批语中提道："……一定要破除迷信，打倒贾桂！贾桂（即奴才）是谁也看不起的。"⑤

---

① 孙琴安：《毛泽东与著名艺术家》，重庆出版社2000年版，第11页。
② 孙国林、曹桂芳：《毛泽东文艺思想指引下的延安文艺》，花山文艺出版社1992年版，第157页。
③ 孙宝义：《毛泽东的读书生涯》，知识出版社1993年版，第169页。
④ 《毛泽东文集》第7卷，中央文献出版社1999年版，第43页。
⑤ 《建国以来毛泽东文稿》第7册，中央文献出版社1992年版，第231页。

京剧杨派老生艺术流派，由杨宝森创立。演唱风格音韵和谐，清雅脱俗，因此得到"韵味醇厚、古拙大方"的赞语。

毛泽东收藏了杨宝森的部分磁带和唱片，有《击鼓骂曹》《武家坡》《斩马谡》《武家坡》等剧目。

杨宝森曾任天津市京剧团团长。该团成立于 1956 年 8 月，是由以杨宝森为主演的北京"宝华社"与天津的"共和社"联合，吸收著名武生演员厉慧良和名票下海的丁至云等组建而成。该团多次赴京为毛泽东、刘少奇、周恩来、朱德等党和国家领导人演出。杨宝森和厉慧良的演出，都具有独特风格；梅派青衣丁至云和程派青衣林玉梅，各有其代表剧目上演。

京剧梅派旦角艺术流派，由梅兰芳创立。唱腔甜亮脆润，婉转妩媚；念白抑扬顿挫，句读分明；做工身段宛若游龙，翩似惊鸿；武打舞武结合，舞多武少。重视服装表情、音乐舞台等，台风优美，有"雍容华贵、端庄凝重、意境和美、深沉含蓄"之誉。

毛泽东保存有梅兰芳的《红线盗盒》《御碑亭》《穆桂英挂帅选曲》《霸王别姬》等剧目，也保存有梅派传人言慧珠、杜近芳等人的《四郎探母》《二进宫》《霸王别姬》等剧目。

毛泽东不仅喜欢看梅派的戏，对梅兰芳本人的评价也很高。

1949 年 4 月，戏剧界组织晚会，欢迎毛泽东和中共中央迁来北平。毛泽东对卫士长说，看戏也是工作啊。咱们今天去看闻名中外的梅兰芳先生演出的拿手好戏《霸王别姬》。这位戏剧界的名人可不简单呀，日本帝国主义侵略中国以后，梅兰芳先生就留须隐居，再也不演戏了。他不顾日本侵略者和国民党反动派的威逼利诱，罢歌罢舞……我们今天去看梅兰芳的演出，就是提倡这种民族感、正义感，号召人们向他学习。

演出安排在长安大戏院，梅兰芳的《霸王别姬》是压台戏。54 岁的梅先生演的是虞姬，刘连荣先生演霸王项羽。演出结束后，毛泽东赞叹："这真是一次高水平的艺术表演！今后，这些人都是新中国的戏剧家，在政治上将要有地位了。将要受人尊敬了。"毛泽东满怀信心地说，"新中国成立以后，肯定我国的戏剧能很好地发展起来，能够在新中国的建设中发挥更大的作用。"①

---

① 孙宝义：《毛泽东的读书生涯》，知识出版社 1993 年版，第 168 页。

1949 年 9 月，梅兰芳被作为特别邀请人士，参加了第一届中国人民政治协商会议，并在 9 月 24 日的大会上作了发言。

10 月 1 日，梅兰芳在天安门城楼上参加了开国大典，亲眼看见毛泽东升起了第一面五星红旗。

1951 年 3 月，中国戏曲研究院即将成立，梅兰芳被任命为院长，他曾到荣宝斋订裱白宣纸册页，分别送给毛泽东、周恩来及其他党和国家领导题词。毛泽东接到梅兰芳送来的册页，就在左面题写了"中国戏曲研究院"数字，又在右面写了"百花齐放，推陈出新"数字。①

毛泽东对梅兰芳演戏善于推陈出新倍加赞赏。

1951 年农历除夕，毛泽东在中南海怀仁堂看了梅兰芳演出的《金山寺·断桥》。第二天，毛泽东见到梅兰芳时说："昨天看了《断桥》，你的白娘子扮相与众不同，想得很妙，浑身穿白，头顶一朵红绒球。"

梅兰芳听了很受感动，他说：毛主席看戏可真仔细。这么多年，从未有人谈过白娘子的扮相。的确，我是费了很多时间去研究，才改成现在这个样子的。

1960 年 7 月 23 日，毛泽东接见出席中华全国文学艺术工作者第三次代表大会的代表，并与梅兰芳等合影。

在毛泽东保存的梅兰芳京剧唱腔资料中，最令他喜爱的莫过于《霸王别姬》。《霸王别姬》是京剧传统剧目，原名《楚汉争》，写楚汉交战，项羽被困垓下，四面楚歌，军心涣散，乃与虞姬饮酒告别，虞姬自刎，项羽至乌江，亦自刎。毛泽东遗物中的《霸王别姬》，用日本近代树脂株式会社的磁气录音带录制，梅兰芳剧团乐队

○ 1960 年 7 月 23 日，毛泽东接见出席中华全国文学艺术工作者第三次代表大会的代表。右起：作家老舍、京剧表演艺术家梅兰芳、剧作家田汉

---

① 孙琴安：《毛泽东与著名艺术家》，重庆出版社 2000 年版，第 4 页。

演奏。磁带盒子上有红色的"O"字形标记，这是毛泽东经常要听，工作人员为查找方便用铅笔画上的。工作之余，毛泽东时常播放这部带子，边哼唱边回味。他曾把《霸王别姬》当作生动的历史教科书，自勉勉人，教育全党。

新中国成立前后，毛泽东爱看《霸王别姬》这出戏，多次看，并让其他中央领导都去看。看到西楚霸王项羽同他的虞姬生离死别一节，毛泽东眼里湿漉漉的，他对卫士长李银桥说："不要学西楚霸王。我不要学，你也不要学，大家都不要学！"他号召所有的领导干部都要看看《霸王别姬》。①

毛泽东在剧院看戏、在家听戏多了，对剧中的人物、情节就熟了。在工作中，他经常引用知名度较高的剧目内容、人物来打比方，使他要表达的意思更加通俗易懂。

1962年1月30日，毛泽东在扩大的中央工作会议上的讲话中说："从前有个项羽，叫做西楚霸王，他就不爱听别人的不同意见。他那里有个范增，给他出过些主意，可是项羽不听范增的话。另外一个人叫刘邦，就是汉高祖，他比较能够采纳各种不同的意见。……我们现在有些第一书记，连封建时代的刘邦都不如，倒有点像项羽。这些同志如果不改，最后要垮台的。不是有一出戏叫《霸王别姬》吗？这些同志如果总是不改，难免有一天要'别姬'就是了。"②

在梅兰芳表演的京剧作品中，除了《霸王别姬》，另一部受毛泽东欣赏并珍藏唱片资料的当属传统剧目《穆桂英挂帅》。北宋余太君闻得西夏犯境，遣曾孙杨文广等去汴京探听消息。杨文广在校场比武，夺得帅印归来。穆桂英感宋皇刻薄寡恩，不愿效力，后在余太君劝导下，乃挂帅出征。

○ 京剧梅兰芳《穆桂英挂帅》

新中国成立十周年之际，毛泽东看了梅兰芳演出的《穆桂英挂帅》后对他说："这个戏很好。看得出是你舞台生活四十年的集中表演，也是你老年的代表作。"毛泽东还提出是否将戏中人物

① 李银桥：《走向神坛的毛泽东》，中外文化出版公司1989年版，第143页。
② 《毛泽东文集》第8卷，人民出版社1999年版，第295—296页。

"安王"改为"西夏王"。以后，梅兰芳就按照毛泽东的建议作了改动。①

毛泽东遗物中的《穆桂英挂帅》选段唱片，由中国唱片厂制造，为33又1/3分密纹唱片。装唱片的纸袋，一面为剧照，一面为说明和唱词。从说明来看，唱片正面播放时间为12分12秒，配有两段唱词，唱片反面播放时间为8分20秒，配有一段唱词。

毛泽东对京剧程派也很推崇。京剧程派旦角艺术流派，由工于青衣的程砚秋创立，唱腔讲究音韵，注重四声，缜密绵延，幽咽委婉，低回多变，旋律丰富，舞蹈风姿独特，常看常新。其唱腔最能体现年轻女性忧愁、悲伤、挫折的内心世界。程派重改革创新，代表作多为新编剧目。

毛泽东收藏了很多程派的唱片和磁带。如程砚秋的《荒山泪》《回龙阁》，程派传人新艳秋的《贺后骂殿》《戏凤》，李世济的《游龙戏凤》等剧目。他经常在家中听程派的唱片和磁带，也常去剧院观看程派的演出。

毛泽东十分敬重程砚秋的人品。

1949年4月，毛泽东在长安大剧院看戏，当时一共演出三出戏，压轴戏是程砚秋演的《荒山泪》②。演出前，毛泽东对身边的工作人员介绍了一番：程砚秋和梅兰芳先生一样，都是京剧界名流。他也是在抗日战争中隐居农村，不给敌人演出。像这样有名望的艺人，我们不仅是看他的艺术表演，更重要的是尊敬他的民族气节和正义感，号召人们向他学习。

在看《荒山泪》的时候，毛泽东的精力十分集中，不时赞扬程砚秋的演出。演出结束后，毛泽东仍然很兴奋地说，这几出戏的内容与现实结合得也很好。特别是《荒山泪》，程砚秋演出很成功，内容和唱腔都很好。③

李世济是程派的著名传人。毛泽东收藏了很多李世济的唱片，对李世济的艺术发展也十分关心。

1958年以来，程派京剧演员李世济经常有机会到中南海给毛泽东演唱。毛泽东对青年演员们的成长进步非常关心。他经常风趣地给大家讲历史故事，并且考问大家。毛泽东语重心长地对大家说，你们要好好学习，要学文化，懂历史。

有一次，李世济把唱词抄得很工整送给毛泽东。毛泽东边听唱，边打着拍子。

① 刘汉民：《毛泽东谈文说艺实录》，长江文艺出版社1992年版，第198页。
② 传统京剧剧目。写明末河南济源县农户高良敏一家因苛税、劳役而死。
③ 孙宝义：《毛泽东的读书生涯》，知识出版社1993年版，第169页。

演唱完，毛泽东问李世济写过描红簿没有，并鼓励他好好练字。以后，李世济尽量自己抄唱词给毛泽东看，有了错别字，毛泽东一笔一画在手掌上写给李世济看。

毛泽东对京剧演现代戏一直很关心，曾几次问现代戏为什么不用大段"慢板"，又说，"西皮慢板""二簧慢板""反二簧慢板"很能抒发感情；还问"四平调"为什么不用，建议"南梆子"也可以用。

1964 年，毛泽东在中南海亲切地对李世济说："你唱程（砚秋）派好多年了吧？"李世济当时由于受江青影响，赶忙说："主席，我要做革命派，不要流派啦！"毛泽东脸上的笑容当即消失了，严肃地指出："革命派要做！流派也要有。程派要有，梅（兰芳）派也要有，杨（宝森）派、谭（富英）派、余（叔岩）派、言（菊朋）派……都要有！"①

京剧荀派旦角艺术流派，由荀慧生创立。以柔媚娇婉风格塑造天真、活泼、热情的少女形象著称。善于用小颤音、半音和华丽的装饰音，常以鼻音收腔来增添唱腔韵致。善用气口，以气息的顿挫抑扬造成唱腔的缠绵继续，在刻画人物的婀娜、表现人物的委屈、怨怼或痛不欲生的情感时，有很强的感染力。

毛泽东收藏的京剧荀派的唱片有荀慧生的《红楼二尤》，荀派传人李玉茹的《打金枝》《红娘》，童芷苓的《柳毅传书》等。

毛泽东不仅在家听戏，也常在外巡时观戏。1958 年，毛泽东在上海干部俱乐部礼堂观看由荀派传人李玉茹领衔主演的《白蛇传》。

戏开场后，毛泽东很快就入戏了。一支烟没吸完，便拧熄了，目不转睛地盯着台上的演员。他烟瘾那么大，却再不曾要烟抽。他在听唱片时，会用手打拍子，有时还跟着哼几嗓。看戏则不然，手脚都不敲板眼，就那么睁大眼看，全身一动也不动，只有脸上的表情在不断变化。显然，他是进入了许仙和白娘子的角色，理解他们，赞赏他们，特别对热情勇敢聪明的小青年怀着极大的敬意和赞誉。唱得好的地方，他就鼓掌。

当剧中许仙与白娘子开始曲折痛苦的生离死别时，毛泽东完全进入了那个古老感人的神话故事中，他的鼻翼开始翕动，泪水在眼圈里悄悄积聚，变成大颗大颗的泪珠，滴落在胸襟上。

当法海开始将白娘子镇压到雷峰塔下时，毛泽东突然愤怒地拍案而起，只见他

---

① 李树谦：《毛泽东的文艺世界》，辽宁教育出版社 1993 年版，第 124—125 页。

的大手拍在沙发扶手上，一下子站起身："不革命行吗？不造反行吗？"演出结束后，毛泽东毫不掩饰自己好恶地用两只手同"青蛇"握手，用一只手同"许仙"和"白蛇"握手，而没有理睬那个倒霉的老和尚"法海"。①

毛泽东还建议京剧演员提高历史修养并为李玉茹讲解明朝农民女英雄唐赛儿的故事。

1960 年春天的一个晚上，上海京剧院一团演员李玉茹应邀去上海文化俱乐部为毛泽东清唱。毛泽东问她："你看得懂文言文吗？看得懂古史书吗？"毛泽东说："你应该读一点《资治通鉴》，懂一点历史，《资治通鉴》这本书虽然是封建士大夫写的，但是里面有些材料是很好的，要了解历史，就得读一读这部书。"

接着毛泽东又讲到了唐赛儿：《资治通鉴》没有明朝的东西。现有的明朝史料也比较少。唐赛儿是明朝一个了不起的农民女英雄。她懂医道，能帮人看病，又能够打仗，打起仗来非常机智……当时人们传说，唐赛儿能呼风唤雨，撒豆成兵。其实这是因为她群众基础好，到处有群众掩护，又善于声东击西，四处都能看到她的人，就以为她分身有术，能撒豆成兵了……你们应该多演这种戏，中国历史上有很多这样的农民女英雄。②

京剧尚派旦角艺术流派，由尚小云创立。表演以神完气足、明快俏丽、美媚柔脆和文戏武唱为特点。

毛泽东收藏的唱片磁带中，有尚小云的《钗头凤》《女起解》，尚派传人马长礼的《智擒惯匪座山雕》等剧目。这部分唱片皆为转速 78 转/分的黑胶木粗纹唱片。

京剧张派旦角艺术流派，由张君秋创立。张先后师从李凌枫、尚小云、梅兰芳，集众家之长，形成一种甜润清新、高低随意、舒展自如的唱腔。梅派的华丽、尚派的刚劲、程派的轻柔、荀派的婉约都一一体现在其表演艺术风格之中。

毛泽东收藏有张君秋的《坐宫》《状元媒》《空城计》《二堂舍子》《望江亭》《柳荫记》等剧目。

京剧龚派旦角艺术流派，由龚云甫创立。龚云甫是清末以来最有影响的老旦演员，始创老旦专工的行当，善于吸收创新，以唱腔新颖、做念细腻为主要特色，是近代京剧老旦行当影响最大的流派，世称"龚派"。

毛泽东保存有龚云甫的《徐母骂曹》，龚派传人李多奎的《打龙袍》、李金泉的

---

① 孙宝义：《毛泽东的读书生涯》，知识出版社 1993 年版，第 171—172 页。
② 盛巽昌：《毛泽东与戏曲文化》，广西人民出版社 1998 年版，第 94—95 页。

《岳母刺字》等唱片。

《岳母刺字》是戏曲传统剧目，据《说岳全传》改编，写岳飞随宗泽抗金。后杜充替代宗泽为帅，一反宗泽抗金行为，岳飞愤而归家，岳母责以大义，促其回营抗敌，并于他背脊刺"精忠报国"四字，以坚其心。京剧、川剧、秦腔、滇剧和河北梆子均有此剧目。

对《岳母刺字》这一剧目，毛泽东颇有感慨。

1933 年，毛泽东在瑞金观看京剧《岳母刺字》。他说：岳飞是个民族英雄，他精忠报国，全心为民，抵抗外军侵略……我们要向他学习。①

1960 年 3 月 19 日晚，毛泽东在上海请工人代表和市委领导一起到锦江小礼堂看戏。当晚，上海青年京剧团为大家演出了《盗仙草》《岳母刺字》《将相和》等优秀传统剧目的精彩片断。毛泽东兴致很高，不时地打着拍子欣赏张美娟等艺术家的精湛演出。当演到岳母在儿子背上刺下"精忠报国"四个大字时，毛泽东激动地从大沙发上站起来鼓掌。重新入座后，毛泽东侧身问孔令熙②："这个戏你看过吗?"孔令熙答："看过。"毛泽东深情地说："中国像这样的母亲有千千万万呢!"③

毛泽东还收藏有筱菊红《二进宫》，杨小楼《恶虎村》，高盛麟、张宏奎《古城会》，姜妙香、陈少霖《四郎探母》，郝寿臣《赛太岁》《长亭起解》《法门寺》，金少山《草桥关》《锁五龙》，王芸芳、谭小培、金少山《二进宫》，袁世海《坐寨》《盗马》，董俊峰、郭仲衡《二进宫》《白马坡》，王长林、金秀山等《秦琼卖马》《御果园》，王长林、谭鑫培等《忠臣不怕死》，奚啸伯《交箭》，厉慧良、厉慧敏《霸王别姬》，孙花满《罢宴》，叶盛兰《柳荫记》《西厢记》《白门楼》等京剧唱片或磁带。

毛泽东对《西厢记》这一剧目多有评述。

1958 年 3 月 22 日，毛泽东在成都会议上讲话。他说：《西厢记》中，有一段张生和惠明的故事，孙飞虎围普救寺，张生要送信请他的朋友白马将军来解围，但无人送信，于是开群众会议，惠明挺身将信送去。这是描写惠明胆大勇敢，是坚定之人。希望中国多出惠明。④

---

① 盛巽昌：《毛泽东与戏曲文化》，广西人民出版社 1998 年版，第 2 页。
② 孔令熙，时任上海联华钢厂党总支书记兼厂长。
③ 中共上海市委党史研究室：《毛泽东在上海》，中共党史出版社 1993 年版，第 212 页。
④ 《建国以来毛泽东文稿》第 7 册，中央文献出版社 1996 年版，第 122 页。

1958 年 5 月 8 日，毛泽东在中共八大二次会议作第一次讲话，主要是讲破除迷信的问题。毛泽东举了很多例子，其中举有《西厢记》的，说："《西厢记》里的红娘是个有名的人物，大家都是知道的，她是个青年人，是个奴婢。但她很公正，很勇敢，敢于冲破老规矩，帮崔莺莺、张生那么大的忙，当时是不合乎宪法的，是违犯婚姻法的。老夫人打她四十大板，来个拷红受审，但她不屈服，讲理，把老夫人责备了一顿。究竟是老夫人学问好，还是红娘学问好呢？谁有创造？红娘是发明家，还是老夫人是发明家？"①

毛泽东与京剧武生演员厉慧良和京剧老旦演员孙花满等多有交往。

1945 年 8 月 28 日，毛泽东应蒋介石之邀，到重庆谈判，就曾看过由有名的"厉家班"演出的京剧《林冲夜奔》。当时厉慧良就参加了演出。

新中国成立后，厉慧良经常被抽调，为毛泽东和其他党和国家领导人献演。

1957 年 5 月 2 日，毛泽东陪同苏联伏罗希洛夫观看京剧《野猪林》。

当时原先饰演林冲的李少春嗓音失调，虽经名医治疗也不能迅速恢复。由是周恩来立即指示：李少春不能上台，可以让厉慧良顶替。演出在北京政协礼堂，厉慧良饰演的林冲很成功，行家评论和李少春酷似。演出结束后，领袖们走上舞台接见演员。毛泽东走到厉慧良跟前，握着他的手微笑着。毛泽东对厉慧良说了一句话："你的林冲演得不错。"②

20 世纪 60 年代，毛泽东还多次观看厉慧良主演的《挑滑车》《长坂坡·汉津口》等剧目，并对他饰演的《长坂坡·汉津口》中赵云这一舞台形象给以称赞。

孙花满是中国当代著名京剧演员，因演戏而得到毛泽东的亲切接见。在 1960 年前后，毛泽东来上海，孙花满总有机会见到毛泽东，并先后为他演了《吊金龟》《六离门》《岳母刺字》等京剧。

有一次，孙花满对毛泽东说："主席，我给你演出过这么多次戏，我也想要张照片。"

毛泽东幽默地笑了，对她说："我这里又不是开照相馆的。"

孙花满怕他不答应，便又急切地说："您给了我，我一定保密。"随后，她又补充道，"要有您的签名啊！"

毛泽东笑着点了点头。

---

① 盛巽昌：《毛泽东与戏曲文化》，广西人民出版社 1998 年版，第 80—81 页。
② 盛巽昌：《毛泽东与戏曲文化》，广西人民出版社 1998 年版，第 78 页。

1962 年 12 月 26 日，毛泽东在上海，晚会上孙花满见到了毛泽东，当时毛泽东主动拿出两张照片，一张是站着的，一张是坐着的，要她任选一张。两张照片均有毛泽东的签名。

孙花满没想到自己这一小小的请求，毛泽东竟放在心上，一时十分激动。她觉得坐着的那张很慈祥，便选取了那一张。后来，孙花满在毛泽东的签名旁又写道："毛主席亲自送给我的珍贵照片，一九六二年十二月廿六日于锦江俱乐部。"

1973 年 9 月，孙花满曾随《龙江颂》剧组去毛泽东的故乡韶山参观。在长沙刚下火车，当地便有不少文艺界的人士来欢迎他们。这时，湖南湘剧团的左大玢被人领到孙花满面前。左大玢对她说："是毛主席讲的，上海有个老旦叫孙花满，《罢宴》唱得非常好。这次上海京剧团来这里演出《龙江颂》，有你的名字，我就来了。"

就这样，由于毛泽东的介绍和推荐，孙花满与左大玢交上了朋友。

毛泽东去世以后，孙花满曾写有怀念文章《一张珍贵的照片》。其中说："从 1959 年起到 1966 年 5 月，先后总共有七八年时间，差不多每年都有机会见到毛主席，我当时感到非常幸运。"[①]

被称为"国粹"的京剧，是毛泽东最喜爱的艺术形式，毛泽东常听的京剧很多。在这些唱片或磁带目录上，工作人员都一一做了标记，有的还写明了内容提要。从保存下来的几本目录上，我们可找到毛泽东当年最喜欢听的一些传统京剧剧目有：李和曾的《李陵碑》《巡堂》，程砚秋的《春闺梦》，袁世海的《李逵探母》《盗马》，冯群秋的《二进宫》，高庆奎的《姻粉计》《辕门斩子》《斩黄袍》，余淑岩、言菊朋的《卧龙吊孝》《八大锤》《空城计》《战太平》，周信芳、袁世海、马连良的《捉放曹》《卖马》《坐寨》《洪羊洞》，杜近芳的《柳荫记》《白蛇传》，孟小冬的《珠帘寨》，谭鑫培的《洪羊洞》《打渔杀家》《卖马》《秦琼卖马》《御果园》等。

毛泽东看过并喜爱的戏剧剧目，几乎都有相应的磁带和唱片，常常是一个剧目，既有磁带又有唱片，既有不同流派的演唱，又有同一流派不同个人的演唱。如他保存的京剧《逍遥津》既有高派高庆奎、麒派周信芳演唱的唱片，也有高派传人李和曾演唱的磁带。

为了使晚年毛泽东听好京剧，有关部门为他印制了大字本京剧唱词。

---

① 参见孙琴安：《毛泽东与著名艺术家》，重庆出版社 2000 年版，第 42—44 页。

第二节

★

地方戏收藏

　　毛泽东对各种地方戏有着浓厚的兴趣，他收藏的地方戏剧多达50余种，几乎涵盖全国著名的各个地方剧种。丰富多彩的地方戏，为他搭建起一座座通向民族历史文化长河的桥梁，为他打开一扇扇认识了解全国各地方各民族风俗民情的窗口。

　　毛泽东收藏有我国北方地方戏（豫剧、评剧、曲剧、河北梆子、山东梆子、茂腔、柳腔、柳琴戏等）、东部沿海地方戏（越剧、扬剧、淮剧、锡剧、甬剧、昆剧、沪剧、湖剧、绍剧、泗州戏等）、西部地方戏（晋剧、蒲剧、川剧高腔、胡琴戏、弹戏、花灯剧、秦腔、华剧等）、中部地区地方戏（湘剧、花鼓戏、祁剧、黄梅戏、楚剧、汉剧、广东汉剧、庐剧、采茶戏、巴陵戏、辰河高腔、赣剧、常德汉戏、荆河戏等）、东南沿海地方戏（粤剧、琼剧、闽剧、桂剧、潮剧、正字戏、莆仙戏、白字戏、高甲戏、梨园戏、西秦戏、芗剧、木偶戏）等。

　　豫剧，也称"河南梆子""河南高调"。流行于河南及邻近各省的部分地区。系明代山陕梆子传入河南后，同当地民歌小调结合而成。一说清初由北曲弦索调演变而成。清乾隆年间已有职业班社。有豫东调（包括祥符调、沙河调）和豫西调两大支流。板腔体结构。板式有二八板、慢板、流水版、飞版等。以梆子击节，板胡为主要伴奏乐器。传统剧目近800个，新中国成立后整理

○ 1964年毛泽东和豫剧《朝阳沟》演员在一起

○ 1964 年，毛泽东和著名豫剧演员常香玉握手交谈

了《花木兰》《穆桂英挂帅》《唐知县审诰命》等，并编演了《朝阳沟》等现代戏。1964 年，毛泽东分别与豫剧《朝阳沟》演员、著名豫剧演员常香玉合影。

毛泽东喜欢豫剧的激情奔放，大气磅礴，对豫剧中的许多著名剧目都十分熟悉。他保存的豫剧唱腔有常香玉的《花木兰》《大祭椿》《赶路》、马瑾风的《十二寡妇征西》等。

毛泽东看过常香玉主演的《破洪州》这出戏后，于 1959 年 4 月 24 日给周恩来总理写过一封信，全文如下：

总理：

我在郑州看过一次戏，穆桂英挂帅，叫做《破洪州》，颇好，是一个改造过的戏，主角常香玉扮穆桂英。我看可以调这个班子来京为人大代表演一次。如你同意，请处理。

《破洪州》剧本仍有缺点，待后可商量修改。

毛泽东①

评剧，流行于北京、天津和华北、东北各省。清末以莲花落、蹦蹦为基础，先后吸收河北梆子、京剧等音乐和表演艺术发展演变而成。早期称"平腔梆子戏""唐山落子""奉天落子"。板腔体结构，有慢板、二六板、尖板、流水板等。伴奏以板胡为主，打击乐器与京剧相同。擅长表现现代生活、新中国成立后编演了《小女婿》《刘巧儿》等一批剧目。

毛泽东收藏的评剧唱片有小白玉霜的《苦菜花》，魏荣元、席宝昆的《秦香莲》《大堂》等。

1949 年 7 月，第一次全国文代会上，毛泽东接见了评剧演员小白玉霜，和她亲

① 《毛泽东书信选集》，人民出版社 1983 年版，第 557 页。

切地握手，并风趣而意味深长地问道："小白玉霜①和大白玉霜②有什么不同呀？"毛泽东很喜爱评剧艺术，曾先后观看新凤霞演出的九出戏，看过白玉霜三出戏。在毛泽东文艺方向指引下，评剧积累了一批现代戏的保留剧目，如《刘巧儿》《小女婿》《祥林嫂》《金沙江畔》《南海长城》《向阳商店》等。③

1950年春节期间，中国评剧院应邀去中南海为毛泽东、周恩来等中央领导同志演出新评剧《刘巧儿》④，主演是新凤霞。

当幕前音乐响起，舞台灯光将布景窑洞照亮时，原来十分安静的剧场忽然异常活跃起来，有讲话的声音，有欢笑的声音，新凤霞一紧张，竟然把头两句词（刘巧儿生来手儿勤，织布纺线都认真）全忘了！忘了也得唱，不能停，新凤霞强制自己镇静下来，有音无字地勉强唱完了这两句，从第三句起才正经唱下去。

戏演完后，毛泽东站起来带头鼓掌，并且和周恩来等走上台来。演员们非常高兴，但是新凤霞心里也难过。正在她胡思乱想不知如何是好的时候，毛泽东已经走到她的身边。毛泽东非常高兴地说："我们都很高兴，又看见延安的窑洞了。""我在延安听过《刘巧团圆》的说书，想不到来到北京又看到《刘巧团圆》的评剧。"毛泽东又对新凤霞说："你这个小鬼演得不错，可是功夫还不够，第一场刘巧儿头两句唱的什么我就没有听清楚。唱戏是给人听的，要咬清每个字，唱好每句唱。"⑤

曲剧，河南地方剧种之一，也称"高台曲"或"曲子戏"，流行于河南全省及邻近地区。原始形态为表演者边踩高跷边唱曲子，20世纪20年代发展为去跷登台，从而由"高跷曲"演变为"高台曲"。毛泽东收藏有曲剧《陈妙常》《赶脚》《下乡》《一朵红花》等剧目。

河北梆子，也叫"京梆子""直隶梆子"。流行于北京、天津、河北和辽宁、吉林、黑龙江、内蒙古自治区的部分地区。清道光年间由传入河北的山陕梆子演变而成。系板腔体结构，有慢板、二六板、流水板、减板等板式。以梆子按节拍，单调高亢激越。解放前已趋衰落。新中国成立后整理演出了《蝴蝶杯》《杜十娘》《宝莲灯》《袁凯装疯》等，使该剧种有了新的发展。毛泽东保存有河北梆子《蝴蝶杯》等剧目。

---

① 评剧演员。原名李再雯。工青衣、花旦。幼年随养母白玉霜学戏。
② 评剧演员。工花旦。曾在上海演出欧阳予倩改良戏剧《潘金莲》，被誉为"评剧皇后"。
③ 李树谦：《毛泽东的文艺世界》，辽宁教育出版社1993年版，第34页。
④ 王雁编剧。抗日战争时期，陕甘宁边区姑娘刘巧儿，反对父母因贪图钱财，把她卖给地主。她和心上人赵振华经过斗争，终成眷属。
⑤ 李树谦：《毛泽东的文艺世界》，辽宁教育出版社1993年版，第35—36页。

山东省委原书记苏毅然曾动情地回忆毛泽东看河北梆子《沉香救母》的情景。

1958年8月，苏毅然在安徽省委任候补书记，他有幸参加了中央在北戴河召开的一次会议。这次会议期间，安排了戏曲晚会。当时，苏毅然坐在主席身边，紧张得出了一身汗。

过了一会儿，戏开演了，是河北梆子《沉香救母》。但他的心还是扑扑乱跳。毛泽东似乎看出了他有些紧张，便转过脸来微笑着和他闲聊起来，问他是哪里人，工作怎么样。说了一会儿话，他还是平静不下来。毛泽东又说："你知道《沉香救母》的故事吗？"他回答说，不太清楚。于是，毛泽东耐心给他讲道："传说呀，华山之上，恶瘴时起，伤害生灵。三圣母常以宝莲神灯排除瘴雾。采药人刘彦昌敬仰圣母之德，圣母爱慕刘彦昌济世之行，遂缔结良缘。三圣母之兄二郎神闻之，横加干涉，被圣母用神灯逼退。一年后，圣母生子沉香。二郎神乘圣母欢度生子百日，命哮天犬盗去宝莲灯，擒获圣母，压于华山之下。沉香被霹雳大仙救去，授以武艺，十五岁时，大败二郎神，斧劈华山，救出圣母……"

他们脸对着脸，中间的距离仅仅十几厘米，苏毅然看到毛泽东红光满面，脸上始终挂着慈祥的微笑。故事讲完了，毛泽东又说："年轻人要多学些历史知识，然后用所学的知识为人民干事儿！"当时他感到，毛泽东像一位老人在谆谆教诲自己的孩子，那么亲切！[①]

山东梆子，也叫"高调梆子"。流行于山东菏泽、济宁、泰安等地。清初山陕梆子流入山东后演变而成。同豫剧祥符调、莱芜梆子、平调、沙河调有一定渊源。腔调高亢，动作粗犷。有曹州梆子、汶上梆子两个流派。伴奏乐器早期用大弦（八楞月琴）、二弦、三弦，后改用板胡、京胡。传统剧目《两狼山》有一定影响。毛泽东保存有山东梆子《劈山救母》等剧目。

茂腔，起源于山东东部，有"胶东之花"之称，流行于潍坊、青岛、日照等地，最初为民间哼唱的小调，称为"周姑调"，传说因一周姓尼姑演唱而得名，又称"肘子鼓"，据说是因民间艺人肘悬小鼓拍击节奏演唱而得名。茂腔大约在清道光年间已广泛流传于山东半岛一带，流传过程中吸收本地花鼓秧歌等唱腔和形式形成"本肘鼓"，意指本来的肘鼓子调，也可理解为本地流行的肘鼓子调。毛泽东保存有茂腔《韩渊借粮》等剧目。

---

① 大众网：《山东省委原书记苏毅然：感受毛泽东伟人情怀》，http://www.dzwww.com/dazhongribao/dazhongzhoumo/200312260208.htm

柳腔，山东地方戏曲，前身为"本肘鼓"，与茂腔一样，由民间说唱的"肘鼓子"演变而成。流传于平度、即墨一带则发展成柳腔；流传于胶州、高密一带则发展形成了茂腔。故有"茂柳不分家，两剧姊妹花"之说。毛泽东收藏有柳腔《割袍》等剧目。

柳琴戏，也叫"拉魂腔"。流行于江苏北部、山东南部。一说源于山东临沂民间的肘鼓子；一说源于江苏海州（今连云港西）民间的太平歌和猎户腔。清咸丰年间已有职业艺人。板腔体结构，主奏乐器为柳叶琴。毛泽东收藏有柳琴戏《张朗与丁香》等剧目。

越剧，流行于浙江、上海以及许多省区的大城市。清道光末年由浙江嵊县（今嵊州）一带的曲艺"落地唱书调"为基础发展而成。初称"小歌班"或"的笃班"。1917 年进入上海，称"绍兴文戏"，受绍戏、京剧等剧种的影响，在表演、音乐等方面有较大发展。1925 年起称越剧。30 年代中，形成全部由女演员演出的"女子文戏"。抗日战争时期浙东敌后根据地曾加以改革；同时在上海受话剧、昆剧的影响，在表演上得到进一步发展，形成写实与写意相结合的风格。主要曲调有四工调、尺调、弦下调等。新中国成立后整理改编了《梁山伯与祝英台》《红楼梦》《祥林嫂》《五女拜寿》等剧目，并改变了全部由女演员演出的状况。

毛泽东很喜欢越剧这一艺术形式，新中国成立后，他多次在北京观看越剧。他还收藏有越剧《北地王》《香妃》《红楼梦》《情深》《兄妹上街》《桃花扇》《追鱼》等剧目。其中《红楼梦》为转速 16 又 2/3 转/分的密纹唱片。

毛泽东对越剧的喜爱给越剧演员袁雪芬、范瑞娟、徐玉兰等留下了深刻的印象。

1949 年 9 月，袁雪芬赴北京参加中国人民政治协商会议第一届会议。这天正式开会前，在怀仁堂看演出，邓颖超把袁雪芬带到毛泽东面前作了介绍。毛泽东说："开文代会你没有来，这次我们欢迎你！"

毛泽东后来关切地问她："越剧是从 1942 年开始改革的吗？""是的，主席。""你演过《西厢记》中的张生。你除了演旦角外，还能演小生？！""你怎么知道的？"袁雪芬异常惊讶地问。毛泽东和蔼地笑了笑说："我看过《雪声纪念刊》。"①

1950 年 7 月，毛泽东在北京中南海观看越剧《梁山伯与祝英台》。

据范瑞娟回忆：

---

① 盛巽昌：《毛泽东与戏曲文化》，广西人民出版社 1998 年版，第 47—48 页。

晚上，我们化好妆后，看见中央领导同志进怀仁堂剧场时，也像战士一样，两个人一排，整整齐齐，队伍排了很长很长。

我演《思祝》一场，那时演梁山伯思念祝英台，计算约定日期是用"一七""二八""三九""四九"一天一天推算的。我拿起一把算盘，先唱"思念贤弟"一段唱词，接着拉琴，然后计算日期。毛主席在台下看了哈哈大笑，说："看你傻乎乎的。等你把日子算出来，祝英台已经嫁出去了！"……演出结束后，毛主席在台下向我们挥手。①

○ 1951 年 10 月，毛泽东和著名越剧演员范瑞娟等在一起

1952 年，在北京举行的第一届全国戏曲观摩演出大会上，范瑞娟参加了《梁山伯与祝英台》和《白蛇传》两个剧目的演出。就在这次大会上，《梁山伯与祝英台》获得了一等奖。周恩来在看了越剧《白蛇传》之后，向中共中央推荐了此剧，认为可以作为招待国宾剧目，并说：越剧《白蛇传》招待贵宾是不会坍台的。

大约也就在这时，蒙古国的党和国家领导人泽登巴尔来华访问。毛泽东陪他看了由范瑞娟主演的越剧《白蛇传》。②

越剧演员徐玉兰在《红楼梦》《追鱼》《盘夫索夫》《吕布与貂蝉》等许多剧目中扮演主角，她曾两次得到毛泽东的接见。

20 世纪 60 年代初，在锦江饭店，徐玉兰参加了一个座谈会，并见到了毛泽东主席。当时毛泽东身穿灰色中山装，脚穿黑皮鞋，身体非常健康，他一边与徐玉兰握手，一边说："噢，越剧我看过，看过《梁山伯与祝英台》，这个戏很优美，很有诗情画意的。"③ 这次座谈进行了近三刻钟的时间。徐玉兰至今回忆起来，仍历历

---

① 盛巽昌：《毛泽东与戏曲文化》，广西人民出版社 1998 年版，第 51—52 页。
② 孙琴安：《毛泽东与著名艺术家》，重庆出版社 2000 年版，第 55 页。
③ 孙琴安：《毛泽东与著名艺术家》，重庆出版社 2000 年版，第 64 页。

在目。

1969 年仲夏，毛泽东在杭州汪庄听《梁祝》录音带，听到《楼台会》和《十八相送》，毛泽东笑了。

当时，有人对毛泽东说："主席，越剧，音调软绵绵的不好听。"

毛泽东纠正说："越剧具有典型的南腔特色。曲调比较柔婉、细腻，擅长抒情。"

接着，毛泽东一字一顿，慢条斯理，但掷地有声地说："任何事物，都要一分为二。我看越剧还可以，不要全盘否定。"

同年秋，毛泽东又一次莅临杭州，观看了越剧的演出并接见了演员，在听了越剧《梁山伯与祝英台》以后表示："这个戏的音乐基调是好的，只是个别太低沉的地方才需要改一改。"在听了"改革越剧"《红灯记》后说："我不赞成把越剧改成不像越剧。"毛泽东说："各个地方剧种就是要有自己的特色，不然要那么多的地方戏干什么，一个剧种就够了嘛！"一个器乐演奏员问主席："听说越剧要砸烂，这到底对不对呀？"毛泽东听了皱皱眉头，严肃指出："越剧不能砸烂，好的还是要用。"①

扬剧，流行于江苏的南京、扬州、镇江一带和安徽部分地区以及上海等地。系扬州的花鼓戏（维扬文戏）和香火戏（维扬大班）吸收扬州清曲、民歌小调发展而成。唱腔曲牌有一百余种，常用曲调有《梳妆台》《满江红》和《大陆板》等。表演、化妆、锣经和武打等方面受京剧的影响较大。传统剧目《百岁挂帅》、现代剧目《皮九辣子》等影响较广。毛泽东保存有扬剧《借子》《红霞》等剧目。

淮剧，也叫"江淮戏"。流行于江苏北部、上海以及安徽的部分地区。系由淮阴、盐城、阜宁一带的曲艺门谈词（或作"门叹词""门弹词"）和香火戏吸收徽剧的表演方法和剧目发展而成。清末已流行。常用曲调有淮调、拉调、自由调等。传统剧目《探寒窑》《女审》《三女抢板》以及当代编演的《金龙与蜉蝣》等影响较广。毛泽东收藏有淮剧《河塘搬兵》《秦香莲》等剧目。

锡剧，流行于江苏南部和上海等地。源于常州、无锡一带的曲艺滩簧，辛亥革命前后发展为戏曲。一度称"常锡文戏"，1952 年定为今名。基本曲调有簧调、铃铃调、大陆调等。伴奏乐器以二胡、琵琶为主。传统剧目《双珠凤》《双推磨》《珍

---

① 盛巽昌：《毛泽东与戏曲文化》，广西人民出版社 1998 年版，第 126—127 页。

珠塔》和现代剧《红色的种子》等影响较广。毛泽东保存有锡剧《寻儿记》《红色的种子》《珍珠塔》等剧目。

1962 年冬，毛泽东在江苏无锡太湖饭店听锡剧《珍珠塔》。据无锡市锡剧团汪韵芝回忆，毛泽东出席了太湖饭店礼堂的舞会。

约半个多小时后，舞会休息，要我上去唱《珍珠塔》中的"夸富"一段。唱词内容是"姑母"方朵花在众宾客面前极尽夸张之能事，吹嘘自己的荣华富贵。服务员把一份唱词送给毛主席。我唱时，主席一边听唱，一边翻看唱词，看到中间发噱的地方，他就笑起来。一曲终了时，主席站起来与我握手。①

甬剧，也称"宁波滩簧"。流行于浙江宁波一带和上海等地。源于宁波农村的田头山歌。清光绪年间始有职业班社。1890 年进入上海，受其他戏曲剧种影响，在音乐、表演、剧目上均有所丰富发展，并一度改称"四明文戏"。唱腔以滩簧调为主，兼唱马灯调等民间小曲。新中国成立后编演的剧目《半把剪刀》《双玉婵》等有一定影响。毛泽东收藏有甬剧《李二嫂改嫁》《姑娘心里不平静》等剧目。

昆剧，也叫"昆山腔""昆曲""昆腔"。戏曲声腔、剧种。元末昆山（今属江苏）一带民间流行的南戏腔调，经顾坚等人整理加工，明初已有"昆山腔"之名。至明嘉靖年间，魏良辅等吸收海盐、弋阳等腔和当地民间曲调再加丰富。曲调舒徐婉转，称"水磨调"。联曲体结构。伴奏乐器有笛、箫、笙、琵琶和鼓、板、锣等。以演唱传奇剧本为主。表演上注重动作优美，舞蹈性强，具有独特的风格。在舞台艺术上总结了过去的经验，创造了中国古代完整的民族戏曲表演体系。明万历以后，逐渐流传各地，对许多地方戏曲剧种产生深远影响，或同当地语言、曲调结合，成为地方化的昆曲（如北昆、湘昆等）；或成为当地剧种的腔调之一（如川剧、婺剧等），形成昆腔这一声腔系统。明末至清前期是昆腔的鼎盛时期，清中叶以后，由于思想上和艺术上日益脱离群众而逐渐衰落。新中国成立后，昆腔获得发展生机，开始大力培养接班人，扶植组建剧团，并进行艺术改革。除上演传统剧目外，还改编演出了《牡丹亭》《长生殿》等剧目，新编了《李慧娘》《墙头马上》等古代题材剧和《红霞》《琼花》等现代戏。毛泽东保存有昆剧《醉打山门》《十五贯》《单刀会》等剧目。

昆剧（曲）是很古老的剧种，解放前已濒临灭绝，新中国成立后在毛泽东的关

---

① 盛巽昌：《毛泽东与戏曲文化》，广西人民出版社 1998 年版，第 106 页。

怀下又重新焕发了生机。

1956 年 4 月 17 日，浙江昆苏剧团在北京中南海怀仁堂演出昆曲《十五贯》①，毛泽东观看了演出。当看到台上那个官僚主义者周忱夸奖草菅人命的过于执是"国家良臣"，诬蔑况钟搞调查研究是"节外生枝惹是非"，自诩"一生唯谨慎，从来不逾常规"时，毛泽东畅怀地笑了，语含嘲讽，笑指周忱说："他不逾常规！"②

1956 年 4 月 25 日，毛泽东在中直俱乐部再次观看了浙江昆苏剧团演出的昆曲《十五贯》。27 日，毛泽东在中共中央政治局扩大会议上指出："《十五贯》应该到处演，戏里边那些形象我们这里也是很多的，那些人现在还活着，比如过于执，在中国可以找出几百个来。"③

毛泽东称道《十五贯》，主要是认为草菅人命的过于执的官僚主义作风具有现实的教育意义。

沪剧，流行于上海和江苏、浙江的部分地区。渊源于上海附近农村的民歌，清末形成上海滩簧（当地称"本滩"），在发展过程中曾受苏州滩簧的影响。后采用文明戏的演出形式，发展为舞台剧"申曲"。1941 年改名为"沪剧"。曲调富有江南乡土气息，主要为长腔长板，又有中板、紧板、三角板等板式变化，以及夜夜游、紫竹调等辅助曲调。擅长表现现代生活，新中国成立后编演了《罗汉钱》《星星之火》《芦荡火种》《雷雨》等剧目。毛泽东收藏有沪剧《星星之火》《母亲》和丁是娥主演的《罗汉钱》等剧目。其中《罗汉钱》为转速 16 又 2/3 转/分的密纹唱片。

丁是娥是著名的沪剧表演艺术家，她所演的《罗汉钱》中的小飞娥、《鸡毛飞上天》中的教师林佩芬、《芦荡火种》中的阿庆嫂等形象，早已在观众的心目中留下了深刻的印象。

毛泽东在上海时，丁是娥经常为毛泽东演唱沪剧，她觉得毛泽东很有幽默感。有一次，丁是娥等排演了一些联欢小节目请毛泽东欣赏。沪剧演员许帼华唱了个《绣荷包》，唱后来到毛泽东身边，毛泽东便问："你的荷包在哪儿啊？你绣的荷包让我看看啊。"④

湖剧，旧名"湖州小戏""湖州滩簧"，流行于浙江杭嘉湖一带，清末由当地曲

---

① 传统公案戏，描述了况钟经过调查研究，诱捕真凶娄阿鼠，弄清案情真相，平反了一桩复杂的冤狱。

② 盛巽昌：《毛泽东与戏曲文化》，广西人民出版社 1998 年版，第 64 页。

③ 《毛泽东年谱（1949—1976）》第 2 卷，中央文献出版社 2013 年版，第 569 页。

④ 孙琴安：《毛泽东与著名艺术家》，重庆出版社 2000 年版，第 66 页。

艺滩簧和民歌小调发展而成。1951 年改为今名。板式有双板、单板、紧板、慢板、长板头等。伴奏乐器有胡琴、三弦、琵琶等。毛泽东收藏有湖剧《假被窝》等剧目。

绍剧，又名"绍兴大班""绍兴乱弹"。流行于浙江、上海等地。明末清初形成于浙江绍兴一带。清乾隆年间颇为盛行。主要腔调为二凡、三五七。二凡腔调高亢激越，与西秦腔有渊源关系；三五七腔调委婉柔和，旋律与吹腔相近。主奏乐器为板胡、斗子。表演朴实粗犷，善于表现悲壮情感。武功颇具特色。新中国成立后整理编演的剧目《孙悟空三打白骨精》《于谦》《龙虎斗》等有一定影响。毛泽东收藏有绍剧《关不住的姑娘》等剧目。

毛泽东在新中国成立后多次到杭州，对杭州绍剧团演出的《孙悟空三打白骨精》留下了深刻印象，他十分关心杭州绍剧团的发展。

1961 年 10 月 10 日，毛泽东等党和国家领导人在怀仁堂观看了六小龄童主演的绍剧《孙悟空三打白骨精》。毛泽东入场后在第四排略靠右侧的一个座位坐下，在看戏过程中，他不时有会心的微笑、赞许的点头和风趣的插话。当看到猪八戒从白骨精变化的天王寺中且战且走，逃出魔窟时，他仰身朗然大笑起来。毛泽东兴致勃勃地看完全剧，站起来向台上鼓掌。当他快走到安全门边时，又返身回走，再向台上谢幕的演职员挥手致意……就在这次难忘的演出后一个月，毛泽东到了杭州。他向浙江省委负责同志关切地询问了《孙悟空三打白骨精》的演出和绍剧团的近况，还提出要见见剧团的同志们。不巧的是，当时剧团还在河南一带巡回演出，一时不能回来。毛泽东听说后就将一篇诗章交给了省委。这就是后来发表的《七律·和郭沫若同志》：

一从大地起风雷，便有精生白骨堆。

僧是愚氓犹可训，妖为鬼蜮必成灾。

金猴奋起千钧棒，玉宇澄清万里埃。

今日欢呼孙大圣，只缘妖雾又重来。①

1971 年春，毛泽东到南方视察，在杭州看完文艺晚会演出实况转播后，突然问坐在一旁的省委同志："绍剧有个'孙悟空'，这猴子到哪里去了？还压在五行山下吗？"

---

① 盛巽昌：《毛泽东与戏曲文化》，广西人民出版社 1998 年版，第 101—102 页。

见省委同志点头称是，毛泽东又说："让他出来见见世面嘛！"这话，如残冬过后吹来一缕春风，六小龄童"解放"了。①

泗州戏，流行于安徽北部。清末由南路拉魂腔发展而成。擅演农村生活题材的小戏。主要板式有慢板、二行板、数板、紧板等。伴奏乐器以柳叶琴、三弦等为主。毛泽东保存有泗州戏《花赞》等剧目。

晋剧，也叫"中路梆子""山西梆子"。流行于山西、内蒙古和冀北、陕北等地。一般认为系蒲州梆子流传晋中后演变而成。一说系祁太秧歌、汾孝秧歌吸收蒲剧艺术发展而成。清咸丰、同治年间发展迅速。板式有平板、夹板、二性、流水等。以梆子击节，呼胡为主奏乐器。新中国成立后整理和编演的剧目有《打金枝》《金水桥》《刘胡兰》等。毛泽东保存有晋剧《空城计》《秦香莲》《打金枝》等剧目。

《打金枝》这一剧目，在京剧、晋剧、赣剧、黄梅戏等剧中都有演出，毛泽东对这出戏也是感慨颇多。

1957年，毛泽东评论晋剧《打金枝》这出戏时说："郭子仪的儿子同皇帝的女儿结亲以后，闹矛盾，郭子仪和皇帝各自批评了自己的孩子，解决得很好。这是说解决内部矛盾要各自多作自我批评。"他还说过郭子仪这个人很有政治头脑，当时有人告郭有谋反之心，郭听到后就把自己的门弟敞开，任人参观，"门户洞开"这个典故就是从这里来的。②后来《打金枝》拍成电影在全国放映，很受欢迎，也促进了晋剧的发展。

毛泽东初次接触晋剧是在白云山。

1947年，毛泽东上白云山。戏楼在白云观正殿的对面，锣鼓弦胡正响得热闹，是佳县群众剧团在演晋剧《反徐州》。毛泽东走进剧场，男男女女已经挤得满满的了。他不让惊扰群众，悄悄地站在后面看。毛泽东看得很有兴趣，只是因为口音的关系，有些唱词听不懂。毛泽东就把警卫团里熟稔山西梆子的王洪兴叫到跟前，请他当"翻译"。王洪兴一字一句地给毛泽东讲解，毛泽东弄懂了剧情，显得更高兴。戏演完了，他带头鼓掌，说："这戏还好，是反封建的。"③

蒲剧，也叫"蒲州梆子""乱弹""南路梆子"。流行于山西南部和河南、陕西部分地区。曾和陕西的同州梆子合称"山陕梆子"。为山西最古老的梆子剧种。一

① 盛巽昌：《毛泽东与戏曲文化》，广西人民出版社1998年版，第128页。
② 白金华：《毛泽东谈作家和作品》，吉林人民出版社1993年版，第248页。
③ 陈四长、郭洛夫：《艰难的转战》，军事科学出版社1993年版，第211、第212页。

说源自弦索调，一说由锣鼓杂戏演变而成。明末清初已有记载。也有人认为明嘉靖年间就已形成。表演善用特技，其髯口功和帽翅功等较为出名。板式有慢板、二性、流水、间板等。主奏乐器为板胡、梆笛。传统剧目近 500 个。新中国成立后编演的《薛刚反唐》《窦娥冤》《挂画》《烤火下山》等有一定影响。毛泽东收藏有蒲剧《秦香莲》《三对面》《意中缘》《三家店》等剧目。

川剧，流行于四川和云南、贵州的部分地区。清乾隆年间起，昆腔、高腔、胡琴、乱弹等剧种和当地民间灯戏经常同台演出，逐渐形成共同风格，清末统称"川剧"。表演细腻、幽默，有完整的程式动作。分川西派、资阳河派、川北河派、下川东派四个支派。传统剧目现存 2000 余个。新中国成立后整理编演的《柳荫记》《夫妻桥》《巴山秀才》《四姑娘》等剧影响较广。毛泽东收藏有川剧高腔《一只鞋》《悲逢》《情探》，川剧胡琴戏《春娥教子》，川剧弹戏《乔子口》等剧目。

1952 年 10 月，文化部在北京举行第一届全国戏曲观摩大会，川剧在会演中受到欢迎和好评。毛主席在怀仁堂里观看了川剧《卷帘求画》和《评雪辨踪》等戏，已故著名川剧表演艺术家曾荣华生前回忆道："我演的戏是'打砂锅'（即《评雪辨踪》），当我演到要打我的"妻子"刘翠屏，她激动地端起砂锅说：'你打嘛，你打嘛。'我道：'砂锅打烂了，拿啥子来煮饭啊'……我牵衣跪下去接砂锅。我起来收眼神的时候，眼睛一扫下去，看见毛主席一只手招起来遮着脸，一只手掏出手帕来拭眼泪。

1957 年 6 月中旬，优秀青年川剧演员周学如一行在北京出席共青团第八届全国代表大会期间，得到了毛主席的亲切接见。

花灯戏由民间歌舞花灯发展而成的戏曲之统称。流行于云南和贵州、湖南、湖北、四川、江西部分地区。四川、湖北等地也称"灯戏"。大多形成于清末。唱腔为曲牌休，有的也辅以板式变化。艺术风格同花鼓戏、采茶戏、秧歌戏等相近。毛泽东保存有花灯剧《春茶会》《山茶赞》等剧目。

秦腔，流行陕西、甘肃、宁夏、青海、新疆等省区。一般认为是明中叶以前在陕西、甘肃、山西一带的民歌基础上形成的。音调激越高亢，以梆子击节，唱词基本为七字句，音乐为板腔体。明末清初流传南北各地，对许多剧种都有不同程度的影响。为梆子腔（乱弹）系统中的代表剧种。流行于陕西的秦腔，以西安乱弹（中路秦腔）为主，又有同州梆子（东路秦腔）、西路秦腔（西府秦腔）和汉调桄桄（南路秦腔）等支派。现存传统剧目 2700 余个。抗日战争时期，陕甘宁边区文艺工作者曾用秦腔形式，创作、演出《血泪仇》等现代戏，对于革命宣传和艺术改革都起了积极作用。新中国成立后整理的传统剧目《赵氏孤儿》《三滴泪》《火焰驹》等影响较广。

毛泽东收藏有秦腔《庵堂认母》《周仁回府》《白玉钿》《党的女儿》等剧目。毛泽东对这一地方剧种极有感情，他曾说过：“秦腔是对革命有功的。”

1938 年 4 月，延安召开边区工人代表大会。开幕式晚会上，业余剧团演出了秦腔传统戏《升官图》《二进宫》《五典坡》。节目间隙，毛泽东向工会负责人齐华说：“你看老百姓来的这么多，老年人又穿着新衣服，女青年擦粉戴花的，男女老少把剧场拥挤得满满的，群众非常欢迎这种形式。群众喜欢的形式，我们应该搞，就是内容太旧了。如果加进抗日内容，那就成了革命的戏了。”齐华听后指着坐在后排的柯仲平说：“文协的老柯在这里。”……毛泽东接着说：“要搞这种群众喜闻乐见的中国气派的形式。”柯仲平连忙表态：“我们马上动手去办。”柯仲平说干就干，立即开始筹建陕甘宁边区民众剧团。①

在组建剧团最困难的时候，毛泽东派人送来了 300 块银圆，极大地解决了建团的燃眉之急。陕甘宁边区民众剧团成立之后，结合当时的抗战形势，在很短的时间里赶排出了一批秦腔现代短戏《好男儿》《一条路》《回关东》等。1939 年 2 月，民众剧团离开延安，深入陕北边远山镇做巡回演出，利用秦腔现代戏宣传革命理论。在抗日战争和解放战争中，秦腔现代戏对启发革命斗志起到了巨大的鼓舞作用。

华剧，又名碗碗腔、时腔，为流行于陕西东部地区及陕北、陕南、晋南一带的皮影戏。音乐细腻幽雅、耐人听闻。不仅有独特、悠扬、清丽的音乐，而且有抒情、优美、感人的唱腔。能表达生、旦、净、丑各个行当和各种不同人物的复杂感情。毛泽东保存有华剧《二度梅》《朝阳沟》等剧目。

毛泽东对家乡湖南的地方戏也十分关注。他收藏的磁带唱片中有湘剧《思凡》《五台会兄》《打猎回书》《昭君出塞》《生死牌》等剧目。

湘剧，流行于湖南长沙、湘潭一带。源于明代。有高腔、低牌子、昆腔、弹腔四种声腔。高腔、低牌子来自弋阳腔；弹腔也叫南北路，包括西皮、二黄，清中叶由湖北、安徽传入。传统剧目约 1000 个，以唱高腔、乱弹为主。高腔剧目有《金印记》《投笔记》《白兔记》《拜月记》《琵琶记》等，乱弹剧目有《胭脂褶》《奇双

---

① 武在平：《巨人的情怀——毛泽东与中国作家》，中共中央党校出版社 1995 年版，第 105 页。

会》《生死牌》等。

1959年4月2日至5日，党的八届七中全会在上海举行。一天，毛泽东看湘剧《生死牌》，戏的结尾出现了海瑞。于是，他把《明史·海瑞传》找来看，并向有关同志讲了一段海瑞的故事。他说，海瑞这个人对皇帝骂得很厉害，骂嘉靖是"家家皆净"，还把这话写在给皇帝的上疏里。以后被送进监狱。有一天，看监人忽然拿酒菜给他吃，他很奇怪，便问看监的老头，才知道嘉靖皇帝死了。他大哭，把吃的东西都吐了出来。尽管海瑞攻击皇帝很厉害，对皇帝还是忠心耿耿的。毛泽东又讲要宣传海瑞刚正不阿的精神，找几个历史学家研究一下。①

1959年6月，毛泽东在湖南看完湘剧《生死牌》后，称赞戏中衡山县令黄伯贤将亲女儿黄秀兰代替被冤枉的王玉环赴法场的义举，说这种舍己救人的高尚的思想，值得学习。②

毛泽东收藏的湘剧《生死牌》剧目是由吴淑岩、左大玢等主演的，毛泽东与湖南省湘剧院演员左大玢还有一段忘年交。

1959年，左大玢在湖南省交际处（现在的长沙市湘江宾馆）第一次为毛泽东表演湘剧《生死牌》（左大玢在戏中演主角王玉环）。

此后，毛泽东每次来湖南，左大玢都被派去给毛泽东唱戏或陪他跳舞、聊天，渐渐地与毛泽东就熟悉起来。一次毛泽东笑着问她："你为什么姓左，不姓右呀？"左大玢不知如何回答，只好笨笨地说："我爸爸姓左，我也就姓左了。""那你怎么又叫左大芬了呢？"因为已经跟毛泽东很熟了，左大玢便说："主席，您念了白眼字，这个字应念'bīn'，而不是'fēn'。"毛泽东哈哈大笑起来："娃娃，你回去问问你爸爸，这个字是多音字，是不是也可以念作'fēn'呢？"

还有一次，毛泽东问左大玢，你姓左，那左宗棠是你什么人？左大玢摇了摇头。毛泽东又问，那左霖苍又是你什么人呢？"他是我大伯。"左大玢接着告诉毛泽东，父亲叫左宗濂，曾是程潜帐下的少将高参。毛主席听后点点头，又说，你大伯左霖苍可是个有名的举人啊。

每次回湖南看到左大玢时，毛泽东总是对左大玢说："你们搞文艺的，更要加强文化学习和修养。"同时，他又很关切地问："你们经常下乡演出吗？"左大玢回答说经常去。毛泽东又问："到了农村一般在哪里演出呀？""有时在晒谷坪，有时就

---

① 《毛泽东交往录》，人民出版社1991年版，第203—204页。
② 董学文、魏国英：《毛泽东的文艺美学活动》，高等教育出版社1995年版，第193页。

在收割后的稻田里。"毛泽东很好奇："稻田里怎么表演呀，稻茬会绊脚呀！"左大玢认真地答道："是呀，我们经常演着演着就被绊倒了。"毛泽东听后哈哈地笑了起来。

跳舞时，毛泽东穿的长袜子总是滑下来。左大玢见了，立即蹲下去把它拉上去。后来她便对毛泽东说："毛主席，您的袜子系根带子吧，这样就不会掉了。"毛泽东却说："不要系带子，将袜子口打个砣扎进袜子里就不会掉喽。"主席朴素、平易近人的形象深深地留在左大玢的脑海中。①

花鼓戏是由民间歌舞花鼓灯发展而成的戏曲剧种之统称。流行于湖北、湖南、安徽、陕西、广东等省。大多形成于清末。以曲牌体为主，有的也辅以板式变化。艺术风格同采茶戏、花灯戏、秧歌戏等相近。有的花鼓戏也称"采茶戏"或"灯戏"。

毛泽东收藏的花鼓戏剧目有湖南花鼓戏《刘海砍樵》《八百里洞庭》《小姑贤》《两个党员》等，还有邵阳花鼓《桃源洞》、永新花鼓《种茶》、皖南花鼓《小尼姑下山》、天沔花鼓戏《斩经堂》等。

毛泽东喜爱内容健康、生动活泼、具有地方色彩的花鼓戏。从1951年毛主席在北京怀仁堂观看湖南省花鼓戏剧团创作演出的小型花鼓戏《双送粮》起，20多年间，他多次观看该团的演出，并给予了很多重要的指示。

毛主席对湖南省花鼓戏剧团坚持现代戏为主的创作和演出，一直给予关怀和鼓励。

1959年，毛泽东在武汉观看湖南省花鼓戏剧团演出的革命现代戏，当看到剧中出现父女二人不睡觉，争先搞"大跃进"的情节时，他当即指出，晚上不睡觉这不好，觉还是要睡，并给创编人员提出了修改意见。两年以后，毛泽东看到该团的演员，还重新提起这件事，问那出戏改了没有。

1971年，毛主席在长沙从电视上看到了湖南省花鼓戏剧团移植的革命现代京剧《沙家浜》，他非常高兴。毛泽东看到第四场阿庆嫂智斗顽敌时，说阿庆嫂演得利索。看到第七场"斥敌"字幕时，毛泽东说，湖南人"斥"就是"骂"，"斥敌"不如叫"骂敌"。看到沙奶奶义正词严，怒骂顽敌时，毛泽东说，刁德一怎么不低头啊?！看完戏，毛泽东还特别嘱咐省委书记华国锋，代替他向全体参加演出的同志致谢。

毛泽东逝世前不久，还十分关怀湖南花鼓戏，看了湖南省花鼓戏剧团的《三里

---

① 夏昕：《毛泽东与左大玢的一段忘年交》，《名人传记》（上半月），2008年第1期，第15、16、17页。

湾》《牛多喜下轿》《还牛》《姑嫂忙》《新站长》等革命现代戏的电视录像，对《小砍樵》《刘海戏金蟾》等有特色、有情趣的传统花鼓戏也非常喜欢。①

祁剧，也叫祁阳戏。流行于湖南祁阳、衡阳、邵阳、零陵（今永州）、郴县（今郴州）一带。明末已有演出活动。兼唱高腔、昆腔、弹腔。艺术风格粗犷。传统剧目千余个，以弹腔居多。打击乐器有特制的高音战鼓和帽形噪鼓等，弦乐有祁胡、月琴、三弦、板胡等。与桂剧有一定渊源。流行于赣南的祁剧，称楚南戏。新中国成立后整理、编创的优秀剧目有《昭君出塞》《甲申祭》《黄公略》等。毛泽东收藏有祁剧《单刀会》等剧目。

毛泽东对湖南地方戏祁剧的评价颇高。

新中国成立后，曾有祁剧、京剧、昆剧三个剧种的《昭君出塞》同时进北京怀仁堂，为毛泽东、刘少奇、周恩来、朱德等中央领导专场演出，均受到较高的评价。毛泽东当场发表了大意如下的讲话：昆剧唱腔流利悦耳，节奏感强；京剧技艺略高一等，不愧为瑰宝；祁剧意境开掘得深，值得借鉴推广。要是能把三者的长处融会起来，不就十分完美了吗？毛泽东还当即让秘书打电话给广东的"红线女"，要她赶到北京向邵阳的"昭君"学习，这段故事曾一时传为美谈。

黄梅戏，流行于安徽和湖北、江西等省。由清乾隆末期传入安徽安庆一带的湖北黄梅采茶调逐步发展而成。在剧目和音乐上，曾受青阳腔和徽调的影响。1926年进入城市舞台。以歌舞并重为特色。唱腔分花腔、彩腔、正腔三类。新中国成立后整理的传统剧目《打猪草》《夫妻观灯》《天仙配》《女驸马》等影响较广。

毛泽东曾多次观看黄梅戏表演艺术家严凤英等人表演的黄梅戏，他收藏的黄梅戏唱片有《天仙配》等剧目。

1958年4月，党的八届六中全会在武昌召开，4月6日、7日晚上，毛泽东连看了两场黄梅戏，并对严凤英等人的精彩演出留下了很深的印象。他认为黄梅戏很有特色，有浓郁的生活气息，又有健康的思想内容。他看了严凤英主演的《打金枝》后说："这个皇帝手段高明，能团结功臣，不偏听偏信……相反，他在严格管教自己的子女这一点上，好多共产党人都做不到。"②

1958年，毛泽东在湖北武汉东湖客舍问梅白："黄梅戏怎么到安徽去了？"梅白说："是大水冲去的。湖北省黄梅县地处长江、龙感湖之间，每次水灾，会唱黄梅

---

① 李树谦：《毛泽东的文艺世界》，辽宁教育出版社1993年版，第172—173页。

② 孙琴安：《毛泽东与著名艺术家》，重庆出版社2000年版，第47页。

戏的水乡人家，就流落到附近的安庆一带去卖唱。"毛泽东长叹一声："是这样！严
凤英演的《天仙配》的娘家是黄梅县，可是，我总想看看你们老家的黄梅戏——
'原始的'黄梅戏，知其源嘛！这样就可以比较一下，有比较才有鉴别……"

后来，黄梅县黄梅戏剧团被请到武汉来了。梅白同剧团的人商量，该拿什么剧
目？有人说新剧目，有人说《张二女推车》这类传统剧目，就怕说是黄色的，是低
级趣味。梅白如实向毛泽东说了。毛泽东哈哈大笑："到底是什么色？看了才知道。
我们这些人是红色的嘛！"梅白讲了于老四和张二女恋爱的情节和与此有关的几个
传统剧目。毛泽东忽而严肃起来："不能把人民喜闻乐见的、土里土气的东西，斥
为低级趣味！"当夜，毛泽东在湖北洪山礼堂欣赏了"原始"的黄梅采茶戏《张二
女推车》。开始，他让梅白当"翻译"，后来便聚精会神地看和听，不断点头微笑，
称赞"有意思""有风格"。而一些机关干部看了，说不该拿这种东西"亵渎"毛
泽东。隔天，毛泽东谈了他的看法："文化要交流，国际之间要交流。黄梅采茶戏
发展到现代黄梅戏，是一个进步、交流的结果。我们黄梅人还是演自己的土戏好。
昨天夜晚那几个节目的共同特点，是乡土风味，很感人。……你们的采茶戏跟湖南
的花鼓戏一样，使本地人有亲切感，喜闻乐见，是自然的。我这个湖南人，对你们
黄梅的这个戏，也有亲切感。艺术也是从群众中来，到群众中去。艺术要有民族特
色、乡土气味……不能随便说什么'色'，我说只要劳动人民的本色……"

1959年7月10日，梅白随王任重等陪毛泽东从庐山到九江，毛泽东又兴致勃
勃地谈起了黄梅戏，饶有风趣地说："于老四、张二女现在该行时了吧？"接着指
出，"这一对情人，以字行，留姓不留名，可见这是一对劳动者。要不张二女怎么
'推车'呢？"

一次，毛泽东听了蒋桂英演唱民歌，说有荆楚特色。他最喜欢有关小女婿的那
一首，对"小丫丫"这个词尤感兴趣，说如果翻成北方话的"小不点儿"或者普通
话的"一点点"，就没有荆楚特色了。毛泽东对现代歌剧《洪湖赤卫队》也有这样
的看法：这个歌剧之所以受欢迎，而且流传开了，主要的是歌剧的主旋律有荆楚特
色，有"下里巴人"的特点，所以"国率而和者数千人"。①

楚剧，流行于湖北。清末由黄陂、孝感一带的哦呵腔发展而成。1921年进入城
市舞台，受汉剧、京剧的影响，剧目、表演、音乐均有所丰富发展。旧名黄孝花鼓、

---

① 李树谦：《毛泽东的文艺世界》，辽宁教育出版社1993年版，第112—113页。

西路花鼓，1926 年改为今名。唱腔以迓腔为主，包括板腔、小调、高腔三类。抗日战争时期，楚剧艺人曾积极参加抗日宣传活动。新中国成立后整理的传统剧目《葛麻》影响较广。毛泽东保存有楚剧《刘介梅》《雪梅观画》等剧目。

1956 年 6 月 3 日，据王任重日记："毛泽东在武汉看了沈云陔主演的楚剧《庵堂认母》后说，沈云陔演的很好，他的唱腔像程砚秋，圆韵浑厚。"[1]

汉剧，流行于湖北及河南、湖南、陕西、四川部分地区。清中叶已盛行。旧名汉调、楚调，辛亥革命后改今名。分襄河、荆河、府河、汉河四个流派。对南方许多剧种有深远的影响。清道光年间在北京同徽调合流，逐渐演变为京剧。唱腔以西皮、二黄为主，伴奏乐器有胡琴、二胡、月琴、三弦等。抗战时，汉剧艺人曾积极参加抗日宣传活动。新中国成立后整理的传统剧目有《宇宙锋》《二度梅》等。广东汉剧则源自徽剧，但唱腔也以皮黄为主，唱腔朴实淳厚、高昂悲壮。

毛泽东收藏有汉剧《搜孤救孤》《荥阳城》及广东汉剧《盘夫》《钓金龟》《翠屏山》《雷神洞》《击鼓骂曹》《林昭德》《赵匡胤雪夜访贤臣》等剧目。

庐剧，流行于安徽合肥、芜湖等地。以大别山和淮河沿岸的民间歌舞为基础发展而成。清咸丰、同治年间已有职业班社。旧名倒七戏，1957 年改今名。在剧目和表演上曾受徽剧和京剧的影响。分西、中、东三个流派。唱腔有主调和花腔两类。传统剧目分花腔小戏、折戏、本戏三类。毛泽东保存有庐剧《双丝带》《满堂红》等剧目。

1958 年 9 月 16 日，毛泽东在安徽观看新编庐剧《牛郎织女笑开颜》，对此剧很是赞许。他幽默地说：剧中跟王母娘娘和龙王没有一场恶战，还管不了他们。我们的农业队长穆桂英、罗成、黄忠、赵云，都是会打仗的嘛，应该好好地打一仗。[2]

采茶戏是由民间歌舞采茶灯发展而成的戏曲之统称。流行于江西和湖北、湖南、安徽、福建、广东、广西部分地区。大多形成于清末。唱腔以曲牌体为主，有的也辅以板式变化。艺术风格同花鼓戏、花灯戏、秧歌戏等相近。

毛泽东收藏的采茶戏唱片种类繁多，有萍乡采茶戏《安源大罢工》，吉安采茶戏《家庭夜战队》，抚州采茶戏《全家为钢忙》，南昌采茶戏《三代》，赣南采茶戏《社日》《姐妹赛过穆桂英》《炼钢歌》《为了钢铁满天下》，宁都采茶戏《一条心》，上饶采茶戏《花开前夕》等。

---

① 盛巽昌：《毛泽东与戏曲文化》，广西人民出版社 1998 年版，第 67 页。
② 董学文、魏国英：《毛泽东的文艺美学活动》，高等教育出版社 1995 年版，第 185 页。

巴陵戏，流行于湖南岳阳一带。明末已有演出。兼唱弹腔、昆腔，清乾隆后以唱弹腔为主。表演有一套较完整的程式，武功颇多绝技。毛泽东保存有巴陵戏《空城计》《夜冠梦带》等剧目。

辰河高腔，湖南地方戏曲，流行于沅江中上游的支流辰河一带，为湘西滋生的一种古老的民族剧种，并随着沅水的水运上溯下传，风靡整个沅水流域以及湖北、四川等地，被誉为"中国戏剧活化石"。源自弋阳腔，并融合汉剧、弹腔、昆腔及湘西本土山歌、号子，后经与当地方言、民谣、宗教等长期融合，形成独具魅力的曲牌体声腔艺术。毛泽东收藏有辰河高腔《赐马》等剧目。

赣剧，流行于江西东北部。渊源于明代的弋阳腔。分饶河班、广信班等支派。饶河班的表演风格比较古老，保存高腔剧目较多。1950年饶河、广信两派合流，称赣剧。唱腔主要有高腔、昆腔、弹腔（也叫乱弹）。传统剧目中保留了一些弋阳腔、青阳腔的剧目，如《珍珠记》《卖水记》《百花记》《斩娥》等。毛泽东收藏有赣剧《打金枝》和潘凤霞主演的《珍珠记》等剧目。

潘凤霞是著名的赣剧演员，她所演的《梁祝姻缘》《珍珠记》《还魂记》《西域行》《西厢记》等赣剧，都曾获得很大成功。

1959年夏，党的八届八中全会在庐山召开。当时潘凤霞是江西赣剧团的演员。她主演的《游园惊梦》被选进了会议期间的献演节目。毛泽东当时看了这个戏，被其中精彩的唱词、优美的曲调、清雅的舞姿等艺术魅力打动了，便对此剧写下了"美、秀、娇、甜"四个字的评语。

常德汉戏，初为具有浓厚地方特色的高腔，清乾嘉年间，弹腔成为主要声腔。采用"中州韵"拼读标准与本地方言相结合的统一舞台语言；打击乐以双铙路子独具特色；声腔包括高、昆、弹及民间小调；以表演杀伐打斗，炽烈火爆的弓马戏见长。毛泽东收藏有常德汉戏《双下山》等剧目。

荆河戏，流行于湘西北及湖北荆州、沙市等长江荆河地区的戏剧，由秦腔与楚调南北结合而成。主要音乐声腔为弹腔，南北交融，别具韵味，分北路、南路及特定腔调三类，北路高亢刚劲，南路细腻婉转，特定腔调跌宕多变。毛泽东保存有荆河戏《三元会》等剧目。

粤剧，流行于广东、广西南部和香港、澳门等地。东南亚和大洋洲、美洲华侨聚居区也有演出。起源说法不一。一般认为始于清初，以戈、昆、秦、徽诸腔为基础吸收广东民间音乐逐步发展而成。因唱腔以梆黄（西皮、二黄）为主，故曾称

"广东梆黄"。板腔、曲牌混合体结构。伴奏乐器有高胡、二弦、扬琴、喉管等。现存传统剧目有《六国封相》《刁蛮公主》等1500多个，新中国成立后编演的《关汉卿》《搜书院》等影响较广。

毛泽东收藏了粤剧演员红线女主演的《关汉卿》《红霞》《搜书院·柴房自叹》等剧目，还保存有《连环计》《荆轲》《白蛇传》《独占花魁》《红娘》《可怜闺里月》《屈原》《嫦娥夜怨》等粤剧剧目。

1958年1月24日，毛泽东在广州中山纪念堂观看由红线女、马师曾主演的粤剧《搜书院》《昭君出塞》片断。①

有一次，毛泽东和红线女谈心，称赞她从香港返回大陆的正义举动很对、很好。毛泽东还勉励红线女"要做一个劳动人民的演员，多下去，闻闻泥土气息，一辈子为人民服务"。

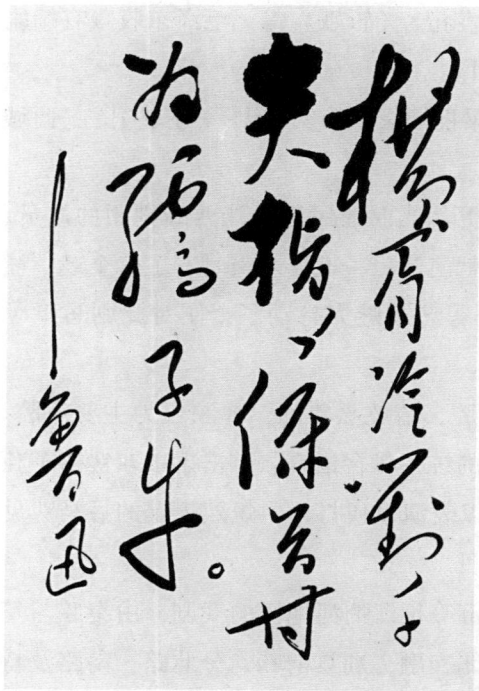

○ 1958年12月1日毛泽东为红线女题

1958年12月1日，党的八届六中全会在武昌召开期间，毛泽东接见了为全会演出的粤剧团，为红线女在毛边纸八行红条信笺上题写了鲁迅《自嘲》诗中的一联名句，在诗的前面，毛泽东还写了一段类似小引的文字。毛泽东赞扬红线女，说她已"变成了劳动人民的红线女"，并写道："1958年，在武昌，红线女同志对我说，写几个字给我，我希望。我说：好吧。因写如右。"②

琼剧，也叫海南戏。流行于海南省和雷州半岛部分地区。清中叶前形成。原系曲牌体结构，有帮腔。清咸丰至光绪年间逐渐改为板腔体。板式有中板、程途、苦叹板、腔类、专腔专用类五种。伴奏乐器有竹胡、二胡、二弦、唢

① 李克菲、彭东海：《秘密专机上的领袖们》，中共中央党校出版社1997年版，第134页。
② 李树谦：《毛泽东的文艺世界》，辽宁教育出版社1993年版，第31页。

呐、喉管等。《红叶题诗》《狗衔金钗》《红色娘子军》等剧目影响较广。毛泽东保存有琼剧《万花灯》《报花名》等剧目。

闽剧，也叫福州戏。流行于福建福州、莆田、宁德、建阳、三明等地。1917年前后，由福州一带的平讲班、儒林班、唠叨班等融合而成。在发展过程中曾受徽剧和京剧等的影响。唱腔分逗腔、扬歌、江湖和小调四类。伴奏乐器有横箫、二胡、椰胡、三弦、唢呐等。新中国成立后整理演出了《炼印》《御前侍医》等剧目。毛泽东收藏有闽剧《紫玉钗》《百蝶香柴扇》《桃花扇》《渔船花烛》等剧目。

桂剧，也叫桂林戏。流行于广西和湖南南部。清嘉庆、道光年间形成，以弹腔为主，兼唱高腔、昆腔、吹腔、杂腔小调。与祁剧有一定的渊源关系。表演重做功。伴奏乐器有胡琴、月琴、三弦等。新中国成立后整理演出的《拾玉镯》《抢伞》《泥马泪》等影响较广。毛泽东收藏有桂剧《士林祭塔》《秦香莲》等剧目。

○ 桂剧《士林祭塔》

潮剧，也叫潮音戏、潮州白字戏。流行于广东汕头地区和福建南部，东南亚华侨聚居区也有演出。形成于明嘉靖以前，原称"潮调"。曲牌、脚色行当的称谓、剧本体制等与南戏大致相同。丑行表演颇具特色。唱腔系曲牌、板腔综合体式，有帮腔。伴奏乐器为二弦、唢呐、笛等。现存传统剧目1300多个。

毛泽东对潮剧也很关注，他保存有姚璇秋、翁鑫金主演的《扫窗会》，还有《春香传》《辞郎洲》等剧目。

1957年由姚璇秋等主演的《扫窗会》进京演出，受到毛泽东、刘少奇、周恩来等国家领导人的亲切接见。

正字戏，旧名正音戏。流行于广东海丰、陆丰一带。明宣德年间已流行，一般认为系从福建传入。在发展过程中曾受弋阳、青阳、昆山诸腔影响。剧目、脚色分行和演唱方式与南戏相同处颇多。唱念用中州语韵。唱腔有正音曲、昆曲、杂曲、小调等。伴奏乐器有大管弦、三弦、竹弦、笛、唢呐。传统剧目2000余个。毛泽东保存有正字戏《槐荫别》等剧目。

莆仙戏，因流行于福建省的蒲田县和仙游县而得名。因为以闽南、闽中地区的兴化方言来演唱，所以又称兴化戏。由南宋时的歌舞、说唱、杂技、傀儡与宋杂剧结合在一起而形成的兴化杂剧发展而来，后吸收余姚腔、海盐腔、弋阳腔、昆山腔营养而丰富提高。毛泽东收藏有莆仙戏《梁山伯与祝英台》等剧目。

白字戏，也叫海陆丰白字。流行于广东海丰、陆丰一带和福建南部。由明末清初的正字戏受当地方言和民间音乐影响演变而成。唱念用海丰、陆丰方言，故称白字戏。演出上保存了一些南戏旧习。唱腔分曲牌体和板腔体两类。毛泽东收藏有白字戏《珍珠记》《杜十娘》等剧目。

高甲戏，也叫戈甲戏、九角戏。主要流行于福建南部和台湾省。东南亚华侨聚居地有时也有演出。形成于清中叶。源于当地民间迎神赛会的化装表演，先后受昆腔、徽戏、京剧的影响，逐渐发展而成。初名合兴戏，后改今称。其丑角戏吸收了傀儡戏的表演艺术，颇有特色。音乐曲调大多来自南音，但旋律、节奏比较自由活泼。

毛泽东收藏的高甲戏剧目有《林文生告御状》、柯贤溪主演的《管甫送》等。

柯贤溪从艺 80 多年，表演了《管甫送》《丈二别妻》《番婆弄》《金魁星》等一批群众喜闻乐见的优秀剧目。柯贤溪是全国第三、第四次文代会代表，受到毛泽东、周恩来等国家领导人的亲切接见，被誉为"高甲戏第一丑"。

梨园戏，流行于福建闽南话地区和台湾。东南亚华侨聚居地也有演出活动。明代已盛行，嘉靖刊本《荔镜记》即梨园戏剧目。分大、小梨园。大梨园又分上路、下南两支。上路保留了《赵贞女》《王魁》《朱文太平钱》等南戏剧目；下南剧目中的《龚克己》《周怀鲁》等，明清两代均未见记载。大梨园曲牌名目与《永乐大典戏文三种》所用大多相同。小梨园又叫七子班，以演生、旦戏见长，如《陈三五娘》等。新中国成立后三者合称梨园戏。唱腔属南曲。伴奏乐器有南琶、二弦、洞箫、品箫、大小唢呐等。演出剧目有《朱文太平钱》《陈三五娘》《胭脂记》《李亚仙》等。毛泽东保存有犁园戏《买胭脂》《入山门》等剧目。

西秦戏，旧名乱弹班，俗称陇东空（腔）。流行于广东海丰、陆丰一带。源于早期西秦腔。板腔体结构，曲调分正线、西皮、二黄、小调四种。正线又分二方（也叫二番，源自明代《西秦腔二犯》）、平板（近似四平调）、梆子（近似吹腔）。传统剧目 1000 多个。毛泽东收藏有西秦戏《薛仁贵回窑》《三击掌》《赵匡胤送妹》等剧目。

芗剧，流行于福建南部和台湾。1937 年以歌仔戏为基础吸收锦歌以及高甲戏、京剧、南词的音乐发展而成。始称改良戏，1954 年改今名。唱腔曲调有七字调、杂碎调、哭调、杂念调和民歌小曲等。伴奏乐器有壳子弦、大广弦、台湾笛、三弦等。毛泽东收藏有芗剧《陈三五娘》等剧目。

木偶戏是由演员操纵木偶以表演故事的戏剧。根据木偶形体和操纵形式不同，分为布袋木偶、提线木偶、杖头木偶、铁枝木偶四类，各有艺术特色。世界许多国家都有木偶剧。在中国，木偶剧始于汉代，唐宋时已很发达。当时多用傀儡戏之名。现在则大多用戏曲曲调演唱，也有用对话或歌舞形式的。

毛泽东爱看木偶剧，他收藏有《二进宫》《李逵闹赛》等剧目。

1958 年，毛泽东多次回湖南，多次观看湖南地方戏。这年 1 月 5 日晚，他在长沙观看了湖南木偶戏《追鱼记》和花鼓剧的几个折子戏，落幕后到后台看望演员，同老艺人亲切握手，既忆述旧事，又鼓励整理好地方戏曲，推陈出新。① 中国各个地方富有特色的方言和语言表达方式，特别是不同的民情、风俗和地域文化，形成了许多为当地观众熟悉和欢迎的地方剧种。毛泽东很熟悉一些地方剧种的风格特色，他从不因为自己喜欢京剧而排斥地方剧种，凡是中国的民族文艺他都喜欢并扶植。他曾对卫士长李银桥说："看庙看文化，看戏看民情。"②

早在延安时期，毛泽东就时常在留声机里放昆曲和秦腔，新中国成立后，随着条件的改善，他搜求了范围极其广泛的地方戏唱腔资料，可以随兴所致地欣赏和品评。他到一些地方视察、开会，都乐意欣赏当地的地方戏。

毛泽东很喜欢欣赏一些传统剧目，因为在他看来，老剧目大多以历史故事或民间传说等丰富内容为题材，有着强烈的历史氛围。在他保存的大量地方戏唱片、磁带中有大多数为历史题材的剧目。如闽剧《卖画图》《西厢记》，桂剧《雪夜访晋》，南曲《鱼沉》，巴陵戏《夜梦冠带》，昆剧《昭君出塞》，汉剧《四郎探母》，豫剧《秦香莲》，楚剧《断桥》，蒲剧《三家店》，荆河戏《三元会》，高甲戏《劝父归家》，绍剧《春香闹学》，祈剧《单刀赴会》，华剧《二度梅》，柳琴戏《张朗与丁香》，二人台《打车城》，正字戏《徐策跑城》，赣剧《打金枝》，高台曲《一朵红花》，等等，不一而足。

---

① 言声、马娜：《毛泽东喜爱湖南地方戏》，《老年人》，2001 年第 11 期。
② 李银桥：《在毛泽东身边十五年》，河北人民出版社 1991 年版，第 50 页。

第三节

★

曲艺收藏

　　毛泽东对曲艺这一传统说唱艺术十分喜爱，搜集收藏了许多珍贵的曲艺作品。他还邀请相声演员到中南海表演，为相声艺术的风趣幽默所感染。他听评弹、快书、大鼓，乃至天津时调、河南坠子、四川清音、湖北小曲等。在曲艺欣赏中，他为劳动人民的聪明才智所感动，为中华民族灿烂悠久的历史文化而自豪。

　　相声起源于北京，流行于全国各地。与明清的隔壁戏（在北京亦称"相声"）、全堂八角鼓和民间笑话关系密切。约形成于清中叶以后。用北京话说讲。以引人发笑为艺术特色，以说、学、逗、唱为主要艺术手段。擅长讽刺；新中国成立后有歌颂新人新事的作品。表演形式有单口（一人）、对口（二人）、群活（三人或三人以上）三种。现又有相声小品等新的发展。传统曲目有 300 多个。

　　毛泽东遗物中，共有相声磁带 76 盘，还有一些唱片，包括当时中国最杰出的相声艺术家侯宝林、郭启儒、郭全宝、赵振铎等的代表作。如《戏曲与方言》《婚姻与迷信》《猜字》《讲帝号》《非洲进行曲》《王二姐思夫》等。

　　1949 年，毛泽东听过侯宝林和郭启儒合说的相声《婚姻与迷信》后，感叹："这一行很好，能促使人们快乐，能促使人们从反

○ 侯宝林相声《王二姐思夫》等

面吸取教训，能促使人们鼓起革命的精神，做好工作。"并对侯宝林的相声赞不绝口，"侯宝林对相声很有研究，他本人很有学问，他将来可以成为一个语言学家。"①

毛泽东喜欢听相声，但难得纵情大笑。侯宝林说，他常见毛主席努力克制自己，不让自己笑出声来。20世纪50年代，有一回，侯宝林说相声，让毛泽东忘情地大笑了。那次，是侯宝林七拼八凑的一首打油诗让毛泽东大笑的。所谓"诗"就是这么四句："胆大包天不可欺，张飞喝断当阳桥；虽然不是好买卖，一日夫妻百日恩。"

毛泽东听了，竟笑得直不起腰来。

侯宝林说，毛主席要求的相声，除了娱乐性之外，很注重知识性。②

20世纪50年代至60年代，侯宝林经常把自己满意的相声带子送给毛泽东欣赏。当时的磁带都是单轮、纸盒装，播放时将磁带安放在录放机的左边转轴上，然后用手将带头缠绕在录音机右边的轮盘上。

毛泽东爱听侯宝林的相声，共听过150多个段子，其中100多段是传统的，50段左右是新创作的。前者如《关公战秦琼》《字象》等，后者有《艾森豪威尔外传》《宽打窄用》《离婚前奏曲》等。

《关公战秦琼》是过去的艺人根据民间笑话改编而成的。侯宝林在这个基础上，在演出中，又不断整理加工，加强了作品的思想性。毛泽东非常喜欢这个段子，一般情况下，相声他很少听两遍，只有这个节目，在一次演出后，他又要求重演了一遍。

毛泽东非常关心侯宝林，据侯宝林回忆："1956年间，我曾在《北京文艺》上发表了《相声的结构》《相声的语言》等几篇文章。那年，召开了政协全国委员会，毛泽东同志在接见文艺界代表的时候，对我说：'喲，写了很多东西，你想当相声博士啊！'毛泽东同志十分风趣的语言，长期鞭策我对相声艺术进行理论上的探索。"③

有人问侯宝林，你给毛泽东说相声有什么感想？他回答说，当时我有两种心情。一种心情是我对毛泽东同志十分敬仰，很愿意拿我们的相声艺术，使他在繁重的工作中能休息松弛一下，能笑一笑。另一种心情是毛泽东同志听我们说相声，也是为

---

① 孙宝义：《毛泽东的读书生涯》，知识出版社1993年版，第170页。
② 刘汉民：《毛泽东谈文说艺实录》，长江文艺出版社1992年版，第216页。
③ 孙宝义：《毛泽东的读书生涯》，知识出版社1993年版，第170页。

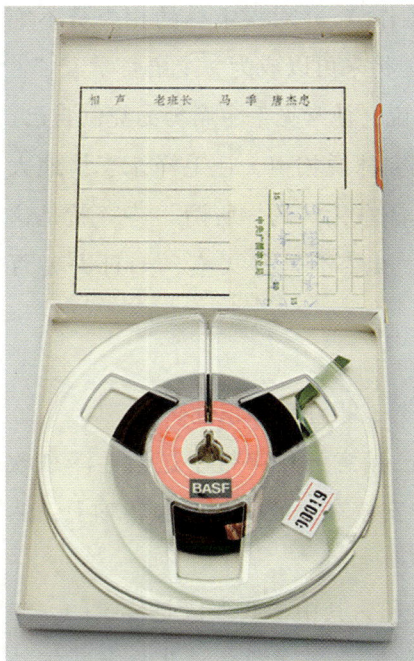

○ 马季相声《老班长》

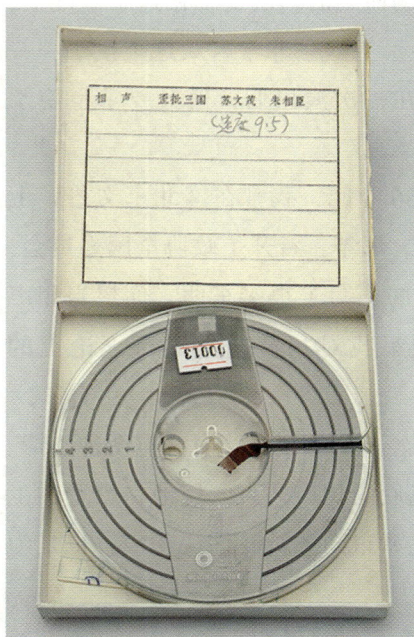

○ 相声《歪批三国》

了了解这种人民喜闻乐见的艺术形式的情况，鼓励我们对它进行革新，使它成为宣传革命的武器，发挥出更大的战斗作用。毛主席生前喜爱听我的相声，这是对我这样一个极其普通的，在旧社会只读过三个月小学的曲艺演员的多大的关心和鼓励啊！

毛泽东也很欣赏相声演员马季的表演，并鼓励他多深入生活。他收藏有马季的《穆桂英挂帅》《拔牙》《老班长》等相声磁带。

1959 年至 1963 年，马季所在的广播说唱团经常去中南海演出。毛泽东最喜欢听马季表演的两个段子：一个是揭露江湖医生骗人伎俩的《拔牙》，一个是张寿臣创作的《装小嘴儿》。1963 年，马季下乡到山东文登县进行创作，写出了三个相声段子：《画像》《黑斑病》《跳大神》。毛泽东知道后很高兴，说"那好，演一演，我听一听"。看完演出后，他还握着马季的手说："还是下去好！"

毛泽东收藏有小立本、杨海荃等人的相声唱片《社会主义好》《乘客之家》《歪批三国》等，同时还收藏有苏文茂、朱相臣、常连安、郭荣启、于春藻、于连仲、于世猷、李文华、彭福元、张宝雨、赵振铎、赵世忠等人的相声磁带，这些节目有《语言艺术》《老太太讲戏》《杂谈京剧》《扔靴子》《剃头》《诗经新话》《南腔北调》《学秦腔》《歪讲三字经》《歪批三国》等。

毛泽东很喜欢听相声《歪批三国》，这个节目他既保存有唱片，又有磁带。

1958 年 9 月 21 日，毛泽东由南京赴杭州、上海途中，同行的有民主人士张治中和公安部部长罗瑞卿。据张治中日记：在去杭州的火车上，主席手上拿着一本《三国志》在看。主席说："《三国志》不错，看起来很有意思。"我想起在武汉某次晚会上听到的相声《歪批三国》，就从这里打开话匣子。主席想起也就大笑："编相声的人对《三国演义》是相当的熟。他们说《三国演义》中三件奇怪的事，指出诸葛亮一年四季不管冷热，手上都拿把羽毛扇，真好笑。"

据余湛邦回忆：在武汉军区举办的晚会上，著名相声演员连阔成演出了《歪批三国》，内容丰富，语言生动，引人入胜。他谈到《三国演义》中有三件怪事，其中一件是诸葛亮不管春夏秋冬，不分天冷天热，在家出外，手里都拿着一把鹅毛羽扇。然后引出诸葛亮和黄彦博女儿的恋爱故事。描写他们两人都是军事政治全才，上精天文，下通地理，古今战史、奇门遁甲、经史子集、三教九流，无所不精，说是黄氏女把这渊博的学问都写在这羽扇上，因此诸葛亮爱不释手，一遇到疑难，只要翻扇一看，一切精确答案都马上找到，所以能够运筹帷幄之中，决胜千里之外，战无不胜，攻无不克，这都是这位黄氏女贤内助的功劳。大家一听，都知道是编的，但编得入情入理，引人入胜。第二天张治中到毛泽东住处，毛泽东还津津乐道地说："看来，这些演员对《三国演义》是读透了的，所以能够娓娓而谈，惟肖惟妙，情节曲折，群众喜怒哀乐随之。"①

毛泽东收藏的其他曲艺类唱片、磁带有山东快书、快板、评弹、京韵大鼓、西河大鼓、湖北大鼓、湖北渔鼓、潞安鼓书、天津时调、河南坠子、四川清音、广东曲艺、长沙弹词、四川金钱板、锦歌、湖北小曲、陕北说书、南曲、北曲等。

山东快书，早期专说梁山泊武松故事，故亦名武老二。也有以竹板击节，故曾名竹板快书。起源于山东临清、济宁一带，流行于山东及华北、东北各地。形成于清道光、咸丰年间。一人击竹板或两块铜板说唱，节奏较快。唱词基本是七字句，间以说白。曲目有单段、长书、书帽三类。传统曲目有《武松传》《鲁达除霸》等，现代题材曲目有《一车高粱米》《李三定比武》等。毛泽东收藏有山东快书《大小姐翻身》《鲁达除霸》《武松打虎》《师长帮厨》《一车高粱米》等剧目。

快板，流行于中国各地。有些地区叫顺口溜、练子嘴。有时也作为数来宝的别称。表演者通常自击竹板和节子，按较快的节奏念诵唱词。基本用七字句，押韵，

---

① 张治中、余湛邦：《张治中与毛泽东——随从毛主席视察大江南北日记》，陕西人民出版社1995年版，第162—163页。

或间以说白。有单口（一人）、对口（二人）、快板群（三人以上）之分。形式灵活，能叙事、说理和抒情。毛泽东保存有快板《全家闹发明》等剧目。

评弹是苏州评话、苏州弹词两种曲艺的合称。苏州评话用苏州方言说讲。苏州弹词用苏州方言说唱。流行于苏州南部、上海和浙江的杭嘉湖地区。

苏州评话多为一人坐说，只说不唱，以醒木击桌加助气氛。说讲时以叙事为主，同时注重模拟各种类型人物。传统书目均为长篇，有《三国》《隋唐》《水浒》《济公传》等五十余部。现代题材书目长、中、短篇均有。

苏州弹词有单档（一人）、双档（二人）、三档（三人）之分。以说噱弹唱为主要艺术手段。说唱以叙事为主，并注重模拟各种类型人物。演员自弹自唱，唱词基本为七字句，除基本曲调外，另有一些曲牌为辅助曲调。乐器以三弦、琵琶为主。传统书目都是长篇，有《珍珠塔》《描金凤》《玉蜻蜓》《白蛇传》《三笑》等四十余部，现代题材书目长、中、短篇均有。

毛泽东收藏有评弹《蝴蝶梦》《东风绝对压西风》《解放台湾有决心》《小金钱》《庵堂认母》《思想上插起大红旗》《新木兰词》《杨八姐游春》《杨乃武与小白菜》《冲山之围》等剧目。

京韵大鼓，也叫京音大鼓。清末由河北一带流行的木板大鼓经艺人改革发展形成。流行于河北和东北、华东的部分地区。演唱短篇，只唱不说。唱词基本为七字句，主要唱腔有起板、平腔、高腔、垛板等。一人演唱，自打鼓、板。伴奏乐器有三弦、四胡、琵琶等。传统曲目有《长坂坡》《闹江州》《大西厢》等数十个。新中国成立后有反映现代生活的作品，如《黄继光》《韩英见娘》等。毛泽东保存有京韵大鼓《丑末寅初》等剧目。

西河大鼓，曾名梅花调、河间大鼓。起源于河北中部农村，流行于北京、天津及华北、东北、西北的部分地区。清道光年间在木板大鼓、弦子书基础上发展形成。一人演唱，演员自击鼓、板。说唱并重，唱词基本为七字句或十字句，基本曲调有头板、二板、三板等。伴奏乐器有三弦、四胡等。传统曲目长、中、短篇均有，现代题材的曲目多为短篇。毛泽东收藏有西河大鼓《十二分钟一炉钢》《闹天宫》《一分钱和一两米》等剧目。

湖北大鼓是清咸丰年间由光州（今河南潢川）一带的大鼓传入湖北发展而成，流行于武汉和鄂东一带。初仅用鼓板击节，1958年起，增加三弦、二胡伴奏。基本曲调为四平调。传统曲目长中篇目多取材于说部，短篇以民间故事为主。现代题材的曲目多为短篇。毛泽东收藏有湖北大鼓《漫游记》等剧目。

湖北渔鼓，旧称沔阳渔鼓。清中叶道情流入鄂中后发展而成。流行于鄂中江汉平原。原为一人坐唱，仅用渔鼓、简板按节拍。曾与皮影戏合流，集体演唱或两人对唱，句尾增加帮腔。新中国成立后与皮影戏脱离，并吸收湖北小曲的曲牌，增加四胡、扬琴等伴奏乐器。传统曲目多取材于说部、戏曲故事及民间故事，演唱中长篇。现代题材曲目以短篇为主。毛泽东收藏有湖北渔鼓《迷路记》等剧目。

潞安鼓书，清朝末年发源于山西长治，流行于长治、长子、屯留、壶关、潞城等县。相传为卖唱艺人高福树首创。演唱以钢板击节，甩腔后以敲平鼓过门，时称干板腔，后来才加三弦伴奏。演唱形式多为坐唱，六七人为一组，各操乐器，分担角色，或独唱或齐唱，行当齐全，红火热闹。毛泽东保存有潞安鼓书《拙老婆》等剧目。

天津时调，流行于天津一带。由民间小曲发展形成。多为一人演唱，只唱不说。常用曲调有《靠山调》《老鸳鸯调》《新鸳鸯调》等，伴奏乐器有三弦、四胡、扬琴等。曲目都为短篇。传统曲目多反映天津生活风貌和时事。新中国成立后有不少反映现代题材的作品。毛泽东保存有天津时调《毛主席送我上讲台》《心红胆壮志如钢》等剧目。

河南坠子，清末由流行在河南和皖北的曲艺道情、莺歌柳、三弦书等结合形成。流行于河南及山东、安徽、北京、天津等地。演唱者一人，左手打檀木或枣木简板，边打边唱。也有对口和群口形式。唱词基本为七字句。伴奏者拉坠胡。传统曲目长、中、短篇均有。现代题材曲目以短篇居多。

毛泽东收藏有河南坠子《宝玉探晴雯》《送梳子》《嫦娥赞月》《偷石榴》《穆桂英指路》《三堂会审》《刘盛三挖泉源》等剧目。

四川清音，流行于成都、宜宾、重庆等地。源于明清俗曲，20世纪初已盛行。初为三至五人坐唱，后发展为一人站唱。演员左手打板，右手执筷子敲打竹鼓，以月琴为主要伴奏乐器。曲调有大调和小调之分。大调八个，联曲体；小调也唱曲牌，一般作谱唱小段或插入大调使用。曲目都是短篇。毛泽东收藏有四川清音《悲秋》等剧目。

广东曲艺，广义上泛指广东省内各个曲艺品种，如粤曲、木鱼歌、龙舟歌、南音、潮州歌、客家竹板歌、咸水歌等说唱文学。狭义上仅指用广州方言演唱的粤曲。粤曲原为粤剧曲调，后形成独立的曲种。音乐性强，曲调优美动听，注重声腔艺术，有独特的风格和地方特色。

毛泽东保存有广东曲艺（粤曲）《花木兰巡营》《再整雄师》《窦娥冤》《秋瑾》《牛皋扯旨》《王十朋祭江》《碧容探监》《穆桂英挂帅》《退西安》《张羽煮海》《长门月》《姑苏晚咏》《饮剑》《广东纸厂也炼钢》等剧目。

弹词也叫南词，曲艺的一个类别。表演者大多一人至三人，有说有唱。乐器多数以三弦、琵琶或月琴为主，自弹自唱。有苏州弹词、扬州弹词、四明南词、长沙弹词、桂林弹词等。其他如绍兴平胡调也属这一类。传统曲目多为长篇。明中叶已有弹词演出的记载。

长沙弹词，流行于湖南长沙、益阳、湘潭等地。源于道情，原为走街串巷的流动说唱，20世纪20年代进入茶馆，形式上亦有发展。50年代定今名。说唱结合，以唱为主，唱词基本是七字句。曲目长篇、短篇均有。毛泽东保存有长沙弹词《鲁提辖拳打镇关西》等剧目。

金钱板，流行于四川、云南、贵州。一人演唱，以数板为主，但每唱一段略有拖腔。乐器为三块竹板，演唱者左手执两块，右手执一块，边打边唱。因竹板上端嵌有铜钱，故名。传统曲目内容以民间故事、说部和社会新闻为主，长短篇均有。现代题材曲目以短篇居多。毛泽东收藏有四川金钱板《人民公社好风光》《红军战士范德友》等剧目。

锦歌，也叫杂锦歌。流行于福建东南部、台湾及东南亚华侨集中地区。由闽东南的民间歌谣发展而成。一般为四人演唱。伴奏乐器各地不尽相同，一般为琵琶、洞箫、二弦、三弦、木鱼等，也有只用一把月琴或二胡自弹（拉）自唱的。传统曲目有《陈三五娘》《秦雪梅》等。毛泽东保存有锦歌《海底反》《审陈三》《梁祝游春》《长工歌》《白扇记》等剧目。

湖北小曲，流行于湖北部分地区。系汉滩小曲和天沔小曲于清末合流而成。多为坐唱，唱词为第一人称的代言体。通常为两人表演，一人操四胡，一人击云板。唱曲牌，有南曲、西腔、文词、滩簧等类。传统曲目有《抢伞》《拷红》《宋江杀惜》等。新中国成立后有反映现代题材的作品。毛泽东保存有湖北小曲《看铁牛》等剧目。

陕北说书，流行于陕西北部。一人坐唱。有说有唱。演唱者手弹三弦或琵琶，左膝系甩板，手系蚂蚱板等按节拍。曲调大都为当地民间小调。传统曲目有《花柳记》《摇钱记》等。陕北成为革命根据地后，出现许多新书。著名作品有《刘巧团圆》《翻身记》等。

毛泽东收藏有陕北说书艺人韩起祥的《刘巧团圆》等曲目。

1946 年 8 月，毛泽东请陕北民间艺人韩起祥到杨家岭说书。在听了韩说的《张玉兰参加选举会》之后，连连点头赞许："书，你说得好，群众语言丰富。"随后指着三弦说，"这把三弦不好，等全国解放了，给你买一把新三弦。"还说，"你很会用群众语言，这是你长期在农村生活的结果。今后你还是多在农村说唱新书，要多带徒弟，把陕北说书传至后代。有什么困难，政府会帮助你的。"①

南音，也叫南曲。流行于福建泉州、厦门、晋江、龙海和台湾省，以及东南亚东华侨聚居区。一般认为源于唐代大曲。联曲体音乐。分指、谱、曲三种。指有唱有奏，而以器乐曲演奏为主；谱为器乐弹奏；曲为由乐器伴奏的清唱，传统曲词有近千首。伴奏乐器有三弦、琵琶、洞箫等。

北曲是金元时北方戏曲、散曲所用各种曲调的统称。同南曲相对。大多渊源于唐宋大曲、宋词和北方民间曲调，并吸收了北方少数民族音乐。盛行于元代。用韵以《中原音韵》主准，无入声。音乐上用七声音阶，声调遒劲朴实，以弦乐器伴奏，有"弦索调"之称；一说也用笛伴奏。《九宫大成南北词宫谱》所收北曲曲牌有 581 个。元杂剧都用北曲，明清传奇也采用部分北曲。一般认为，昆剧的北曲曲调中，尚有若干元代北曲遗音。

毛泽东保存的部分南、北曲唱片有《三哥暂宽》《年久月深》《正更深》《非是阮》《鱼沉雁杳》《我为你》和对唱《告大人》《心头悲伤》《拜告将军》《值年六月》等。

在毛泽东保存的南、北曲曲目资料中，最珍贵的当数 1975 年上半年文化部组织秘密录制的古诗词磁带。毛泽东珍藏的这批古诗词磁带共有 59 盒，上有编号，有着非常突出的文物价值和历史价值。

毛泽东保存的部分古诗词曲目有南曲《破阵子·为陈同甫赋壮语以寄》《江梅引·雪欺梅》《踏莎行·长沙牡丹花》《百字令·登石头城》，北曲《百字令·登石头城》《水龙吟》《水调歌头·舟次扬州》《贺新郎》《桂枝香·金陵怀古》《贺新郎》《极乐吟》《浣溪沙》《思凡》《白字令》《南乡子·登京口北固亭》《贺新郎·送胡邦衡待制赴新州》《满江红·写怀》《满江红·金陵怀古》《浪淘沙》等。

---

① 董学文、魏国英：《毛泽东的文艺美学活动》，高等教育出版社 1995 年版，第 120 页。

从 1971 年起，毛泽东的身体健康状况每况愈下，所患各种老年病越来越多。1974 年初，毛泽东又添了一种严重的疾病，他开始觉得自己的眼睛看东西模糊吃力了。由于看书看报阅文件都无能为力，他只好以耳代目，让身边工作人员为他读。有时通过诵读古诗古词遣怀，但身边工作人员读起来显然不够味，于是就想听曲子。当时中央领导十分关心毛泽东的病情，希望能尽量减轻他看不见的痛苦。正是在这种情况下，文化部抽调文艺界名流，组织为毛泽东录制古诗词曲赋。

录音工作由当时文化部部长于会泳主持，在北京西苑旅社做了间录音房，有时就到中央人民广播电台录音室录制。歌唱演员许多都是文艺界的名流，如岳美缇、蔡瑶铣、李炳淑、李元华、方洋、计镇华等。乐曲演奏家更是名流荟萃，有琵琶演员刘德海、王范弟，二胡演员闵惠芬、许蒋德，笛子演员张晓辉等。

中国文化瑰宝中的宋词，每个词牌都有固定的乐曲，故当时作词叫填词，可惜这些乐谱都已失传了。因此，为毛泽东录制古诗词曲遇到的最大困难就是翻译词牌。文化部从上海音乐学院调来两名音乐家廉颇和周大风，由他们翻译古书《粹金词谱》中古代的音阶标记，再根据个人的理解谱成演员们能读懂能演奏的简谱或五线谱。翻译当然是十分艰难的，不仅要分析出古代的音阶，又要适合该词在现代演唱中的情感。

两名音乐家翻译一首词，便交给坐镇指挥的文化部部长于会泳，于会泳又召开音乐行家诸葛亮会，分析每首词哪些地方还需要修改。于会泳曾任上海京剧院院长，又是著名的作曲家，他在听取其他专家意见的同时，也发表了许多独到的见解。后来的事实也证明，毛泽东非常喜欢两名音乐家翻译和于会泳修改的词曲。

为便于演唱者更准确地把握诗词的含意和意境，又从北京大学调来四位古典文学教授讲解古词，每录一首古词曲，先由教授为演员讲解如何理解这首词，把每首词的历史背景、内容意境分析得透彻晓畅，让演员进入角色。

每首诗词曲都是渐起音乐，然后是报诗词的题目、作者，再就是配乐的演唱。曲子录好后都制作几份，除送毛泽东处，周恩来等政治局的常委也每人送一盘，录一盘便送一盘。由于录制工作极端保密，所以当时乃至以后相当长一段时间很少有人知晓当中的内情。

文化部录制的岳飞的《满江红·写怀》是晚年毛泽东最喜爱的一首古诗词曲。这首诗词曲曾分别有蔡瑶铣、岳美缇、计镇华三位杰出演唱家的演唱。比较而言，毛泽东又最推崇岳美缇的演唱。在有岳美缇演唱的那盘磁带盒子上标有用铅笔写的

"试录"二字，并注有"1975年3月13日正品"字样。

《满江红》原曲调早已失传，但在清乾隆元年（1736）有位叫王善的音乐家出于对岳飞的敬慕，曾为岳飞的《满江红·写怀》谱曲。由于王善的谱曲很切合岳飞原词的风格，所以文化部在录制这首古诗词曲时，基本上是依据王善的谱曲加工完成的。上海昆曲演员，岳飞第27代孙岳美缇的演唱高亢有力，响遏行云，充分表达了一个爱国志士的宽阔胸怀和凌云壮志。

1975年8月的一天，毛泽东同意做白内障手术。给毛泽东做眼睛手术的主刀是唐由之大夫。当他在1975年春天第一次见到毛泽东时，毛泽东见他身材高大，便问他叫什么名字，回答叫"唐由之"。毛泽东说："这个名字好，你的父亲一定是位读书人，他可能读了鲁迅先生的诗，为你取了这个'由之'的名字。"随后毛泽东富有感情地背诵了鲁迅悼杨铨的诗，"岂有豪情似旧时，花开花落两由之。何期泪洒江南雨，又为斯民哭健儿。"当时唐大夫未完全听清楚，在其要求下，毛泽东在一张白纸上亲手写下这首诗，赠给唐由之。

据毛泽东秘书张玉凤回忆，对于生老病死，毛泽东总是抱着乐观、自然的态度，他从没有因为这些年病魔缠身而失去信心和力量。就在他将要做眼睛手术时，他仍将满怀信心和壮志凌云的气氛带给他们。"他让我去放一首曲子，这就是岳美缇演唱的岳飞的《满江红·写怀》。"

毛泽东听着铿锵的乐曲，迈着蹒跚的步伐来到手术室，耳边回荡着岳飞的心海潮音："怒发冲冠，凭栏处，潇潇雨歇，抬望眼，仰天长啸，壮怀激烈。三十功名尘与土，八千里路云和月……"

这次手术如同大家所希望的那样，非常成功。一周后毛泽东摘掉蒙在眼睛上的纱布，他眨眨眼，左右看看，突然激动地指着在场的一位工作人员的衣服，准确地说出了颜色和图案。他又指指墙壁说："那是白的。"毛泽东的一只眼睛复明了。

在文化部为毛泽东录制的古诗词曲中，有一首古诗词曲曾被毛泽东反复听了整整一天，这便是蔡瑶铣演唱的张元幹的《贺新郎·送胡邦衡待制赴新州》。从保存的该诗词曲来看，文化部曾确定蔡瑶铣用南曲、北曲两种方案演唱，南曲的演唱时间为5分1秒，北曲的演唱时间为2分55秒。

张元幹的《贺新郎·送胡邦衡待制赴新州》是一首送别诗，它在慨叹国事日非的同时，寄托了对抗金主战派人物胡铨的深切同情和无限期望。曾在样板戏《海港》中饰方海珍的蔡瑶铣，以激昂悲愤的情感演唱了这首词作："梦绕神州路。怅秋风，连营画角，故宫离黍。底事昆仑倾砥柱，九地黄流乱注，聚万落千村狐兔？天意从来高难问，况人情老易悲难诉。更南浦，送君去。凉生岸柳催残暑。耿斜河，疏星淡月，断云微度。万里江山知何处？回首对床夜语。雁不到，书成谁与？目尽青天怀今古，肯儿曹恩怨相尔汝！举大白，听金缕。"

　　1975年4月，董必武逝世。毛泽东很难过。据他身边的工作人员回忆，那一天，毛泽东不怎么吃东西，也不说话，将《贺新郎·送胡邦衡待制赴新州》录音带整整放了一天。他时而躺着听，时而用手拍床，击节咏叹，神情严肃悲痛，借这首词中的某些句子寄托自己对董必武和其他战友的怀念。过不了几天，他又把词的最末两句改为"君且去，休回顾"，让录制组重录，说是原来的两句"举大白，听金缕"太伤感了。

　　为毛泽东秘密录制的古诗词曲，用的是上海牌录音磁带，纸盒装，纸盒上标有"上海革新塑料厂"字样，并有一首毛泽东语录："努力办好广播，为全中国人民和全世界人民服务。"古诗词曲大部分是风格沉雄悲壮之作，如岳飞的《满江红·写怀》、陈亮的《念奴娇·登多景楼》、张元幹《贺新郎·送胡邦衡待制赴新州》、萨都剌的《满江红·金陵怀古》、王安石的《桂枝香·金陵怀古》、辛弃疾的《南乡子·登京口北固亭》、陆游的《渔家傲》等等，小部分是悲春伤秋、缠绵悱恻之作，如洪皓的《江梅引·忆江梅》、秦观的《鹊桥仙》以及白居易的《琵琶行》等。《琵琶行》的乐曲根据《春江花月夜》改编而成，深受毛泽东的喜爱。

　　毛泽东特别爱听的曲目盒子上画有"O"形字样，在岳美缇演唱的岳飞《满江红·写怀》、蔡瑶铣演唱的张元幹《贺新郎·送胡邦衡待制赴新州》、杨春霞演唱的陈亮《念奴娇·登多景楼》磁带盒上，就画有O形铅笔字样。另外在岳美缇演唱的萨都剌《满江红·金陵怀古》、计镇华演唱的陆游《渔家傲》、方洋演唱的辛弃疾《南乡子·登京口北固亭》等作品上都留有不同的记号。

　　从毛泽东对各地戏剧、曲艺的品鉴来看，这位充满传奇色彩的伟人与中国几千年的传统文化是有极深的渊源的。

第四节

★

乐曲收藏

在艺术天地里，毛泽东涉猎甚广，他是一位颇有个性的音乐爱好者，特别钟情民族音乐。早在延安时期，毛泽东便开始收集音乐戏剧唱片。工作之余，他常用一部美国产留声机播放唱片。在陕北那种艰苦环境下，这种享受多少给紧张而简陋的生活注入了一些优雅情调。

1941 年，延安新华广播电台有了一部手摇式电唱机，但是缺乏唱片。毛泽东知道这件事后，把自己保存的 20 多张音乐、戏曲唱片送给了广播电台，让延安民众从广播中听到这些唱片上的节目，并当面嘱咐电台的同志要搞好广播工作。延安新华广播电台用过的开始曲——《渔光曲》就是来自这批唱片之中。当人们从广播中听到《渔光曲》婉转悠扬的旋律时，感到分外亲切，知道新华电台开始广播了。

毛泽东收藏有 300 多张音乐舞曲唱片、磁带，其中外国音乐约占 1/6，其余则都为民族音乐，荟萃了中国历史上的音乐精华。按演奏的乐器归类，即可罗列如下数种：

笛子演奏：《姑苏行》《牧民新歌》《收割》《百鸟争鸣》《珠帘寨》《斩黄袍》《骊珠梦》《五梆子》《和平鸽》《茉莉花》《卖茶》等；

蟒笛演奏：《织金牧笛》；

唢呐演奏：《春到龙江》《百鸟挣鸣》《节日》《丰收乐》等；

夜箫演奏：《夜歌》；

芦笙演奏：《水族芦笙舞》；

管子演奏：《战太平》《铁弓缘》《下渔舟》《思乡》等；

琵琶演奏：《大浪淘沙》《旱天雷》《天山之春》《空城计》《十面埋伏》《春江花月夜》《赶三关》《月儿高》等；

古筝演奏：《广陵散》《海青拿天鹅》《渔舟唱晚》《高山流水》《捉放宿店》《文姬归汉》《纺织忙》《公社好》等；

古琴演奏：《广陵散》《流水》《捣衣》《广陵散》等；

月琴演奏；《呷咯月琴调》《快乐调》；

伽倻琴演奏：《可怜的美国山药蛋》；

丝竹乐演奏：《小开门》《小琼州》《鹧鸪飞》《梅花三弄》等；

二胡演奏：《喜送公粮》《赛马》《翻身歌》《红旗渠水绕太阳》《赛马》《卧龙吊孝》《李陵碑》《捉放宿店》《听松》《汉宫秋月》《良宵》等；

板胡演奏：《河北花梆子》《赶路》《庆丰收》等；

中胡演奏：《草原上》；

雷琴演奏：《游龙戏凤》《二进宫》等；

潮洲大罗鼓演奏：《苦战三利溪》；

竹琴演奏：《小琴》；

钢琴演奏：《北风吹》《翻身的日子》《黄河》《花鼓》《序曲》《牧童短笛》《摇篮曲》等；

小提琴演奏：《史诗》《塞外舞曲》《绥远组曲》《金山寺》等；

木琴演奏：《快乐的女战士》《我爱北京天安门》；

口琴演奏：《波兰圆舞曲》《春天的花儿多美丽》《采茶歌》《鄂伦春舞曲》《步步高》等。

在这些器乐演奏曲中，毛泽东比较喜欢听的有：闵惠芬的二胡演奏曲《卧龙吊孝》《李陵碑》，刘德海的琵琶演奏曲《十面埋伏》《春江花月夜》《赶三关》等。

毛泽东收藏的闵惠芬的《卧龙吊孝》《李陵碑》等曲目来自一种二胡创新——器乐演奏声腔化。1975 年，闵惠芬接到了一个任务，要为毛泽东主席录制一批京剧唱腔。用二胡来演奏京剧唱腔，既要展现京剧演唱的韵味，又要保持二胡自身的特点，实在不是一件容易的事。为了掌握京剧声腔的特性，那段时间，闵惠芬在京、沪两地到处求教京剧名家，仔细揣摩不同流派的区别。在不长的时间里，她跨进了京剧的大门，在京剧界泰斗李慕良先生的指导下，闵惠芬首创了用二胡"移植"京剧声腔的演奏技法，而那次录制的《逍遥津》等四部作品，后来成为经典之作。

琵琶演奏大师刘德海曾在中南海怀仁堂为毛泽东等领导人弹奏《十面埋伏》。

1963 年，当时的中央音乐学院院长赵沨带领该院在歌唱、器乐领域有较高造诣的黎信昌、刘诗昆、刘德海等部分师生到中南海怀仁堂为国家领导人表演，毛泽东、刘少奇、朱德等许多领导人到场观看了表演，现场气氛十分热烈。演出中刘德海弹奏了《十面埋伏》和《送我一支玫瑰花》。演出结束后，毛主席问刘德海："《送我一支玫瑰花》是不是老百姓的调子？"毛泽东的问话让年轻的刘德海深深思索，民族音乐应当是贴近老百姓的，是人民大众的文化，绝不能是贵族式的，这样才会有生命力，这成为刘德海一生遵循的艺术方向。

在中国的地方音乐中，毛泽东最喜爱广东音乐，他保存的广东音乐唱片有《胡笳十八拍》《忠王李秀成》《孔雀开屏》《饿马摇铃》《阳春白雪》《雁落平沙》《春到田间》《纺织忙》等。

此外，毛泽东还收藏有管弦乐曲《旱天雷》《牧笛》《战斗的红旗》，民乐合奏《彩云追月》《闹元宵》《舟山锣鼓》，潮州音乐《玉壶买春》《画眉跳架》《狮子戏球》，十全腔合奏《水底鱼》《关公围城》，客家音乐《平山乐》《荡湖》等。

丰富而优美的民族器乐，曾经给予毛泽东无数的精神和文化享受。

第五节
★
现代戏曲收藏

毛泽东收藏了许多优秀的现代戏曲作品。他倡导戏曲改革，主张百花齐放、推陈出新，要求保留传统戏曲丰富多彩的表现形式，反映积极、健康、向上的时代生活。

毛泽东收藏有京剧样板戏剧目有《智取威虎山》《红灯记》《沙家浜》等。

1964 年 7 月 23 日晚，毛泽东在北京高兴地看了根据沪剧改编的京剧《芦荡火种》的演出，并提出了许多重要的修改意见。

毛泽东说，胡传魁塑造得好，阿庆嫂、刁德一都塑造得好，兵的形象不够丰满，指导员郭建光的音乐形象不成功；这个戏的风格，后边是闹剧，戏是两截。他还建

○《智取威虎山》

○《沙家浜》

议，秘密工作要和武装斗争相结合。关于这出戏的名字，还是叫《沙家浜》好，因为事情都出在这里嘛！毛泽东还幽默地解释道："芦荡里都是水，革命火种怎么能燎原呢？再说，那时抗日革命形势已经不是火种，而是火焰了嘛。"①

1964 年 11 月 6 日，毛泽东在北京人民大会堂小剧场观看中国京剧团演出的《红灯记》，并接见了上海爱华沪剧团赴京学习的同志。

在观看《红灯记》演出时，毛泽东显然被吸引住了。在演到《痛说家史》和《刑场斗争》两场戏时，毛泽东的眼角渗出了泪水。幕间休息时，大家请他去休息室，依然沉浸在剧情中的毛泽东，只轻轻摇了摇头说："你们去吧……"演出结束后，毛泽东等领导人上台与演职员亲切握手，合影留念。②

1965 年 6 月 20 日，毛泽东在上海和复旦大学教授刘大杰、周谷城就百家争鸣学术讨论等问题作了谈话。

据刘大杰回忆：主席很重视京剧现代戏的改革。他说，《红灯记》《沙家浜》都不错，其中有些小地方可能还要斟酌，再把它提高一步。《红灯记》赴宴斗鸠山一场中，鸠山说："苦海无边，回头是岸。"李玉和说："放下屠刀，立地成佛。"我觉得这几句不妥，特别是后两句。但是，四句话都是佛经，改起来很难改。③

---

① 盛巽昌：《毛泽东与戏曲文化》，广西人民出版社 1998 年版，第 117—118 页。
② 盛巽昌：《毛泽东与戏曲文化》，广西人民出版社 1998 年版，第 121 页。
③ 中共上海市委党史研究室编：《毛泽东在上海》，中共党史出版社 1993 年版，第 145 页。

1964 年 7 月 17 日，毛泽东同党和国家其他领导人观看了上海演出团演出的京剧现代戏《智取威虎山》，并和演员们合影。

1967 年，毛泽东在八个样板戏首次聚集在北京会演期间，又一次观看了《智取威虎山》，并就杨子荣"迎来春天换人间"的唱词，提议改成"迎来春色换人间"。①

毛泽东还保存有芭蕾舞剧《白毛女》《红色娘子军》及《奇袭白虎团》《海港》等。

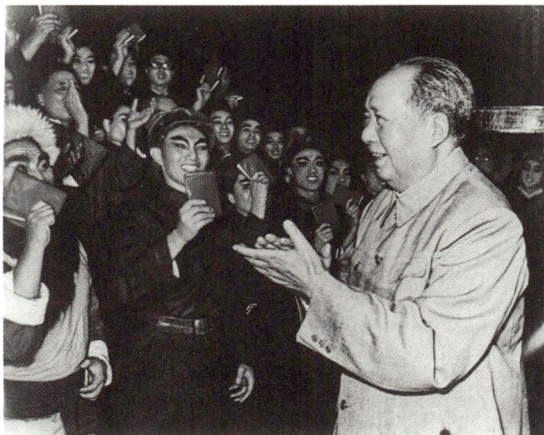

○ 1967 年毛泽东观看革命现代京剧《智取威虎山》后接见全体演员

○《白毛女》

○《红色娘子军》

毛泽东早在延安时期就看过歌剧《白毛女》。

1945 年 6 月 10 日，鲁迅艺术剧院为中共第七次全国代表大会表演出大型歌剧《白毛女》②。毛泽东、全体中央委员和七大代表观看了演出，演出获得很大成功。当喜儿被救出山洞，后台唱出"旧社会把人逼成鬼，新社会把鬼变成人"的歌声时，毛泽东和其他中央领导同志一同起立鼓掌。③

当年喜儿的扮演者是王昆，那是毛泽东第一次看王昆演节目，也是他初次认识

---

① 盛巽昌：《毛泽东与戏曲文化》，广西人民出版社 1998 年版，第 126 页。

② 由贺敬之、丁毅执笔，马可、张鲁、瞿维、焕之、向隅、陈紫、刘炽作曲，舒强、水华导演。

③ 盛巽昌：《毛泽东与戏曲文化》，广西人民出版社 1998 年版，第 24 页。

王昆的舞台形象。

新中国成立后，王昆先后在中央歌剧院、东方歌舞团工作，经常在各种重大活动中参加演出，她所唱的《北风吹》《南泥湾》等歌曲均深受广大群众喜爱。

20世纪60年代中期，大型舞蹈史诗《东方红》在人民大会堂隆重演出。毛泽东观看了演出。当时王昆在开场不久就登台亮相，豪情满怀地唱起了《农友歌》。那嘹亮的歌声和雄壮的气势，一下就吸引了毛泽东。当他得知是王昆时，似乎想起来了，说："我没有认出来。她演的真有当年农民运动时妇女参加革命的那种气概咧！"他一边说，一边两臂抬起，双手握拳，在胸前上下晃动，做了一个很威武的姿势。①

1964年8月10日，毛泽东在北戴河观看了山东京剧团的《奇袭白虎团》。当《奇袭白虎团》的主人公严伟才说"我们必须用革命的两手对付反革命的两手，这叫做谈谈打打、打打谈谈"时，毛泽东笑着说："这些话不都是我讲的嘛！"②

1964年11月26日，毛泽东在反映香港观众赞赏芭蕾舞剧《红色娘子军》的材料上批语：人们要革命。③

毛泽东对戏曲改革工作非常关心，还能及时发现和解决工作中出现的问题。1973年11月，毛泽东看到署名"一个普通的共产党员"的群众来信，信中批评江青在文艺工作中不执行"百花齐放，百家争鸣"的方针，认为"一切为样板戏让路"的口号是不恰当的。毛泽东写了批语：有些意见是好的，要容许批评。④

毛泽东还保存了很多舞曲及轻音乐唱片，多为节奏欢快、热烈的作品，舞曲如《牧羊女》《春晓》《八月桂花》《三八作风》《新山歌》《红梅赞》《游园》《紫竹调》《陕北民歌》《新年》《黎族舞曲》《西藏舞曲》《送我一支玫瑰花》《村舞》等，轻音乐有《采茶扑蝶》《马兰花开》《喜洋洋》《欢乐的晚上》等。

中共领导机关组织舞会，可以追溯到延安时期。当时是战争环境，领导人工作紧张，根据地文化生活又单调，就靠跳舞来调剂一下生活。这种方式，在西柏坡时依然保持着。

领导人和中央办公厅机关搬进中南海后，在紧张的新政协会议筹备、新政府的

① 孙琴安：《毛泽东与著名艺术家》，重庆出版社2000年版，第73—74页。
② 盛巽昌：《毛泽东与戏曲文化》，广西人民出版社1998年版，第118页。
③ 《建国以来毛泽东文稿》第11册，中央文献出版社1996年版，第239页。
④ 《建国以来毛泽东文稿》第13册，中央文献出版社1998年版，第367页。

构建之余，仍旧以插空安排场舞会的方式，使领导人松弛一下，运动一下，消除疲劳。开始是每周一次，也许是考虑到中央领导同志的活动太少，一次舞会的运动量明显不够，一段时期以后，就改成了每周安排两场，周三和周末。

舞场在春耦斋。伴奏乐曲有传统的民族音乐，有根据根据地的老歌改编的乐曲，如《步步高》《茉莉花》《浏阳河》《南泥湾》和《绣金匾》等。偶尔也穿插一两首外国乐曲，如《送我一枝玫瑰花》《意大利花园》等。

毛泽东不善跳舞，只能跳慢三和慢四。但他有个绝招，一曲终了时，能准确无误地将舞伴送到原来的座位。

毛泽东保存的男、女声独唱曲目有《茉莉花》《大路歌》《牧羊人之歌》《沙一拉木风浪》《啊！亲爱的伊犁河》《农业社四季歌》《斗牛士之歌》《洪湖赤卫队》等。

1962 年，毛泽东来到武汉，在一次文艺晚会上听省歌舞剧团一位女歌唱演员演唱《洪湖赤卫队》的选曲后，高兴地说：好听，我跟群众的反映一样。并表示以后有时间要看全剧。又一次晚会上，这个剧团的另一位女歌唱演员给毛泽东演唱了天沔民歌。毛泽东听了，亲切地问她唱的是哪里民歌，怎么和湖南民歌差不多？并说好听，休息一会再唱。毛泽东还常常用观看演出的机会做调查研究，问市京剧团的演员演出的剧目是悲剧还是喜剧，问各种流派的特点，唱的什么板，用的什么腔。[①]

毛泽东还收藏有革命历史歌曲《毕业歌》《工农一家人》《抗日战歌》《大刀进行曲》《战斗进行曲》《大陆歌》《歌儿献给解放军》《运粮忙》《颂歌永远唱不完》《到敌人后方去》，童声合唱《叔叔的歌》《小白船》《小河杨柳》《喜鹊与小孩》，合唱、齐唱《割草歌》《青年突击队之歌》《我们的民歌组》《美国兵，滚出去》《上山下乡》《正对花》《反对花》等。

在毛泽东收藏的磁带、唱片中，有一部分是用少数民族语言演唱的歌曲，有侗语歌曲、海南语歌曲、陕北民歌对唱《崖畔上开花》《刘志丹颂》，蒙古语歌曲《献给白发的母亲》《宝山》，藏语歌曲《农桑亚拉》等，还有新疆民间音乐《热阿脱》《美丽的家乡》。

为更多地了解话剧这一艺术形式，毛泽东保存有话剧《关汉卿》《蝶双飞》《沉醉东风》等剧目，同时他也常利用工作之余到剧场看话剧，如《万水千山》《霓虹

---

① 盛巽昌：《毛泽东与戏曲文化》，广西人民出版社 1998 年版，第 104 页。

灯下的哨兵》等。

1964 年 7 月 2 日，毛泽东到人民大会堂小礼堂观看话剧《万水千山》。看戏中，他对许多地方作了肯定，特别是对罗副营长这个人物作了肯定："就是有这样的人，写成这样就行了。"对李有国，毛泽东指出："他好，这是在我们的文学艺术作品中，特别是舞台上，还是第一次树立起来的无产阶级英雄形象，特别是政治工作人员的英雄形象。"戏快演完的时候，毛泽东又说："二、四方面军都是走过这段艰苦路程的，在这样的戏里，应该表现他们。"①

1963 年 11 月 29 日，南京部队政治部话剧团到中南海为毛泽东演出《霓虹灯下的哨兵》。毛泽东兴致很浓地观看演出，随着剧情的发展变化，有时发出朗朗的笑声，有时拿出火柴却不擦燃，注视着舞台上的表演。

他指着剧中的连长、老班长洪满堂和班长赵大大说："这样的人很忠实，写他们有教育意义。"当看到新战士童阿男违反革命纪律，擅自脱下军装离开连队时，毛泽东关切地说："这个战士可以教育过来嘛！连资产阶级都可以改造嘛。"演出进行了三个多小时，毛泽东全神贯注地看完了全剧。演出结束后，毛泽东登上舞台接见全体演职员，他握着扮演连长的演员的手连连称赞："好，好！"

夜深了，毛泽东还在休息室接见了剧作者和总政治部以及话剧团的领导同志。他称赞《霓虹灯下的哨兵》是个非常好的戏，很动人，写得好，演得也好。要多给些人看看，给人大、政协都演演，一场不行，两场。他还指出，要想写好、演好，就得深入生活，对生活不熟悉是写不好、演不好的。②

从一个人的收藏可以看出他的爱好，毛泽东具有博大精深的传统文化知识，他的戏曲爱好趣味盎然。

---

① 李树谦：《毛泽东的文艺世界》，辽宁教育出版社 1993 年版，第 28—29 页。
② 李树谦：《毛泽东的文艺世界》，辽宁教育出版社 1993 年版，第 126—127 页。

第六节

★

外国音乐收藏

在毛泽东的音乐收藏中有一部分是外国音乐作品。他对祖国的音乐戏曲情有独钟，也对外国优秀文化十分推崇。在激昂的法国《马赛曲》和优美的西班牙《小夜曲》声中，他获得的不止是一种听觉快感，还有丰富的精神文化享受。

毛泽东收藏的外国音乐唱片、磁带罗列下来有如下几种：

外国音乐磁带：法国国歌《马赛曲》《公社的马赛曲》，意大利歌剧《天堂与地狱》，阿尔及利亚民间乐曲《达姆·达姆》，印度尼西亚民歌《宝贝》，斯里兰卡民间乐曲《顶罐舞曲》和《罐子舞曲》，几内亚乐曲《舞曲》，维也纳交响乐团演奏的《无穷动》《拨弦波尔卡》；

外国歌曲唱片：南斯拉夫歌曲《青蛙的婚礼》《伐木者》，印度歌曲《求姆尔民歌》，越南民歌《白鹤》《姑娘的酒窝》，阿尔巴尼亚歌曲《女工和全旋匠》《含苞欲放的花》和《西班牙小夜曲》《阿根廷探戈》；

外国舞曲、舞剧唱片：锡兰南部民间舞曲《顶罐舞曲》、东巴基斯坦民间舞曲《脚铃舞》，舞剧《天鹅湖·第三幕王子和黑天鹅的双人舞》。

还有俄语唱片、英语唱片、日语唱片等。

毛泽东不仅在家听外国音乐，还在出访苏联期间极有兴致地欣赏了芭蕾舞。

1950 年 1 月 15 日晚，毛泽东在苏联列宁格勒基洛夫歌舞剧院观看列别杰娃主演的一场芭蕾舞《巴亚捷尔卡》。在演出后，毛泽东派代表团成员登台给列别杰娃献花篮。台上台下的鼓掌和欢呼声融合在一起。列别杰娃谢幕达五六次之多，观众仍不散场。列别杰娃意识到掌声如此热烈非凡的原因之所在，于是面向毛泽东鼓掌，用手连吻三四次。毛泽东也甚为感动，露出真挚的笑容，不停地向大家招手还礼。①

2月7日，毛泽东在苏联莫斯科国立实验大剧院观看《天鹅湖》。

2月21日，毛泽东离开莫斯科回国，本日到达新西伯利亚。午夜时分，毛泽东、周恩来到大戏院观看演出。热情的演员们演出了芭蕾舞剧《伊戈尔王子》的一个片断。②

德国哲学家黑格尔说：只有对音乐倾倒的人，才可完全称作人。中国音乐和世界音乐为毛泽东打开了一扇又一扇认识世界的窗口，并使他从中获得无穷无尽的快乐。

新中国成立伊始，百废待兴，毛泽东十分忙碌。有关部门为了不影响毛泽东的工作、休息，又能让他有适当的娱乐休闲时间，想出了一个两全其美的办法：将艺术大师的演出录音放给他听。

毛泽东遗物中共有六部录音机，其中一部是国产"熊猫牌"收录放三用机，其余均为进口的录音机。毛泽东生前常常通过录音机欣赏传统戏曲节目、音乐等。

○ 电唱收音机

有一台产自日本的直、交流小型电唱收音机，得到毛泽东的偏爱。这个机子长33厘米，宽18厘米，既能收音，又能放唱片。在六七十年代的中国市场上，它以小巧轻便、多功能、音色好等特点被毛泽东身边工作人员选中，作为毛泽东外巡用品之一。毛泽东对外国产品，尤其是日常用品并不感兴趣，但见这个小小机子，可以收音，又可放唱片，声音很清楚，携带也方便，也就乐意接受了。毛泽东外出巡视时，常常在火车上办公、开会、食、住、行，这东西还真用得着。

机子用得最多是在火车上。除此之外汽车上偶尔也用。一上火车，工作人员除

---

① 师哲：《在历史巨人身边——师哲回忆录》，中央文献出版社1995年版，第443—444页。

② 师哲：《在历史巨人身边——师哲回忆录》，中央文献出版社1995年版，第470页。

安排好办公地点，摆好所带书籍之外，就会拿出这个小机子，放在适当位置。多数时候是装好电池，随时可用。当毛泽东工作、读书之余，他们有时打开机子的收音开关，让他听听新闻或电台播放的音乐节目；有时则在唱盘上放一个唱片，让他听听戏曲。唱片有时由毛泽东点名，有时则由工作人员选定。除了京剧、湘剧、相声等等之外，粤剧《母亲》《五侯宴》，川剧《赵盼儿》《拉郎配》《拜月》、潞安鼓书《拙老婆》等都曾在这个电唱机上播放，使毛泽东从繁重的国事操劳中得到休息。

毛泽东外巡如果下车住宿，这个小电唱机就清闲了。因为除了毛泽东指名点放唱片之外，工作人员不必安排多的节目。毛泽东每到一地，如有闲暇时间，则更喜欢观看地方戏剧。

结束语

　　毛泽东毕生追求为民族谋复兴，为人民谋幸福。他率领中国共产党和中国人民筚路蓝缕，浴血奋战，建立了新中国，确立了社会主义制度，开始了社会主义建设道路的探索。毛泽东遗物是弘扬革命传统、传承红色基因的重要载体，是培育和践行社会主义核心价值观，提升道路自信、理论自信、制度自信、文化自信，实现中华民族伟大复兴的生动教材和精神动力。

　　韶山毛泽东同志纪念馆从 1994 年开始举办"毛泽东遗物展"，展览推出后，社会各界反响强烈，教育效果十分显著。2003 年 11 月 8 日，中共中央政治局委员、中央书记处书记、中宣部部长刘云山同志参观"毛泽东遗物展"后说："思想上受到了教育，精神上受到了洗礼，灵魂受到了净化。""毛主席给我们留下的精神财富太宝贵、太丰厚、太伟大。我们怎么样把毛主席留给我们的宝贵精神继承好、弘扬好，怎么样把这些精神融入中华民族的血脉之中，确实十分重要。"同年 12 月，中共中央政治局常委李长春同志视察韶山，提出要把韶山建成全国爱国主义教育示范基地"一号工程"。2008 年，经过提质改造，韶山毛泽东同志纪念馆推出"风范长存——毛泽东遗物展"，展出主席遗物 1000 余件。2011 年 3 月，习近平同志在湖南调研期间，专程来到韶山。他深情地说，重温毛泽东等老一辈革命家的光辉业绩、崇高精神和道德风范，深受教育。革命传统资源是我们党的宝贵精神财富，每一个红色旅游景点都是一个常学常新的生动课堂，蕴含着丰富的政治智慧和道德滋养。要把这些革命传统资源作为开展爱国主义和党性教育的生动教材，引导广大党员干部学习党的历史，深刻理解历史和人民选择中国共产党的历史必然性，进一步增强走中国特色社会主义道路、为党和人民事业不懈奋斗的自觉性和坚定性，永葆共产党人政治本色。

毛泽东说过："中国人民有志气、有能力，一定要在不远的将来赶上和超过世界先进水平。"睹物思人，他的名字，他的思想，他的风范，将永远激励中国人民在新时代为实现中华民族伟大复兴的中国梦不懈奋斗！

后记

2008 年，为纪念毛泽东同志 115 周年诞辰，韶山毛泽东同志纪念馆推出专题展览《风范长存——毛泽东遗物展》。至 2018 年底，该展览累计接待海内外观众上千万人次，是湖南对外宣传红色文化的一张亮丽名片，在全国爱国主义教育、革命传统教育、党性教育及研学教育等方面发挥了示范作用。

为全面落实习近平总书记关于"把红色资源利用好、把红色传统发扬好、把红色基因传承好"的号召，2019 年，历经十年风华的遗物展重新改陈布展。改陈后的《风范长存——毛主席遗物展》吸收了近十年毛泽东遗物研究成果，诠释了以毛泽东为代表的中国共产党人为践行全心全意为人民服务宗旨而奋斗、奉献的精神。《风范长存——毛主席遗物展》内容大纲的编撰得到了中央党史和文献研究院、中共湖南省委宣传部、中共湖南省委党史研究室、湖南省社会科学院、湖南省文物局等各方面领导和专家的悉心指导和大力支持。为深入拓展毛泽东遗物所蕴含的价值观和精神追求，让"文物活起来"，韶山毛泽东同志纪念馆对《风范长存——毛主席遗物展》内容大纲进行了扩充，编写成《毛泽东遗物故事》一书。

参加本书编写的同志有（以姓氏笔划为序）：冯瑛（第五章）、刘伟（第三章、第六章）、李丽（第一章）、张蓉（第四章）、陈新征（第二章）。夏佑新主持，刘伟组稿、统稿并对部分章节内容进行了增补和修改，同时完成了图片的收集、编辑工作。

本书在编写过程中参阅了大量资料，有公开出版的毛泽东传记资料及毛泽东身边工作人员的回忆文章、毛泽东遗物座谈会纪要等等，在此谨向本书所引著述的全部作者表示衷心感谢！

本书的编著出版工作自始至终得到了《湖南红色基因文库》编纂领导小组及编委会各位领导和专家的关心和支持，本书编委会及湖南人民出版社、中共党史出版社各位领导对本书的公开出版给予高度重视和全力支持，在此，我们一并谨表谢意。特别需要感谢的是韶山毛泽东同志纪念馆文物部的同志们，他们为本书的编写提供了大量的图片和资料查阅帮助。

本书在编写过程中虽然对部分有误的史料进行了订正，但错漏之处仍然在所难免，敬请读者批评指正。

本书编纂组

2021 年 5 月 8 日